네 안의 가능성을 찾아라

지식산업을 선도하는 CEO 10인에게 듣는다

네 안의 가능성을 찾아라

김용호 편저

푸른숲

놀라운 일

이 책이 나오게 된 직접적인 계기는 1999년에 성공회대학교 신문방송학과에서 진행한 〈매스컴 특강〉이라는 강의였다.

크고 작고 유명하고 유명하지 않은 기업과 공공 기관의 지도자들 열 명이 학교에 직접 와서 자원봉사로 강의를 제공해주었다. 전체 주제는 '일과 자질'이었는데, 강사들은 자신이 해온 주된 일과 그 일을 하는 과정에서 받은 도전들, 그리고 도전을 극복하는 데 필요한 자질들을 학생들에게 얘기해주었다.

학생들은 사회에 대한 이해가 아주 미흡하여, 앞으로 평생의 대부분을 보내게 될 사회에서 자기의 삶을 어떻게 펼쳐야 할지를 모르는 게 보통이다. 대학과 사회 사이에 놓인 그런 간극을 줄이려는 의도에서 이 강의가 기획되었지만, 수강자들에게는 '이벤트 운영 실습'이 또 다른 과제였다. 특강자 별로 팀을 나누어, 사전 인터뷰를 수행하고, 성공적인 이벤트가 되기 위한 기획을 하고, 교내외에 홍보하고, 행사를 진행했을 뿐 아니라, 사후에는 이 책의 기초가 된 특강 원고를 만들어 제출했다.

지금 돌이켜 보면 멋진 시리즈 특강이었다. 특강자들의 얘기 하나 하나가 참으로 재미있고 소중했고, 그 사람의 개성이 그들의 삶과 멋지게 어울린다는 생각이다. 비록 작은 회사와 조직이라도 그것을 창조하고 운영하는 사람들에게는 세상과 인간을 보는 분명하고도 확고한 철학이 있었다. 특강자들을 보면서 놀란 사실 세 가지.

첫째, 강의를 업으로 해서 먹고사는 교수보다 강의를 잘하는 사람들이 세상에 많다는 것. 그래서 밥줄을 걱정해야 할 전업 강사들이 많으리라는 것. 둘째, 우리가 통상 사회를 비판하는 것과는 달리 삶에 대한 분명한 통찰을 바탕으로 자신의 일과 생활을 운영하는 사람들이 꽤 있다는 사실. 어쩌면 그런 분들 덕분에 사회의 전체 기운이 탁해지지 않고 발전하고 있으리라는 추정. 셋째, 자원봉사로 강의를 요청한 데 대해 선뜻 응해주는 분들이 꽤 있다는 사실. 이 대목에 이르면 이 강의를 같이 기획하고 도와준 동료 교수들이 늘상 나를 비난했다. 그렇게 양심 없이 공짜 심보로 하면 안 된다는 것이었다.

솔직히 개인적으로는 우리 시민사회의 성숙도랄까, 사회의 공동체적 기반이 어느 정도인지를 알고 싶었다. 교육이 사회의 공동체적 사업이라고 할 때, 사회 각 부문의 지도자들이 자라나는 세대를 위해 자원봉사로 연간 한두 강의 정도는 할 수 있어야 한다는 게 내 주장이자 현실로 확인하고 싶은 소망이었다. 미국같이 철저히 돈으로 따지는 사회에서도 공개 특강을 제외하면, 어마어마한 회사의 회장이 자원봉사로 나와 학생과 토론하기도 한다.

바쁜 시간을 쪼개서 서울의 구석배기까지 와서 자원봉사로 강의를 제공해준 열 명의 특강자들을 통해 나는 확인하고 싶은 것을 눈으로 보았고 그만큼의 희망을 간직하게 되었다. 그러나 그들의 자원봉사는 '교육은 공동체적 관심사'라는 것을 몸으로 보여준 것이기에, 월급을 받고 교육을 운영하는 나 같은 사람들에게는 책임감을 덤터기로 안겨

준 셈이기도 하다. 이 책이 나오는 것을 계기로 제일 먼저 고마움을 표하고 싶은 분들은 바로 이 열 명의 특강자들이다. 그들의 얼굴을 하나하나 떠올리며 감사의 뜻을 전한다.

수강자 27명 중 대부분이 4학년생들이었는데, 그 중 세 명은 특강자와의 인연이 이래저래 얽히면서 그 회사에 취직하게 되는, 전혀 예상치 못한 일도 발생했다. 신문방송학과 동아리 중 '노인들의 영정 사진 찍어드리기' 운동을 시작한 사진 동아리 〈마실보기〉는 지도 교수였던 유동주 교수를 통해 특강차 방문한 박원철 구로구청장에게 그 프로젝트를 설명, 구로구청의 지원금을 받게 되는 이상한 일도 생겼다. 몇몇 학생들은 특강을 듣고 자신의 진로를 결정하는 계기로 삼았는데, 한 개인의 인생을 놓고 본다면 그것은 '사건'이라고 할 만한 일이다.

행사를 담당한 학생들은 손님을 모으기 위해 화장실에 만화 같은 홍보물을 붙이고, 인터넷에서 유사한 학과의 게시판을 찾아 다녔으며, 기사화되기 힘든 일임에도 보도 자료를 만들어 신문사에 발송하는 데 많은 노력을 기울였고, 교내 학생들로부터 특강자에 대한 설문 조사를 벌이기도 했고, 특강자의 저작물을 교내에서 팔기도 하는 등 힘겨운 이벤트 기획, 운영 실습을 했다. 학생들의 홍보 활동을 통해 특강이 알려지면서, 어떤 때는 동네 아줌마들과 아이들이 대거 강의에 참여하는 일도 있었다. 평소에 만나기 힘든 사람들이 만나면 예측할 수 없는 많은 일들이 벌어진다.

대개의 행사에서 학생들은 특강자 소개를 위한 비디오 테이프나 방송 다큐멘터리, 애니메이션 등을 제작하여 방영했고, 강의 후 그 테이프를 특강자에게 선사했는데, 그 기억이 잔잔한 미소와 함께 떠오르며 가슴을 따뜻하게 한다. 후반에는 녹취한 강의를 풀고 다시 정리하는 고단한 일이 진행되었다. 원고를 받으려는 자와 원고를 써야 하는 자의 관계가 여기서도 다시 되풀이되었다. 이들은 나의 지긋지긋한 요구에 시달리며 몇 번씩이나 원고를 수정하면서 더운 여름과 씨름해야 했다.

이 책의 '만든 이들'에 실린 27명의 이름은 이들 수강자들이다. 이들에게는 상징적인 수준의 원고비가 제공된다. 무엇인가를 만든 모든 사람들의 이름이 기억되어야 하고, 조금씩이라도 돈이 제공되어야 한다는 고집을 〈푸른숲〉에서 받아들여준 결과이다. 지금은 사회에서 일하고 있을 이들에게 고마움을 표한다. 나는 언젠가 그들 중 일부가 나의 특강 청탁을 받게 될 날을 기대하고 있다.

지금은 병상에 누워 아주 힘든 병과 싸우고 있는 유동주 교수, 그는 강의 내내 내게 심리적인 격려를 계속해주었다. 섭외 같은 일은 꺼리면서도 일단 일에 돌입하면 번개 같은 김서중 교수, 그가 소개한 박홍준 사장 덕분에 원격 인터넷 방송 강의라는 것을 처음 경험해보았다. 평소 말이 없고 무뚝뚝한 김창남 교수는 기획과 섭외에서 가장 많은 인적 자원을 제공했고, 당시 학과장으로 잔잔한 일들을 많이 치뤄야 했다. 그런 무뚝뚝한 사나이가 그렇게 많은 사회의 인재들과 그렇게 밀접한 관계를 맺고 사는 게 어떻게 가능한지는 아직도 의문이다.

그런 점에서 이 강의의 기획과 이 책 편집의 담당자는 성공회대학교 신문방송학과 교수 전원이다. 강의의 위상도 신문방송학과 사업으로 되어 있고, 나는 단지 운영만을 맡았을 뿐이다. 이 책의 편저자가 내 이름으로 되어 있는 것은 그렇게 하는 게 좋겠다는 출판사의 의견일 뿐, 실제는 위 교수들의 이름이 함께 있어야 한다는 것을 이 글에서 밝힌다.

이 책은 사실상 보통의 출판 관행으로는 출판하기가 쉽지 않은 책이다. 책으로서의 완결성을 전제하지 않은 기획일 뿐 아니라, 학생들의 원고 집필 능력이 전문 출판의 수준에 많이 미흡하기 때문이다. 그럼에도 불구하고 그 취지를 받아들여 출판을 결정해준 〈푸른숲〉의 김학원 주간께 감사한다. 많이 손해 보지 않기만을 바랄 뿐이다. 특강자들의 최종 윤문을 받고, 학생들이 만들고 내가 수정한 수준에서 넘어간 원고를 수없이 손을 보면서 짜증을 냈을 지평님 씨에게도 고마움을 표한다.

그런 헤아릴 수 없는 사람들의 도움으로 이 책이 나오게 되었다. 놀라운 일이다.

2000년 8월 8일
김용호

차 례

2부 '지금, 여기'에 꿈을 심어라

1부 씨앗에서 싹으로

거 리

　열 명의 강연자들이 강연한 내용을 정리한 이 글에서 말하려는 바
는 두 가지다. 하나는 당신이 개발하려는 실력과, 그 실력을 써줄 사
람이 요구하는 자질 사이에는 현격한 거리가 있을 수 있다는 것이다.
즉 당신은 헛다리를 짚고 있을 공산이 크고, 그래서 디딜 곳을 보고
나서 적절한 곳에 발을 디뎌야 한다는 것이다.

　다른 하나는 자질이나 실력은 바깥에 있지 않다는 것이다. 아무리
사람들이 '이런 실력이 필요하다'거나 '이게 유망 직종을 얻는 길'이
라고 해도, 그것은 당신의 불안을 자극하기 위한 심리전에 불과하다.
그리하여 당신은 스스로 당신 내면 깊은 곳에 잠자고 있는 자질을 깨
워 일으킬 수밖에 없다.

　이처럼 간단해 보이는 두 가지를 실제로 수행하려면 사고의 근본적
인 전환이 필요하다. 새 문명이 시작되는 사건의 출발점은 바로 나다.
나의 내면은 문명 전환의 현장이다. 그런 만큼 문명 전환의 혁명은 근
본적이다. 그 혁명에 가담할 전사들을 위해 열 명의 강연자들은 다음
과 같이 안내하고 있다.

1. 여기와 저기 사이

그림을 감상할 때 작품과의 거리는 아름다움을 더해주지만, 다음의 거리는 매우 위험하다.

내가 쌓으려는 실력과 일자리가 요구하는 능력 사이의 거리.
대학에서 가르치는 것과 사회가 교육에 바라는 것 사이의 거리.
대학생 문화와 사회에서 필요로 하는 문화 사이의 거리.
기업이 필요로 하는 인적 자원과 직원 채용 방식 사이의 거리.
내 안에 잠재된 능력과 현재 내가 개발하려는 능력 사이의 거리.

사회 진출자들은 토익 점수가 높고, 자격증이 몇 개 있고, 상식 참고서를 외우면 좋은 회사에 취직할 확률이 높아진다고 생각한다. 그런데 기업 운영자들은 테크닉이나 점수보다는 문제 해결 능력이나 도전 정신 같은 것이 중요하다고 한다.

대학은 전문가 양성이라는 전제 하에 학과별로 쪼개어 전문 지식과 기술을 가르쳐왔다. 그러나 사회는 대학 졸업생들이 갖추고 있는 전공 지식을 '상식' 정도로 치부한다. 전공 분야에 취직해서 4년 정도 근무한 한 젊은이는 "대학 때 배운 것이 현재 일하는 데 무슨 관련이 있는지 모르겠다."고 말한다.

대학생들은 사회가 자신들보다 타락했다고 생각한다. 그런데 사회 선배들은 대학생들이 "기본 소양이 없어도 너무 없다."고 한탄한다. 한국의 대학생 문화는 고등학교 때까지 눌려 있던 잠재 능력을 키워내는 데 적극적으로 기여하나, 자신의 장래 삶에 대해 독자적으로 기획하고 거기에 대해 책임을 지는 능력을 키워주지는 못한다. 사회 선배들은 신입 직원을 보면서 문제가 주어지면 스스로 해결하기보다는 정답을 찾으려고 하고, 기획서 하나 제대로 쓰지 못하면서도 "청소나 커피 타는 일은 못하겠다."고 버티는 게 한심스러워 보일 뿐이다. 그래서 〈동아일보〉의 김창희 기자는 말한다.

대학과 사회라는 두 영역은 이제 딴 세계가 되어버렸다. 우려스러운 점은 두 세계 사이의 거리가 더 멀어지는 것 같다는 데 있다.

기업 경영자들은 이러저러한 능력이 있는 사람이 필요한데 찾으려고 하면 없다고 한다. 그런데 기업 인사과에서 신입 직원을 뽑는 기준은 국어 · 영어 · 산수 성적과 별 차이가 없다. 공채 중심의 채용 방식은 학벌을 재확인하는 데 불과하다. 그들은 공업화 시절에 필요했던 능력, 즉 '평균적으로 어떤 일을 시켜도 괜찮을 능력'을 채용하면서도, 기업의 장기 비전에서는 '21세기의 선두주자가 되겠다'고 선언한다.

가장 심각한 거리는 취업 지망생 속에 내재한 자질과, 그가 쌓으려는 실력 사이에 있다. 취업 지망생이나 실직자들은 고민과 불안으로 날밤을 지새는데, 그것보다 더 딱한 일은 몇 년씩 상식책을 붙들고 앉아 날밤을 지새면서도 자기가 지망하는 분야에서 어떤 사람을 요구하는지도 모른다는 데 있다.

'빨리 취직해야지' 對 '길게 보라'

이두엽(〈문화전략 21〉 부사장)은 언론고시를 치고 KBS PD가 되었다가, 험난한 사회에 나와 문화 프로덕션을 운영하고 있다. 그는 취업 지망생들에게 이렇게 얘기한다(이하 인용에서는 필자가 원뜻을 보다 잘 드러내기 위해 부분 수정을 했다).

여러분들, 취직에 관심이 많은데…… 어떤 자격증이 필요하고, 토익 점수가 어느 정도 되어야 하고…… 그런 것들을 생각할 것입니다. 그러나 기획하고 연출하는 일을 자기 평생의 업으로 삼으려면, 나름대로 철학을 가지고 세상 돌아가는 것을 차분하고 길게 바라보는 안목이 중요합니다. 저는 사람들에게 기획 일을 맡길 때 능력이 뛰어난 사람보다는 안전한 사람에게 맡깁니다. 시간 약속 잘 지키고, 자기가 한 말에 약속을 지키는 사람에게 70% 맡깁니다. 바로 그 토대에서 능력을 보는 겁니다. 신뢰할 수 없을 때는 일이 주어지지 않습니다. 그런 점에서 쫀쫀한 것을 따지기보다는 자기 이미지를 당당하고 차분하게 만들어가는 겁니다. 제일 중요한 것은 길게 보는 것이에요.

좋은 직장에 빨리 취직하는 것이 초미의 관심사인 사람들에게 이두엽은 "쫀쫀한 것을 따지기보다 자기 이미지를 당당하고 차분하게 만들어가라."고 말한다. 게다가 "제일 중요한 것은 길게 보는 것"이라고 찬물을 끼얹는다. '신뢰를 줄 수 있는 사람'이냐 아니냐가 가장 중요한 변수이기 때문이라는 것이다. 그가 험난한 바닥 생활을 거치지 않고 순조롭게 KBS 같은 직장에 들어갔기 때문에 그런 편한 소리를 한다고 생각할지 모르겠다. 그렇다면 험난한 사회 진출 경로를 밟은 사람의 얘기를 들어보자.

박성주(〈파워비전〉 대표, TV 프로그램 프로듀서)는 이두엽과 똑같은 직장에 첫 취직을 했지만 언론고시에 통과할 능력이 없어 FD라는 바닥 일부터 시작했다.

우리 나라 젊은이들은 대학을 졸업하면 '빨리 취직해야지' 하는 생각만 합니다. 그래서 대학 시절부터 취직 공부에만 매달리는데 그래서는 안 됩니다. 먹고 사는 문제에만 매달려서는 안 됩니다. 그런 자세에서 창의적인 생각은 절대 나올 수 없습니다. 꿈을 크게 가져야 합니다.

이 얘기는 역설적이다. 먹고 사는 데 집착해서는 정말로 잘 먹고 살기도 힘들다는 것이다. TV 분야에서는 창의성이 직업적 생명인데, 그런 추상적 능력은 먹고 사는 데 집착해서는 키울 수 없다는 것이다.

이두엽과 박성주의 얘기는 첫 취업에 직접 연관된 얘기는 아니지만, 취업 인생 전반에 걸친 얘기다. 일단 사회에 진출해서 3~4년 지난 대부분의 사람들은 바로 이두엽이 말한 바 '자기 철학이 없다'는 최대의 장벽을 만난다. 그 때문에 사내 정치나 유언비어에 흔들리고, '처자식 때문'이라는 상투어를 쓰는 불쌍한 처지로 떨어진다.

게다가 박성주나 이두엽 같은 사람이 취직시 인터뷰를 한다는 점을 염두에 둘 필요가 있다. 면접 때 인생을 짧게 보는 사람들이 하는 말이나 표정을 그들이 읽지 못하리라고 생각하면 오산이다. '빨리'와 '길게' 사이에는 글자 뜻 이상의 거리가 있다.

'전문 지식' 對 '지기/지혜'

학교에서 공부를 잘하는 것이 사회에 나와 잘사는 첩경이라는 말을 진리로 생각하는 사람은 많다. 그러나 요즈음은 학교 공부와 사회 생활에 필요한 지식 사이의 연관성이 점점 줄어든다는 소리를 많이 듣는다. 다시 박성주의 이야기이다.

방송계에 진출하려는 젊은이에게 가장 중요한 것은 학문적인 것보다는 감각이라고 할 수 있습니다. 공부를 열심히 해서 방송국 입사 시험에 합격해도 팝송 하나 제대로 선곡할 줄 모른다면 그 사람은 낙오하게 마련입니다.

방송 제작에 작용하는 '감각'은 학문과는 거리가 멀다는 것이다. 대학 때 학점을 C, D로 깔았을 게 분명한 유인택(〈기획시대〉 대표)은 운동하다가 잡혀간 감옥에서 많은 책을 읽었다. 그때 읽은 책들이 연극, 문화 운동, 영화 제작 등의 사회 활동에 결정적인 도움이 되었다고 지적하면서, 이제는 그 약발이 다 끝나가니까 다시 공부할 기회를 얻어야겠다고 한다. 그런데 어디서 어떻게 공부할 것인가가 문제다.

21세기 정보 시대에는 내가 그동안 축적했던 경험과 밑천들이 별로 유효하지 않은 것 같아요. 그래서 저는 앞으로 30년을 활동하기 위해서 다시 공부를 해야겠다는 생각을 합니다. 성공회대에서 저를 받아준다면 열심히 공부할 텐데 말이죠. 아니면 다시 한 번 감옥에 가든가요. (웃음) 아마 감옥에 가는 게 제일 좋은 방법 같습니다. 정신 수양을 위해서나 공부를 하는 데는 감옥이 최고인 것 같아요. 수업료도 없는데다, 친구를 만나나요, 술집을 가나요? 딴짓거리 할 생각도 못하죠.

그의 말은 유머로 포장되어 있지만, 사실은 대학에 대한 지독한 풍자를 담고 있다. 한국 대학보다는 미국 유학이 낫다든지, 하다못해 대학보다는 막노동판이 배울 게 많다든가 그런 얘기도 아니고, 감옥이 대학보다 낫다니? 그의 얘기를 과장한다면, 차라리 모든 대학을 감옥으로 바꾸는 게 교육적 효과가 높다는 얘기도 될 수 있다. 대학 교수들이 들으면 분노할 게 분명하다.

거기에 대해 송덕호(〈39쇼핑〉 전무이사)는 마치 대학교수처럼 정리해버린다. 그는 일하는 데 관련되는 자질을 지식·지기(知技, skill)·지혜로 구분하고서, 지기는 문제 해결 능력으로 정의한다.

학교에서는 지식을 위주로 가르치는 것 같습니다. '플라톤이 무엇을 말했다.' 이것은 지혜가 아니라 지식이거든요. 그런데 그 말에서 우리가 무언가를 곰곰이 생각한다면, 그것은 지혜가 될 수 있겠죠. 그러나 일단 학교에서는 지식이 중심이 되는 것이고, 지기와 지혜는 부분적으로만 가르치는 경향이 있습니다. 그런데 회사를 다녀보면 지식보다는 스킬, 즉 지기가 더 많이 필요합니다. 그 다음에 지혜도 많이 필요합니다. 지식은 덜 필요합니다. …… 회사에 들어가면 여러분이 생각하는 것 이상으로 지기와 지혜가 필요합니다. 여러분이 대학을 졸업하면 전공에 따라 일을 하게 되니 전공은 전문 지식이라 할 수도 있을 겁니다. 하지만 실제로는 대학에서 배우는 것이 전문 지식이라고 하긴 어렵습니다. 대학 전공은 그 분야의 상식이라고 할 수 있습니다. 전문 지식이 결코 아니죠.

교수는 전문 지식이라고 생각하고 열심히 가르쳤는데, 그게 상식에 불과하다는 얘기다. 게다가 대학에서 가르치는 종류의 지적 능력은 회사에서는 덜 필요하고, 오히려 필요한 것은 문제 해결 능력이나 인간과 삶을 조망하는 지혜라는 것이다. 송덕호의 지적은 대단히 잘 정돈되어 있어 부드럽지만, '사회에서 필요로 하는 자질과 대학에서 가르치는 자질의 종류가 다르다'는 매우 강력하고 논리 정연한 비판이다.

인턴십 프로그램으로 한 광고 프로덕션에서 몇 달 일해본 나의 학생도 유사한 질문을 던졌다. "왜 학교에서는 사회 나가서 필요한 문제 해결 능력에 대해서 가르치지 않는가?"

'웬만큼의 대접' 對 '바닥부터 기어라'

90년대 들어 젊은이들의 문화는 강철 같은 한국의 회사 조직을 부드럽게 만드는 데 부분적인 영향을 미쳤다. 그렇지만 대학생 문화는 사회가 요구하는 자질을 형성하는 데 몇 가지 장애들이 있다. 유인택은 지적한다.

약해요. 주체성도 없고…… 도전 의식, 실험 정신, 미지의 세계에 대한 돌파보다는 안전을 지향합니다. 편하게 살려고 그래요.

얼핏 꼰대의 얘기처럼 들린다. 그러나 연극이나 영화 산업의 운영 방식을 알면 그의 얘기가 무엇을 뜻하는지 이해할 수 있다.

영화계는 밑바닥부터 시작해요. 그땐 돈도 거의 안 주죠. 그런데 그걸 이해 못하고 포기하는 친구들이 많습니다. "내가 영화 기획하러 왔지, 대학까지 나와서 고작 커피 끓이고 짐이나 나르려고 여기 온 게 아니다."는 생각들이에요. 또 "최소한 60만 원 안 주면 안 한다." 그래요. 보수라는 것은 남이 그 가치를 인정했을 때 주는 거거든요. 꾸준히 노력해서 실력을 인정받으면 되는 걸 못 기다려요. 안 하려고 그래요.
〈기획시대〉를 창립한 93년도부터 신입사원 면접을 해봤습니다. 제가 여태껏 면접해본 사람이 약 4~5백 명은 될 텐데, 면접을 해보면 하나같이 그냥 허물어집니다. "영어 할 줄 아나?"—해외 여행 할 수 있을 정도. "컴퓨터 할 줄 알아?"—워드 정도. "운전할 줄 알아?"—이제 연습하려고 그래요. 그러면 "술은 좀 먹나?"—술은 잘 못해요. 그 다음에 "책은 좀 봤나?"—별로 없는데요. "그럼 할 줄 아는 게 뭐 있나?" 거기서부터 당황해하죠. 그러면 제가 인생의 후배라고 생각하고 몇 가지 말을 해줍니다. "아는 것도 없고, 할 줄 아는 것도 없고…… 그럼 이제부터 수업료 내고 나한테 와서 배워야겠네." 나름대로 자기는 굉장히 잘났다고 생각하고 '난 할 수 있어. 시키는 건 뭐든지 할 수 있다'고 자신 있게 왔다가 거기서 많이들 당황해하고 충격을 받고 돌아갑니다. 그렇게 왕창 깨지고 돌아간 사람 중에 나중에 편지 보내는 친구들도 있었어요. 밤새 잠을 못 잤다, 울었다면서…….

취직할 때 '웬만큼의 대접'을 기대하는 건 당연하다. 그러나 사회인들은 대학 졸업생들의 소양에 대해 거의 불신에 가까운 평가를 내리고 있다. 대개 1~2년 동안 회사에서 풀타임으로 재교육을 받아야 웬만큼 쓸 정도의 역량을 갖춘다는 것이다. 게다가 영화 같은 분야는 돈도 제대로 못 받고 정사원으로 고용되지도 않은 상태에서 오랜 세월을 보내야 하는데, 대부분의 대학 졸업자들이 그것을 견딜 만한 근력이 없다는 것이다.

영화계는 터프가이들과 노가다꾼들이 모여서 회사 같지도 않은 회사를 차리고 일하는 곳이라 그렇다고 생각할 수도 있다. 그런데 유인택은 앞으로 대부분의 기업 조직이 정사원 중심으로 월급 꼬박꼬박 주는 형태가 아니라, 바닥서부터 기어올라가 실력 경쟁을 하고, 필요한 인력들끼리 임시적인 프로젝트에 모였다가 흩어지는 영화 제작 조직을 닮아갈 것이라고 예측한다. 이러한 지적은 한국의 대학생 문화가 사회의 변화 방향에 맞지 않은 요소를 갖고 있다는 사실을 뼈아프게 보여준다.

2. 미래와 현재 사이

사회 전반을 위태롭게 하는 것은 미래와 현재 사이의 거리이다. 미래로부터 오는 도전은 시험을 통해 다소 수월하게 사회에 진출해왔던 일류대 출신들조차 불안하게 만든다. 기업들은 여태까지 중시했던 인적 자원의 내용에 대해 재평가하기 시작했으며, 비록 느린 속도이긴 하지만 새로운 고용 방식을 개발하고 있다.

우선 대규모 조직에 의한 획일적인 대규모 공채 제도가 서서히 변화하기 시작했다. 그리하여 '일반적으로 능력이 뛰어난 사람'이 아니라 특정 기업이나 부서가 요구하는 특정 인재를 상시적으로 채용하는 경향이 늘어나고 있다. 그것은 인재를 채용하는 방식이 소규모 단위에서 맞춤형으로 전환되고 있다는 소리다.

이제 방송국 시대는 끝나가고 있습니다. 방송국이라는 온실에서 자란 틀에 박힌 프로그램은 더 이상 생명력이 없습니다. 프로덕션의 시대가 새로이 열릴 것입니다. 그래서 새로운 아이디어와 그것을 실현하는 열정이 중요한 것입니다.

박성주의 예언은 시기가 좀 빠른 감이 있지만 적절한 지적이라 할 수 있다. 거대 조직의 인사 부서에서 일시에 사람을 뽑아 각 부서로 배분하는 방식의 결정적인 약점은 각 부서에서 필요로 하는 구체적인 인재를 상위 부서에서 모른다는 데 있다. 또 적절한 인재를 적절한 때 뽑을 수 없기 때문에, 변화에 기민하게 대처할 수 없다. 공채의 같은 기수들과 상하 기수에서 생기는 폐쇄적 결속력이 기업의 유연한 대응을 가로막는 장애가 되는 경우도 적지 않다.

국어 · 영어 · 상식 · 논문 시험을 잘 보지 못하는 인재들은 소수 거대 방송사의 독과점 체계에서 프로그램 제작의 기회를 박탈당했다. 프로덕션이나 다른 신문사에 있다가 방송사에 가려고 하면, 이미 7기니 9기니 하며 형성된 선후배 구조에 끼어들지 못했다. 이러한 구조가 오래 지탱되기 힘든 이유는 경쟁력이 떨어지는 인력과 조직들에 한국 최고 수준의 연봉을 주는 시장 구조를 한국 사회가 버텨낼 수 없기 때문이다.

'방송국의 시대가 끝나간다'는 언급은 위계적이고 막힌 구조가 해

체되어간다는, 한국 경제 구조 전반의 변화와 직접 연결된 지적이다. 영어와 논술 시험 한 번 잘 치고 사내 정치를 잘 배우고 나면 오랫동안 안정된 직장을 보장받을 수 있는 경향이 점점 없어지리라는 것이다. 그렇게 보면 일류대를 나올 수 있는 능력, 외우는 능력, 한국식 정치외교 능력의 중요성이 줄어들 것이며, 진정한 의미의 '실력'이 실질적인 힘을 가지리라 예상할 수 있다.

결국 방송 제작 구조가 '열악하기 짝이 없다'는 영화 제작 구조를 닮아갈 것이라고 추정해도 무리는 아니다. 유인택은 봉급도 제대로 못 주고, 정사원으로 고용하지도 않는 한국 영화 회사에 대한 한 학생의 비판에 대해 이렇게 답변한다.

그것은 한국만의 이야기가 아닙니다. 어느 나라든 영화계에 입문하자면, 일단 바닥 일부터 시작합니다. 감독 될 사람은 연출부 바닥 일에서 시작해서 조감독을 거쳐 감독이 되는 것이고, 기획자는 제작부 바닥 일부터 시작합니다. 월급은 1원도 없습니다. 대개는 4개월에서 6개월 정도 일하는데, 이때 제일 궂은 일을 맡게 됩니다. 그러나 열심히만 하면 약 3년에서 5년 만에 서너 작품 하고 나서 프로듀서가 됩니다. 감독을 잡고 좋은 시나리오 작가를 잡으면 바로 프로듀서, 즉 제작자가 되는 것이죠. 외국의 경우, 대학 나오고 대학원까지 나온 친구들이 제작부의 바닥 일, 그 사람들을 러너(runner)라고 부르는데요, 그걸 좀 시켜달라고 와서 통사정을 합니다. 돈 한푼 못 받는 러너가 되기도 쉽지 않아요.

러너가 되면 뭐가 대단하냐? 제작 현장에서 차를 대기시켜놓고 한참 기다리다가 배우들을 태우고 집에 데려다주는 그런 일들입니다. 그런 생활을 약 10년에서 15년 해야 겨우 라인 프로듀서가 되거나, 아주 조그만 저예산 영화 프로듀서가 되는 게 고작입니다. 한국은 오히려 그 기간이 빠른 편이죠.

호주 · 미국 · 캐나다 · 폴란드 등 외국 경험을 많이 해봤는데 영화사, 그러니까 소위 프로덕션에서 정사원으로 근무하는 사람들은 몇 안 됩니다. 회계 한 명, 프로듀서 한 명이나 두 명…… 그 이외엔 없습니다. 영화사는 배급사하고는 다릅니다. 20세기 폭스 · 워너 브러더스 · 브에나비스타, 이런 회사들은 영화사가 아니라 배급사입니다. 우리 나라의 경우, 삼성 · 대우 · 일신창투 등을 들 수 있죠. 거긴 직원들이 많고, 운영 방식도 제조업과 유사합니다. 그렇지만 전세계적으로 프로덕션은 고정 직원을 많이 두지 않습니다. 영화 제작 프로젝트가 생길 때만 파트 타임으로 사람들을 쓰는 것이죠.

그게 일반적인 관행입니다. 이게 보통 기업이 운영하는 방식과 다르다고 해서 영화사 운영 방식을 전근대적이라고 비판하는 것은 적절치 않습니다. 오히려 이런 방식은 다른 제조업들도 점점 따라오고 있어요. 필요할 때만 인력을 파트 타임으로 쓰고, 아웃소싱하고 하는 방식들…… 21세기에는 다른 산업의 기업들도 그런 방식으로 운영할 것이라고 하잖아요?"

유인택의 지적은 헤드 헌팅 사업을 하고 있는 조안 리(〈스타 커뮤니케이션즈〉 대표)에 의해 뒷받침된다. 그녀는 IMF를 겪은 한국 기업들이 새로운 고용 및 조직 방식을 보이고 있다는 사실을 다음과 같이 지적한다.

그 전에는 필요한 일이 있으면 기업이 직접 직원을 소유하여 일을 처리했습니다. 이제는 그렇게 붙잡고 있는 것보다는 필요할 때만 쓰면 됩니다. 경기가 좋을 때는 더 많이 쓰고, 필요가 없을 때는 다른 회사에서 쓸 수 있도록 내버려두는 겁니다. 오늘 저희 회사에 한 건이 들어왔는데, "영업부장급 열 명을 쓰는데 아웃소싱으로 쓰겠다."고 합니다. 자기들은 그 사람들에 대해 월급은 주지만, 퇴직금이나 보험은 못 주겠다, 또 경기가 나빠졌을 경우에 그 사람들 못 내보내고 고민하는 부담은 안 갖겠다 이겁니다. 그래서 아웃소싱이 광범위하게 일어나고 있습니다. IMF의 몸살을 한 번 겪고 난 기업들이 사람을 쓸 때는 두 번 세 번 생각하고 쓰지, 옛날처럼 막 쓰지 않아요. 새로 쓴다고 하더라도 파트 타임, 프리랜서, 아웃소싱 같은 방식을 많이 이용할 겁니다. 서구 선진국에서 경제가 나빴을 때, 제일 급성장한 산업이 인력 파견 산업입니다. 그 나라의 경쟁력을 높여줄 수 있었던 중요한 원인 중의 하나가 바로 이것이었습니다. 인건비를 줄이면서 고효율로 인력 자원을 쓸 수 있었기 때문입니다.

이럴 경우 노동자들은 매우 불리한 위치로 전락할 것이다. 그러나 이런 상황은 새로운 기회를 낳기도 한다. 특히 일류 대학을 나오지 못한 사람들, 저학력자들, 여성들 중에서 실력이 있는 사람들은 획일적인 시험의 등용문이 붕괴되는 데 따른 기회를 엿볼 수 있다. 조안 리는 설명한다.

이러한 고용 방식이 사실은 여성들에게 유리합니다. 지금까지 직장에서 여성을 기피하는 이유 중에 하나가, 들어와서 2~3년 일하다가 결혼한다고, 임신했다고 한두 달 빠집니다. 두 달만 빠지고 나오는 사람들은 괜찮은데, 애 낳았다고 집에 그만 주저앉으면, 기업으로 봐서는 굉장한 손해입니다. 투자를 얼마나 했는데……. 기업이라는 것은 이윤을 추구하는 것이 목적이고, 얼마만큼 투자를 했으면 거기에 대한 회수를 해야 하는데, 투자에 대한 회수가 말이 아닌 겁니다. 그러니까 여자를 자꾸 피하는 수밖에 도리가 없었습니다.

그렇기 때문에 계약제, 파트 타임, 프리랜서, 아웃소싱이 늘어나는 경향은 여성들에게는 새로운 방식으로 사회 참여를 확대할 수 있는 기회라는 것이다. 조안 리는 여기에 그치지 않는다. 그는 21세기가 4C의 시대(Clean : 환경의 시대, Communication : 정보의 시대, Creativity : 창조성의 시대, Continuing Education : 평생 교육의 시대)가 될 것이라는 전제 하에, '21세기는 여성의 시대가 될 것'이라고 전망한다.

이전의 산업시대에 트럭을 운전하고 기계를 돌리는 육체적 힘이 필요했을 때, 여성은 힘이 모자랐기 때문에 핸디캡이 있었습니다. 그러나 정보화가 될수록 여성은 거의 무엇이든 할 수 있습니다. 신문을 보니 미국에서 인터넷 사용자가 1995년까지는 남성이 85%, 여성이 15%였습니다. 1998년인 지금 어떻게 되었는지 아십니까? 50:50! 지난번에 〈뉴욕타임스〉를 보니까, 인터넷을 안 하면 큰일나는 사람들―인터넷 중독자―은 여성이 더 많다고 합니다.

지금 나타나는 인력 채용 방식을 이전부터 활용했던 영화계에서는 그러한 현상이 뚜렷하다. "영화계에 진출하고 거기서 크는 데 학벌이 중요한가?"라는 필자의 질문에 대해 영화홍보사 〈이손기획〉의 손주연 사장은 "영화계는 어느 학교 출신들이 지배하는 그런 구조가 아닐 뿐만 아니라, 여성에 대해서도 체계적으로 배제하거나 차별하는 풍토가 아니다."라고 대답했다. 그렇게 볼 때 영화 부문의 인력 고용 방식은 앞으로 전개될 일반 노동 시장의 한 모델이 될 것이라 예상된다. 영화 제작 과정에서 작동하는 권력 관계를 물은 한 학생의 질문에 대해 유인택은 다음과 같이 답변한다.

영화계가 다른 기업 조직과 다른 점은 형식적인 위계 관계보다는 개인의 실력에 따라 관계가 달라진다는 것입니다. 감독의 실력과 제작자의 실력에 따른 역관계가 존재한다는 것이죠. 예를 들어, 임권택 감독이 촬영을 하는데 제작자가 이러쿵저러쿵 개입할 수 있겠습니까? 반면에 신인 감독들에게는 제작자가 "야, 임마! 영화가 주인공 따라가야지. 뒤에 무슨 아파트가 있고 어떤 배경이 있는지 그런 걸 관객이 보냐? 그냥 가!" 이런 식이죠. 그러니까 제작자, 감독 사이의 알력 관계나 권력 관계는 원칙적으로 사람마다 다 다릅니다. 한 감독이 100명의 제작자와 관계를 맺는다면 100명 모두와 다른 역학 관계를 유지한다고 할 수 있죠. 그런 점이 일반 기업의 상하 관계와 다르다고 할 수 있습니다.

실력에 따른 권력 관계가 지배적이라는 점에서 영화계는 연공서열에 따른 권력 관계가 우선시되는 일반 기업과는 다르다는 것이다. 영화 산업의 고용 방식이 일반화한다고 보면, 개인 간의 경쟁이 심해지면서 힘겨운 자질 개발의 과제가 지속적으로 요구되는 시대로 들어선다는 뜻이다. 집단에 개인을 종속시키는 능력보다는 개인의 실력이, 뭉치는 능력보다는 개성을 드러내는 능력이, 상명하복의 능력보다는 수평적 파트너십의 능력이 중시될 것이다. 집단에 의존해온 사람들에게는 매우 위험스런 도전이 아닐 수 없다. 매우 개성적인 홈페이지에서부터 시작하여 전세계 150명 정도의 익명 기자들이 만드는 신문으로 발전한 〈딴지일보〉 발행인 김어준은 새로운 시대에 필요한 자질의 중요한 측면을 제시한다.

인터넷상에서는 〈조선일보〉도 chosun.com 하나밖에 없습니다. 〈조선일보〉는 뭐 수천 개의 사이트를 가지고 있습니까? 〈조선일보〉는 대충 쳐도 막 들어갑니까, 〈딴지일보〉는 조심해서 쳐야 되고? 아니잖아요. 〈딴지일보〉나 〈조선일보〉나 MBC나 주소는 하나밖에 없어요. 인터넷에서는 굉장히 평등합니다. 그래서 '아, 인터넷이란 게 개인이 매체를 발행할 수 있는 시대가 다시 왔다는 걸, 적어도 그런 토대가 마련됐다는 걸 보여주는 공간이구나' 하고 생각했습니다.

김어준은 더 나아가 기자가 되려고 하기보다는 새 신문을 만드는 신문사 총수가 되라고 권장한다.

〈딴지일보〉는 아무나 만들 수 있습니다. 인터넷 시대에는 개인이 매체가 되듯이, 인터넷은 리얼 스페이스에 비교하면 굉장히 평등해서 기득권을 깨기가 좀더 쉽습니다. 야후를 보십시오! 야후를 수천 명이 만듭니까? 아닙니다. 야후가 특별한 기술을 사용했나요? 인터넷은 '기술'이라는 생각을 많이 하는데 전혀 그렇지가 않아요. 야후에 쓰이는 기술이라는 건 오라클에서 나온 데이터베이스 하나밖에 없어요. 그럼 데이터베이스 기술은 야후가 개발했습니까? 아닙니다. 야후가 생각했던 건 '이 인터넷상에 지도가 있어야겠는데……' 이 생각을 했을 뿐이에요. 〈딴지일보〉도 마찬가지입니다. 특별한 기술 없어요. '인터넷상에 존재하는 신문을 하나 만들어야겠는데……' 이 생각뿐입니다.
신방과 학생들이니까 말씀드리는데, 신문사에 취직하려 애쓰지 말고 아예 신문사 총수가 되는 건 어떨까요? 〈장-딴지일보〉를 만들든지, 〈허벅지일보〉를 만들든지…… 왜 신방과를 졸업하면 신문사에 취직을 해야 합니까? 신문사 총수가 되면 되지! 〈딴지일보〉도 〈조선일보〉도 창간한 거예요. 저절로 수천 년 전부터 있지 않았습니다.

인터넷 공간에서는 신문사 총수가 되려는 정도의 자기 개성과 자신감이 '일을 저지른다'는 것이다.
그렇다면 개성시대라고 할 때 '나만이 갖고 있는 지식의 내용'이 중요한 것인가? 즉 개성적인 노왓(know-what)이 중요한 것인가? 그렇다면 여전히 일류대 나올 정도로 정보의 내용을 많이 알고, 잘 정리할 수 있는 사람이 강세를 보일 것이다. 그러나 그렇게 되지는 않으리라는 점에서 정보시대는 새로운 도전을 몰고 온다. 인터넷 방송사를 운영하는 박홍준(《CCI》 대표)은 얘기한다.

미래사회에서는 오늘날처럼 정보가 특정한 몇몇 사람들에게 집중되지는 않을 것입니다. 미래에는 메인 컴퓨터의 정보를 사용하는 중앙집중식 방법이 완전히 변하여 네트워크화가 될 것이라고 합니다. 이런 정보 네트워크가 형성될 때 정보를 얼마나 많이 가지고 있느냐 하는 것은 더 이상 중요한 일이 아닙니다. 결국 개인이 가지고 있는 정보의 그물이 강력하게 작용할 것입니다. PC 통신을 많이 하는 사람이나, 인터넷 채팅을 많이 하는 사람, 인터넷을 많이 뒤지는 사람들은 필요한 정보가 어디에 있는지를 잘 알고 있습니다. 그래서 정보를 많이 보유하고 있는 사람이 미래를 장악한다고 할 때, '보유하고 있다'는 의미는 '내가 가지고 있다'는 것이 아니라 정보 그물을 얼마나 많이 확보하고, 그것을 얼마나 잘 사용할 수 있느냐 하는 것입니다. 사이버 공간에서 우리가 '보유하고 있다'고 말하는 것은 항시 없음과 있음의 경계선상에 있습니다. 그래서 무슨 정보를 어떻게 수용할 것인지, 어떤 정보를 신뢰할 것인지를 판단할 수 있는 훈련이 필요한 것입니다. 어쩌면 이것이 21세기 인재 교육이 아닌가 생각합니다.

정보 그 자체보다는 정보를 확보할 수 있는 네트워크의 보유, 그것이 지식의 원천이 된다는 것이다. 조금 다른 각도이지만 조안 리도 결론에서는 동일하다.

전통적인 사회에서는 빽이니 연줄이니 했던 노후(know-who)가 중요했고, 산업사회에서는 새로운 기술과 방법에 대한 지식, 즉 노하우(know-how)가 중요했지요. 그런데 이제는 외워서 쓰는 지식의 시대, 아는 척하는 시대가 지났습니다. 이제는 두들겨서 찾아야 합니다. 찾는 게 중요하기 때문에, 어디에 있는지를 아는 것, 그래서 그 정보를 어떻게 이용할 수 있는지를 아는 것이 중요합니다. 정보 자체를 아느냐 모르느냐는 중요한 것이 아닙니다. 그래서 요즘은 노웨어(know-where) 시대가 되고 있습니다.

정보를 소유하는 능력이 아니라 정보 네트워크를 확보하고 이용하는 능력이 핵심적인 능력이 된다는 것이다. 이는 단순히 인터넷 정보 검색사가 된다거나, 전자 도서관의 사서가 되면 힘을 갖는다는 얘기가 아니다.

지식을 외워서 소유하는 능력과 지식 네트워크를 관리하는 능력 사이에는 현격한 차이가 있다. 많은 지식을 소유하기 위해서는 그것을 저장하는 데 작용하는 논리를 발전시켜야 한다. 논리는 지식을 저장하여 정리하는 선반, 혹은 그 선반들의 배열 구조와 같은 것이다. 그러나 지식 네트워크를 확장하고, 다른 지식 네트워크와 연계하고, 네트워크의 질을 높이면서, 살아 있는 그물로 만들기 위해서는 이것과 저것을 연관지어 볼 수 있는 연상력, 관련 분야 및 여러 분야의 사람들과 좋은 관계를 맺고 유지할 수 있는 친화력, 위계 관계로서가 아니라 사안을 중심으로 수평적인 연계를 맺을 수 있는 관계 감각, 연관된 정보와 사람들을 바탕으로 새로운 것을 창안해낼 수 있는 창조력 등이 새로운 자질로 요구된다. 조안 리가 관리직을 선호하는 한국인들의 문인사회적 풍토를 비판하면서, 영업직의 중요성을 강조한 것도 노웨어가 중요한 자질이 되는 데 따른 귀결이다.

미래가 던진 도전장의 요점은 자본과 거대 조직, 물자를 바탕으로 운영되었던 사회를 유동적인 지식에 기반한 사회로 바꾸겠다는 것이다. 위에서 언급한 바 새로 요구되는 능력들도 그런 도전장에 적힌 항목들 중 하나다. 위기는 도전과 우리의 대응 사이에서 발생한다.

3. 껍질과 속 사이

그런 위기를 발생시키는 현장은 매우 구체적이다. 우리가 통상적으로 대응하는 방식을 살펴보자.

1. 학벌은 능력 평가의 확실한 기준이고, 보다 좋은 연줄을 형성하는 데도 중요하다.
2. 학력은 보다 확실한 기준이므로, 학력을 높이지 않으면 낮은 계층에서 평생을 보내야 한다.
3. 연줄은 사회 진출의 중요한 자산일 뿐 아니라, 일에 필요한 자원을 동원하고 직업적 향상을 도모하는 데 크게 작용한다.
4. 전문 지식을 대학에서 공부하지 않으면 전문 분야에서 일할 수 없다.
5. 입사 시험 과목을 따로 공부하지 않으면 근사한 직장에 취직할 수 없다.
6. 자격증을 갖고 있고, 토익 성적이 높으면 취직 가능성이 높아진다.

위 명제의 3분의 2 이상에 대해 진심으로 '아니다'라고 생각하는 사람이라면, 한국사회에 진출하는 데 모험심이 대단히 강하다고 할 수 있다. 위의 명제들은 사회에서 '성공하는 데 필요한 기준들'이라고 일상적으로 받아들여졌던 항목들이다. 이런 항목들과 열 명의 강연자들이 '사회에 진출하여 성공하는 데 필요한 자질'로 거론한 것을 비교해 보자.

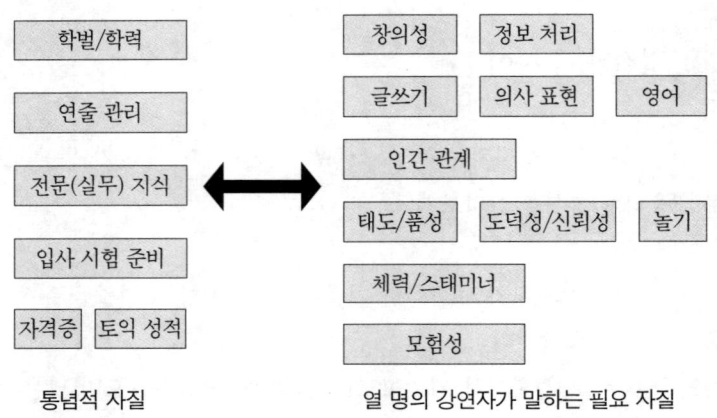

통념적 자질   열 명의 강연자가 말하는 필요 자질

언뜻 왼편의 항목들은 현실적이고 오른편의 항목들은 이상적인 것처럼 보인다. 강연자들은 통념적 자질 항목들을 낮게 평가했을 뿐 아니라, 대부분 강도 높게 비판했다. 그들은 이상주의자들인가? 아니면 통념을 거부해야 멋진 강의가 된다고 생각했을까? 혹은 젊은 학생들이 들으니까 선생처럼 도덕적인 얘기를 해야 한다는 심리적 압박을 받았을까? 혐의가 갈 만한 의문들이다. 그럴 개연성도 배제할 수 없다. 그렇지만 이들이 사업을 운영하는 사람들이라는 점을 전제하면, 기업이나 단체 운영 과정에서 몸으로 느낀 필요 자질들을 제시했다고 볼 소지도 있다. 일단 그들이 제시한 바가 '실제로 사회에서 필요로 하는 자질'이라고 전제하고, 그 진위 여부는 앞으로 밝혀질 것으로 기대해보자.

오른쪽 항목은 왼쪽 항목에 비해 종류가 많다. 이는 사회에서는 취업 지망생이나 성공 지망생들이 통념적으로 생각하는 것보다 훨씬 다양한 능력을 필요로 한다는 것을 나타낸다. 나아가 성적이나 졸업장 같은 추상적인 것이 아니라 현장에서 필요한 구체적인 능력을 지적하고 있다는 것이다. 보통의 교육자나 부모들이 낮게 평가하는 '놀기 능력'이라든가 '체력' '모험심' 같은 것이 중요한 자질로 제시되었다는 점에서, 학교나 가정 교육의 담당자들이 능력이 아니라고 생각하는 것도 사회에서는 능력으로 간주하는 경우가 많다는 점을 시사한다.

열 명의 강연자들이 지적한 자질 항목이 매우 근본적인 인격과 품성, 소양에 해당한다는 사실은 매우 놀랍다. 적지 않은 교수들은 대학 교육의 위기에 대해 '전문적 지식 교육'을 강화하려고 시도해왔다. 그들은 전공 과목을 강화하고, 필수 과목을 늘리고, 숙제에 대한 세밀한 피드백을 통해 그 과제를 달성할 수 있으리라고 믿으며, 실제 그런 세세한 노력을 기울이는 사람들도 적지 않다. 그들은 전문가 양성을 목표로 하는 근대 교육의 이상을 강화함으로써 기존 교육의 문제를 극복할 수 있다고 믿는다. 그러나 그런 시도는 대부분 실패할 것이다. 사회가 전공 지식을 '상식' 정도로 취급하고 있는 때, 실무에 적용하는 지식보다 5년에서 10년 낡은 교과서를, 그것도 비실천적인 분석과 비평의 태도로 만들어진 지식을 열심히 가르친다면, 대학과 사회의 거리를 보다 강화하는 역효과를 낳을 것이다.

예컨대 송덕호가 지적한 '문제 해결 능력'을 키우려면 전공 지식이 아니라 연관된 분야에 대한 개방적인 지식이 필요하다. '전문'이라는 이름을 건 칸막이 지식의 포로가 되면 숱한 변수가 연관된 실제 상황에 대처하는 능력이 현저히 약해진다. 전문 지식보다는 '지식의 연계망'을 요구한다는 것이다. 사회는 급속히 네트워크화하고 있기 때문에, 칸막이 지식인을 양성하는 것을 목표로 한 대학 교육은 근본적인 재검토가 필요하다. 어떤 의미에서 보면 변화하는 사회가 요구하는 인재의 성격은 근대적 전문 지식인보다는 오히려 르네상스인이나 고대 교양인에 더 가깝다.

반대 경향도 있다. 일부 대학 관계자들은 '사회가 실무적인 인간을 요구한다'는 가정 하에 실습 교육을 늘리는 데 적잖이 투자했다. 그것은 대학 나름대로는 사회의 요구에 부응하기 위한 시도였으나, 그 결과 문제는 더욱 복잡해졌다. 성공회대학교 신문방송학과 교수들이 1999년 커리큘럼 조정을 위해 유관 산업의 관계자들로부터 의견을 듣는 자리를 만든 바 있다. 그 자리에 참석한 사람들은 "대학에서 실습 교육을 한 학기 받는 것은 직장에서 한 달 정도 일을 하면서 배우는 것보다 못하다."고 지적했다. 결국 '실무 능력'이라는 개념을 대학 교육 체계 안으로 끌고 들어오려는 시도는 그 뜻하던 성과를 달성하지 못할 뿐 아니라, 그나마 대학이 지켜왔던 매우 중요한 자산, 자유로운 분위기와 문화적 전통을 훼손하는 결과를 낳을 수 있다.

오른편에 열거한 필요 자질 항목들은 대학뿐 아니라 기업의 인사 부서나 정부의 관련 정책에 위기를 알린다는 점에서 매우 시사적이다. 영어·상식·논문 시험으로 그런 자질을 제대로 판단할 수 있을까? 현장에서는 받아들여지지 않는 자격증을 시험쳐서 땄다고 해서 그 사람이 전문적 능력을 갖고 있다고 평가할 수 있을까? 그들은 암기된 지식을 뽑는 것이지, 실제 업무에서 필요한 생산적 능력을 뽑거나 인증하는 게 아니다. 그 결과는 위협적이다. 지식의 생산성이 중요한 지식경제에서 이 같은 관행은 기업의 생산성을 떨어뜨리며, 창조적 혁신을 가로막음으로써 기업과 사회에 잠재적 위기를 연장하고 있는 것이다.

이러한 관행은 제조업경제에 필요한 인력 평가 방식으로 지식경제를 감당하겠다는 소리다. 지식의 생산성, 창조성에 대한 구체적인 정의에 기반을 두고 이를 평가하는 방식을 개발하지 않고는 그런 위기를 넘어서기 힘들다. 핵심은 과거 기계의 한 부품처럼 간주되었던 사람으로부터 얼마나 많은, 그리고 얼마나 질적으로 높은 지식을 끌어내고, 그것을 기업 및 사회의 혁신에 연계시키느냐이다.

1970년대까지는 읽고 쓰고 번역하고 집단에 복종하는 기본적인 능력이 필요했던 때이므로 공식 교육 기관이 사회에 대해 적극적인 의미를 갖고 있었다. 1980년대에는 기업이 커지면서 학교에서 가르치는 것과는 다른 능력을 요구했고 이를 자체 연수를 통해 키웠다. 왼편에 나열된 통념적 자질들은 이때 전면적으로 부상했다. 교육 기관에서 가르치던 지식은 껍데기가 되었고 기업에서 요구하는 자질이 알맹이가 되었다.

세기의 전환을 맞이한 지금, 그 알맹이가 다시 껍데기가 되었다. 새롭게 형성되는 속 알맹이는 대학에서 가르치는 것도, 기업의 인사 담당 창구에서 요구하는 것도 아니다. 그러면 구체적으로 무엇일까?

열 사람이 말하는 필요 자질

열 명의 강연자들은 대체로 문화산업에서 기업이나 단체를 운영해 본 사람들이므로, 그들이 얘기하는 자질은 지식경제에 대한 함의가 크다. 그런 점에서 아래의 필요 자질들은 낡은 껍질을 밀어낼 속 알맹이라 할 수 있다.

지식 생산 능력	——	창의성	정보 처리	
커뮤니케이션 능력	——	글쓰기	의사 표현	영어
인간 관계 능력	——	인간 관계		
소양	——	태도/품성	도덕성/신뢰성	놀기
육체적 · 정신적 힘	——	체력/스태미너		
행동 능력	——	모험성		

지식 생산 능력

우선 강조할 것은 지식의 생산성이다. 이것은 단순히 지식이 많으냐 적으냐의 문제가 아니다. 즉 관련 정보를 알고 있느냐가 아니라, 어떤 정보를 창출할 수 있느냐가 생산성의 중요한 기준이다. 지식 생산성을 좌우하는 능력은 창의성과 정보 처리 능력인데, 이 둘을 합쳐 지식 생산 능력이라고 부를 수 있겠다.

① 창의성

창의성이라는 말은 90년대에 추상적으로 쓰여진 단어이기 때문에 식상한 맛이 있지만, IMF 충격을 거친 후에는 경제의 혁신과 지식산업으로 전환하기 위해 실천적으로 필요한 자질이 되었다. 방송 프로덕션을 운영하는 박성주는 얘기한다.

많은 프로덕션들은 방송국으로부터 프로그램 외주를 받으려고만 합니다. 제가 볼 때 이런 프로덕션은 실패하고 맙니다. 아이디어와 감각만 뛰어나다면 자기가 만들고 싶은 프로그램을 충분히 만들 수 있습니다. 그것이 부족하기 때문에 방송국에 끌려 다니는 것입니다. 저는 스스로 기획안을 만들어서 방송국에 제안합니다. 그래서 제작한 것이 KBS에서 방영됐던 〈주부도 경쟁력이다〉 같은 프로그램들입니다. 앞으로는 창의적인 프로덕션만이 살아남을 수 있을 겁니다. 전세계 유아들의 인기를 한 몸에 받은 〈텔레토비〉도 프로덕션에서 만든 것입니다.

창의력은 단순한 하청업체를 주도적인 업체로 바꿀 수 있는 핵심 자산이다. 우리는 통상 실무 능력을 기계적인 업무 수행 능력으로 생각하기에, 일하는 사람들을 공돌이나 공순이로 불러왔다. 그것은 이제까지 우리가 겪어온 경제의 기본적인 성격 때문이다.

그러나 산업이 지식화하면서 창의성은 기업이나 개인의 생산성과 경쟁력의 핵심이 되어가고 있다. 지식기반사회에는 정보 소통이 급속도로 진행되기 때문에 혁신이 끊임없이 일어난다. 한 신문사가 편집 형태를 바꾸어 성공했다면, 다른 회사도 이를 모방해 새로운 창의를 덧붙이는 게 쉽기 때문이다. 이러한 혁신은 상품 개발에서부터 경영, 유통, 고객과의 관계 유지 등 전분야에서 일어난다. 혁신이 기업이나 개인을 갈수록 위협할 뿐 아니라, 혁신 자체가 산업의 환경이 되어가는 경향이 있다. 혁신에 뒤지는 것은 곧 경쟁력을 잃는 것인데, 혁신을 가능케 하는 핵심 자질이 창의성이라 할 수 있다.

박성주가 '아이디어'와 '감각'이라고 표현한 것은 창의성이 드러나는 한 측면을 말한 것이다. 그것이 하청업자에 불과했던 프로덕션에도 핵심 자산이고, 을의 위치를 갑의 위치로 바꿀 추동력이라는 것이다. 기계적인 기술이 아니라 정신적 창조력이라는 추상적인 능력이 핵심 자산이 된다는 것은, 눈에 보이는 능력에만 치중해왔던 우리에게는 큰 도전이다.

② 정보 처리 능력

보통의 업무가 정보를 처리하는 일을 중심으로 재편되면서, 그 정보를 통해 어떤 그리고 어느 정도의 생산성을 올릴 수 있는가 하는 문제가 중요해진다. 이를 정보 처리 능력이라고 부를 수 있다. 박흥준은 창의력과 정보 처리 능력이 광고회사의 두 가지 핵심 능력이라고 판단한다.

저는 광고회사에서 14년을 보내면서 고집스럽게 주장했던 것이 있습니다. 첫째는 많은 데이터의 확보이고, 둘째는 좋은 아이디어를 얻기 위한 끊임없는 노력입니다. 좋은 전략가는 창조적인 발상을 가지고 있을 때 가능하다고 합니다. 다른 회사와 비슷한 광고를 하겠다는 것이 목표가 아니라면, 수많은 광고 중에서 1등이 되기 위해서는, 혹은 그것까지는 아니더라도 독특한 포지션을 잡겠다고 하면, 시장 조사를 통해 고객에 대한 많은 데이터를 확보해야 합니다. 광고란 것이 샤프하고 세련되었다고 해서 성공하는 것은 아닙니다. 오히려 소비자들의 정서를 읽은 한 편의 투박한 광고가 진짜 호소력을 가질 수 있기 때문입니다.

여기서의 '아이디어'는 창의력과 연관하여 이미 언급했으므로, '많은 데이터의 확보'라는 말을 이해해보자. 데이터 확보는 단순히 1차 정보의 수집만을 의미하지 않는다. 정보를 수집하고 분류하여 저장하는 것은 물론, 이를 목표에 따라 가공하고 분석하고 해석하여 의사 결정을 하는 데까지 활용하는 능력이다. 이러한 정보 처리에서 가장 크게 작용하는 능력은 논리적 사고와 상상력에 기초한 해석 능력이다. 이런 능력에 기초하여 기획에 필요한 전략적 사고가 형성된다. 손용석(《(주)인컴기획》 대표)이 덧붙인다.

지식 처리 능력은 여러 소스를 통해 자료를 축적하고 정리하고, 그 정보에 대해 판단하는 능력입니다. 그런 능력을 갖추고 있지 못한 사람은 변화에 기민하게 대처할 수 없을 것입니다.

정보 처리 능력은 창의성이 고독하게 떠올랐다 가라앉는 것을 피하고, 창의가 현실 무대에서 실현될 수 있도록 돕는 능력이다. 아무리 독창적인 생각을 하더라도 그것을 받아들일 사람을 고려하지 않았거나, 변화된 사회 상황에 맞지 않거나, 실현하는 방법에 대한 전략적 고려가 없다면, 그 생각은 세상에서 짝을 만나지 못하고 외롭게 가라앉아버린다.

기술적인 측면에서 보면 정보 처리 능력은 엑셀을 잘 다룬다거나, 인터넷에서 정보 검색을 잘한다거나, 데이터베이스나 통계 프로그램의 개념에 따라 정보를 가공할 줄 안다거나, 기획서를 체계적으로 쓸 줄 아는 것 등을 포함한다. 그러나 그런 기술적 수준은 쉽게 도달할 수 있는 것이며, 생산성이 높은 것도 아니다. 정보 처리 능력의 핵심은 보다 추상적인 차원, 즉 논리와 해석에 있다.

논리적 사고와 창조적 해석 능력은 대학 공부에서 배울 수 있는 주요 자산이다. 특히 인문학의 핵심인 철학 · 역사학 · 문학 · 사회학 등으로부터 훈련을 받을 수 있다. 신문방송학과를 나왔다고 해서 유능한 기자나 감독, 기획자가 되는 것은 아니다. 이것은 통설인데, 그 주된 이유 중의 하나는, 그들이 천성적으로 창의성은 뛰어날지 모르나 정보 처리 능력의 핵심적인 논리와 해석의 훈련을 깊이 있게 받지 못한 데서 기인하는 것으로 추측된다.

대학에서 다루는 정보는 사회에서 다루는 것보다 시공간적으로 방대하고, 보다 추상적인 편이다. 따라서 대학은 그런 정보들을 처리하는 데 고급 노하우를 발전시켰다. 그런 점에서 대학에서 받는 훈련은 정보 처리 능력을 키우는 데 적합하다.

커뮤니케이션 능력

다음으로는 커뮤니케이션 능력을 들 수 있겠는데, 여기에는 글쓰기, 말하기, 영어 소통 등이 중요 항목으로 지적되었다. 커뮤니케이션은 이미 있는 생각을 전달하고 전달받는 기계적인 과정이 아니다. 어떻게 글쓰고 말하는가는 그 사람의 사고나 삶의 태도와 밀접히 연관되어 있으므로, 커뮤니케이션의 문제는 인간적 역량의 문제라고도 할 수 있다.

① 글쓰기 능력

한국 대학생들이 한글을 정확하게 쓰지 못한다는 것은 많은 대학 교수들이 한심스러워하는 대목이다. 문법에 맞지 않는 것은 물론이고, 분명 한글은 한글인데 무슨 소리인지 모르는 글을 리포트로 받으면 머리에 쥐가 나는 게 일반적 현상이다. 교수들도 주어와 술어가 일치하지 않는 글을 쓰는 경우가 많으니 그리 한탄할 일도 아니지만, 그게 일과 연관될 때는 심각한 결과를 낸다는 점에서 간단하게 볼 문제가 아니다.

사회에서 일과 연관하여 쓰는 대부분의 글은 대학 때의 보고서나 논문과는 달리 수용자를 분명히 염두에 두어야 하고, 일의 목표에 따라 수용자에 효과를 미칠 수 있어야 하니 생각할 게 더 늘어나는 셈이다. 유인택의 이야기를 들어보자.

저와 함께 일했던 직원들 예를 한번 들어볼까요? 아직도 도저히 이해가 안 가는 게 있어서입니다. 이 친구들이 기자들에게 보내는 보도 자료를 작성하는데 첫째 문법이 안 되고, 띄어쓰기, 철자법, 문단 나누기, 뭐 다 엉망이에요. 한자도 최소한 1800자는 알아야 하는데 그것도 모르고…… 아주 쉬운 고사성어도 모르더군요. 제가 보기엔 너무너무 무식해요. 그래도 대학까지 나왔다는 사람들이 도대체 무슨 공부를 했길래 보도 자료도 하나 못 쓰는지……. 그게 PC통신에서는 통할지 모르지만 기자에게는 안 통합니다. 기자는 적어도 문법을 비롯하여 글쓰는 법이 확실하고, 한자나 6하 원칙을 이용해서 글을 아주 논리적으로 쓰는 사람들이기 때문이죠. 그 다음엔 보도 자료에서 강조하고 싶은 내용이 뭔지를 정확하게 기자에게 입력시켜야 합니다. 예를 들면 〈이재수의 난〉에서 무엇을 부각시킬 것인가—이정재, 심은하인가 아니면 한불 합작 영화라는 사실인가? 뭐가 있을 게 아니에요? 그걸 정확하게 표현해서 기자의 공감을 얻어내야 기사가 되고, 신문이나 방송을 통해서 대중들에게 전달되는 겁니다. 그런데 그런 것을 판단할 기본이 안 된 사람이 한두 사람이 아니란 말이죠.

보도 자료든, 기획서든 그것을 받아 읽는 사람들의 형편에 대해 인지하고, 그 요구에 맞추어 가장 효과적으로 나의 뜻을 전달해야 하는데, 그건 고사하고 우선 글이 문법에 맞지 않으니 사업 운영자로서는 한탄할 노릇이다. 그것이 수정 가능할 때는 그래도 괜찮으나 시간에 쫓기거나 하여, 상대방의 오해를 불러일으켜 프로젝트 자체에 심대한 악영향을 끼칠 경우를 생각하면, 글의 문제는 단순히 짚고 넘어갈 게 아니다. 이두엽은 성공회대학교 신문방송학과 교수들과 같이한 자리에서 이렇게 말한 바 있다.

토익이나 컴퓨터는 하도 강조하고 많은 학생들이 공부하니까 앞으로는 그것으로 사람의 능력 차이를 판단하기가 어려울 겁니다. 나는 사람의 능력을 보는 데 국어가 중요하다고 생각해요. 정확한 문법에 따라 글을 쓰는 사람이 드뭅니다. 특히 기획서를 쓰는 능력이 중요합니다. 기획서는 전략적으로 사고하는 두뇌 조직화의 정도를 볼 수 있기 때문에, 어느 조직에서든 대단히 빨리 주목받을 수 있는 능력입니다.

기획서를 제대로 쓰지 못하면 어떤 프로젝트든 시작하기 곤란하므로, 글쓰기 능력은 우리가 통상 생각하는 것 이상으로 중요하게 생각해야 한다. 이두엽과 함께 같은 자리에 있었던 문화방송 프로듀서 이원락은 한술 더 떠서 교수들에게 다음과 같이 요구했다. "매학기 글쓰기 공부를 시켜라. 어디서 무엇을 하더라도 글쓰기가 기초다. 그것은 사고력의 직접적인 표출 방식이기 때문이다."

② 의사 표현 능력(말하기)

여기서 '의사 표현'이란 상대방이 있는 현장에서, 혹은 전화 등으로 직접 자신을 표현하는 것을 의미한다. 여기서는 말하기가 핵심적인 수단이며, 기타 표정·복장·태도 등이 다 커뮤니케이션 기호로 작용한다. 〈언어과학〉 대표 정회선이 말한다.

저의 단 하나의 장점이자 최대의 단점은 '의사 표현이 확실하다'는 거죠. 자신의 의사를 확실하게 표현한다는 점이 사업을 하는 데 많은 도움이 됐어요. 의사 표현이 확실하다는 것은 사업을 허나가는 데 아군과 적군을 구분할 수 있는 최선의 방법이에요.

말은 나의 인간됨을 보다 직접적으로 표현하는 수단이다. 말을 통해 나와 내가 속한 기관에 대한 신뢰와 불신, 좋은 느낌과 꺼림칙한 느낌 등을 형성하기 때문에 그 영향이 직접적이다. 편집 기획자인 김신(〈김형윤편집회사〉 부장)은 본인이 경상도 출신이라는 것 때문에 서울에서 직장 생활을 시작하는 과정에서 의사 표현에 애로가 많았다고 토로한다. 촌티가 많이 나 세련되지 못하고, 논리적이고 합리적이지 못하다는 인상을 준다는 것이다. 그는 본인 밑에서 인턴으로 일한 나의 학생에 대해(그 학생도 경상도 출신이다) 연극에 참여하여 자기를 적극적으로 표현하는 법을 배우는 게 좋겠다고 제안했다. 어느 지방 출신이라는 것이 말하는 사람의 이미지에 어떤 제한이나 편견을 준다고 하면, 의사 표현이 미치는 영향의 범위가 어느 정도인지 짐작할 수 있다.

그런데 말솜씨를 늘리기 위해 웅변학원을 다닌다거나 유머책을 외운다거나 하는 건 대단히 표피적인 접근법이다. 목소리가 작거나 말을 띄엄띄엄 하는 사람도 매우 효과적인 의사 표현을 하는 경우가 적지 않다. 혹은 말이 거의 없는 사람도 다양한 인간 관계를 꾸리면서 삶을 적극적으로 펼치는 경우도 있다. 의사 표현 능력은 방송 MC처럼 말하는 외형적인 능력이 아니다. 의사 표현이 뛰어나다는 것은 그 배후에 보다 본질적인 능력이 있다는 것이고, 바로 그 능력이 표면적인 말이나 표정에 힘을 불어넣는다는 뜻이다.

의사 표현이 확실하다는 것은 '자신 있게 산다'는 겁니다. 이거야말로 가장 중요한 것이 아닌가 생각해요. 자신감은 어떠한 일을 수행할 수 있는 추동력이 되거든요. 그런 자신감을 바탕으로 무슨 일이든지 확실하게 할 수 있죠.(정회선)

자신감이 의사 표현 능력의 핵심이라는 것이다. 즉 의사 표현 능력은 자신의 삶과 환경에 대해 성숙한 태도를 갖고 있는 사람들에게서 발견된다. 신세대는 자기 주장이 강하다는 항간의 통념에도 불구하고, 의사 표현 능력이 부족한 젊은이들이 많으니 자신감이 부족하다는 얘기일 수 있다.

한국 사회도 책상에 앉아 기획서를 쓰는 것만으로 프로젝트를 성사시키기 힘든 환경으로 바뀌고 있다. 그것을 효과적으로 프리젠테이션해야 하고, 그 과정에서 신뢰를 형성해야 필요한 자원을 원하는 방향으로 결합시킬 수 있다. 어떤 사업을 수행하려면 관련된 사람들과 파트너십을 형성해야 하는데, 그건 글만으로는 되기 힘들다. 기획서 같은 것은 오히려 보조 수단인 경우도 적지 않다. 직접적인 의사 표현을 통해 신뢰를 형성하는 능력은 정보사회가 될수록, 조직의 견고성이 무너질수록 더욱 필요한 능력이다.

③ 영어 능력

영어는 갈수록 중요한 커뮤니케이션 능력으로 강조되는데, 이는 한국 사회가 점점 더 글로벌화하고 있다는 추세를 반영한다. 외국 기업을 주고객으로 갖고 있는 손용석은 얘기한다.

어학 능력, 특히 영어 커뮤니케이션 능력이 굉장히 중요합니다. 저희 회사는 고객이 대부분 외국 업체이므로 영어를 매우 중시합니다. 영어 커뮤니케이션이 되지 못하면 새로운 사회에서 자신의 능력 발휘를 크게 제한받습니다.

그런데 놀라운 것은 순전히 한국말로 상품을 만드는 TV 프로덕션에서도 영어 능력을 강조한다는 사실이다.

박성주에 따르면 기획 단계에서 해외 정보를 수집할 때, 예컨대 인터넷을 통해 정보를 수집할 때, 일정량의 영어 정보를 한 달 걸려 해석하는 사람과 하루 만에 해석하는 사람 사이에는 생산성에서 엄청난 차이가 난다. 뿐만 아니라 해외 제작 때 영어를 모르면 싼 호텔을 잡지 못해 비용 경쟁력이 떨어지고, 통역자를 끼고 인터뷰를 하면 적절한 질문과 대답이 오갈 수 없으니 살아 있는 프로그램이 나올 수 없다.

요구되는 영어는 단순히 문서를 보고 이해할 수 있는 정도가 아니라, 구체적인 삶을 이해하고 교환할 수 있는 수준에까지 미치고 있다. 예컨대 미국 만화회사의 하청으로 애니메이션을 만드는 사람이라면 미국 중학교 3학년 수준의 생활 영어로 만들어진 콘티를 보면서 지시사항에 따라야 한다. 그런데 그런 생활용어들을 이해하지 못해 반품이 오는 경우가 왕왕 있다. 문화 상품을 팔려면 자동차를 파는 것과는 달라 마케팅 담당자만 영어를 구사해서는 곤란하고, 제작에 관련된 하급 직원들까지도 영어로 프리젠테이션을 할 수 있어야 한다. 그것이 한국의 문화 상품 수출 앞에 쌓여 있는 주된 장벽이다.

과거 경제개발 단계에서는 서구의 지식을 번역, 복제하기 위한 영문서 해독 능력이 중요했었다. 이제는 일상적 삶과 문화를 소통할 수 있는 수준까지 영어 능력이 향상되어야 한다. 진영종(성공회대학교 영어학과 교수)은 이러한 변화를 '영어를 공부한다'에서 '영어를 한다'로 넘어가는 것이라고 표현했다.

인간 관계 능력

사람을 사귀고 그들과 좋은 관계를 맺고, 그 관계를 유지, 향상하는 능력은 누구나 강조한다. 커뮤니케이션 능력도 실상은 인간 관계 능력에 기초를 두고 있는 경우가 많다.

한국 사회가 합리적 의사 소통이 약하고 전근대적 연줄에 의존해서 문제를 푼다는 이유로, 인간 관계 능력을 외교 능력이나 비도덕적 거래 능력으로 치부하는 경우가 많다. 그러나 구체적 상황에 들어가보면, 대부분의 일은 사람과 사람 사이의 신뢰 관계를 통해서 풀어나간다는 점에서 서구나 한국이나 다를 바 없다. 다만 한국에서는 모르는 사람은 일단 의심하는, 신뢰가 낮은 문화 때문에 그 장벽을 넘기 위해 학연 · 지연 · 혈연 · 술 · 돈 · 전화 · 찾아뵙고 인사하기 등의 비용이 많이 들 뿐이다.

저는 〈파워비전〉의 직원들에게 방송이 끝나면 출연자에게 감사의 편지를 쓰라고 교육하고 있습니다. 방송은 1회용이지만 인간 관계는 영원한 것입니다. 인간 관계에 실패한 사람은 일에서도 실패하게 마련입니다. 따라서 필요할 때만 친구를 찾는 태도는 버려야 합니다.(박성주)

저는 사업을 키워가는 과정에서 선배에게 도움을 많이 받았어요. 사내방송 사업 분야를 개척했는데, 그 과정에서 많은 어른들이 큰 도움을 주었습니다. 그런 관계가 축적되려면 세월이 필요하겠죠. 많은 저축이 필요합니다. 1,500만 원 빚 얻어 시작한 회사니까 돈을 가지고 일을 한 것이 아닙니다. 직원이 몇십 명까지 되는 회사로 잘 키워갔던 것은 다른 사람들한테 도움을 받을 수 있었기 때문이에요.(이두엽)

통상의 예측과는 달리 인간 관계 능력은 지식사회가 될수록 더 중요해진다. 컨설턴트인 고쿨 아가왈라(Gokul Agarwalla)는 실리콘 밸리를 "지식 인력들의 집합이자 이들 사이의 네트워크"르 정의했다. 여기에서는 이직률이 대단히 높고, 회사라는 것은 프로젝트를 위한 임시 조직 정도로 이해되고 있다. 그 이유는 지식과 인력을 교환하고 동원하기 위한 비공식적인 관계가 발전했기 때문이다. 적합한 인력이라면 파트 타임으로라도 관계를 맺는 것이 효과적이기 때문에 공식 조직의 벽이 두텁게 작용하지 못한다. 그렇게 보면 근대적 합리성에 기초하여 '계약에 의한 관계 형성'의 원리가 오히려 구태의연하다고 할 것이다. 조직 내부든 외부든 적절한 사람들과 비공식적인 신뢰 관계를 구축하는 것은 일을 성사시킬 때뿐 아니라, 직업을 구할 때도 새로운 기회를 여는 창구가 된다. 이 같은 상황에서 과거에는 '외부 사람'이라는 범주에 정리했던 사람도 '더 큰 범위의 내부 사람'으로 생각해야 한다.

조직 내부에서도 인간 관계 능력은 더 중요해진다. 위계적 인간 관계는 개개인의 능력을 자발적으로 끌어내지 못하므로, 팀 플레이어가 되지 못하는 사람은 지도력을 상실할 뿐 아니라 생산성을 저하시킨다. 수평적인 관계를 형성하고 발전시키는 능력, 인간에 대한 깊은 이해를 바탕으로 한 공동 작업 능력은 새로운 시대에 더욱 필요해진다. 박홍준은 얘기한다.

현재 제가 고민하고 있는 주제는 '주위 환경과의 조화'입니다. 광고 대행사에 있을 때도 클라이언트들이나 조직 내부의 아주 이질적인 사람들 모두와 잘 지내는 것이 중요했습니다. 그 당시에도 '그들과 어떻게 조화를 이룰 것인가'에 관해 많이 고민했는데, 인터넷 방송을 시작한 지금도 사원들과 어떻게 조화를 이루어나갈 것인가가 아주 큰 고민입니다. 그렇다고 그들에게 끊임없이 끌려다닐 수도 없기 때문입니다.

실리콘 밸리에서는 근대의 합리적 관계보다 비공식적인 인간 네트워크가 더 중요하다. 이 말이 한국 사람에게는 반가운 소리일 수도 있다. 그러나 이런 네트워크 안에서는 능력과 아이디어, 신뢰성이 매우 중요한 원칙으로 자리잡고 있다는 점을 간과해선 안 된다. 공식 조직이 지배했던 사회보다 더 엄격하고 세밀한 판정이 개개인에게 적용되기 때문이다.

나는 학생들이 내가 잘 모르는 분야에 관해 질문할 때면, 대학 바깥의 전문가를 소개해주곤 했다. 그런데 그때 젊은이들이 모르는 사람에게 전화를 걸고 만나서 인터뷰를 하는 일을 매우 두려워하고 있다는 사실을 발견했다. 책상에 앉아서만 공부하고 다른 사람과의 관계에서 배우는 능력이 없다면, 시험 쳐서 용케 회사에 취직하더라도 본인이 발휘할 역량은 매우 한정될 것이다.

기본 소양

손용석은 "평상시에 상대방에 대해 겸허한 자세를 갖출 수 있는 것도 능력"이라고 했다. 소양은 매우 사소하면서도 사람의 이미지를 결정적으로 좋게 만들 수도 있고, 더 이상 보고 싶지 않을 정도로 악화시킬 수도 있는 자질이다.

① 태도와 품성

다른 사람과 만났을 때 첫인사를 기분 좋게 하고, 전화를 걸고 받을 때 상대에게 호감을 주고, 표정이나 인상이 신뢰감을 주고, 남의 아픔에 쉽게 공감하면서 남의 즐거움에 진정으로 축하하는 태도……. 간과하기 쉽지만 이런 능력이 없는 사람들이 얼마나 적을 많이 만드는지는 아는 사람만 안다.

송덕호는 amazon.com에 들어가 책을 신청하면서 책을 받을 주소를 적다가 주어진 나라 이름 항목에서 한국과 북한을 구분할 수 없도록 정리된 선택지를 발견했다. 그는 바로 담당자에게 편지를 썼다. 그러자 2시간 후에 답장이 날아왔다. "당신 같은 사람들 때문에 amazon.com이 발전한다. 내가 담당자가 아니기 때문에 알아보고 답신을 드리겠다."는 요지의 매우 정중하면서도 책임감이 엿보이는 편지였다고 한다. 송덕호는 덧붙였다. "amazon과 우리 기업들 사이의 차이는 그런 답장을 쓸 수 있는 사람이 거기에는 있고 우리에게는 없다는 것이다."

원고 청탁을 자주 받는 사람들은 수화기에서 들려오는 말투와 태도에 따라 뜻을 결정하기도 한다. 정중하게 그러나 분명하게 뜻을 전하면서 상대방의 요구에 응할 태세가 되어 있는 사람과 무조건 자기가 필요로 하는 원고를 그들이 정한 시간에 내놓으라고 떼쓰는 사람 사이에는 생산성에서 차이가 크다. 한 번의 기분 좋은 통화는 수억의 PR 비용을 쓰는 것보다 값진 자산일 수 있다. 박홍준이 말한다.

좋은 성품을 지니도록 노력하십시오. 공자가 얘기했나요? '수신제가 치국평천하'라고. 여러분, 잘 생각해보십시오. 여러분 자신이 좋은 성품을 갖지 못하면 어느 누가 여러분의 곁에 있으려고 하겠습니까. 여러분이 지금 좋은 성품을 갖고 있지 못하다면, 괴팍하고 깐깐하고 깡패

같다면, 그 주변엔 비슷한 성품을 지닌 사람만이 모입니다. 그러면 나중에 이 사람들을 어디다 써먹겠습니까. 인격자가 되라는 게 아닙니다. 남을 생각하고, 나쁜 일을 하지 않고, 자신을 지킬 줄 아는 사람이 남을 위해 좋은 일을 할 수 있고, 그런 사람이 조직을 위해 일을 잘할 수 있는 것입니다. 좋은 성품을 갖고 깨끗한 생활을 해야 합니다. 깨끗한 생활이라는 것은 지하철에서 떠들거나, 보는 사람이 없으면 교통 법규를 위반하는 등의 일을 하지 않는 걸 말합니다.

이런 태도와 품성은 '몸의 언어'이기 때문에 처세술이나 도덕 참고서를 읽는다고 향상되는 게 아니다. 초등학교 때부터 배운 '도덕' 과목도 실은 외우는 능력을 가르치는 것이지 소양을 가르치는 것은 아니다. 그래서 접근하기가 어렵다.

사람에 따라서는 '그런 시시껄절한 능력이 뭐 그리 대단하냐'는 의견을 가질 수도 있다. 실제로 그 중요성에 대한 평가 절하가 일반적이기 때문에, 태도와 품성이 중요한 자질이라는 것을 납득시키는 게 어렵다.

아무리 사고력과 창조력이 탁월해도 그것을 남과 함께 풀 수 있는 능력이 없다면 그의 능력은 사장되게 마련이다. '실력이 있다'는 사람이 적을 만들기 일쑤고 무슨 일이든지 추진하려고 하면 장벽에 막히는 경우를 자주 체험한다. 그런 경우 우리는 작고 미세한 것이 얼마나 크고 대단한가를 깨닫는다.

② 도덕성과 신뢰성

박원철(구로구청장)은 공공 지도자가 갖춰야 할 다섯 가지 자질 중에 최우선으로 도덕성을 들었다.

우선 말씀드릴 것은 도덕성과 봉사 정신입니다. 주민에 대한 무한한 애정과 지역에 대한 철저한 봉사 정신이 없다면 지방자치 단체장도 하나의 월급쟁이와 다를 바 없습니다. 지역 주민이 원하는 것을 끊임없이 찾아내고 그들이 불편해하고 고통스러워하는 것을 신속하게 해결해주지 못해 안타까워하는, 이런 헌신 봉사의 정신이 민선 구청장이 갖춰야 할 첫번째 덕목입니다.

여기서 도덕성이라는 말은 정치가들이 자주 쓰는 상투적인 용어로 들리기도 하고, 공공 지도자니까 당연하다고 생각하기도 한다. 그러나 그것이 없다면 신뢰와 리더십이 생기지 않는다는 점에서 다시 한번 생각해야 할 대목이다. 대통령들이 도덕성에 상처를 입는 사건들을 계기로 레임덕이 되어가는 것을 경험으로써 알 수 있지만, 도덕성은 밑에서 지탱해주는 지도력을 형성하는 데 결정적인 자질이다.

그렇다고 해서 봉사 정신이나 도덕성을 그야말로 도덕적인 뜻으로만 이해해서는 그 현실적 의미가 드러나지 않는다. 이두엽은 발주처에서 불가능한 시간에 불가능한 일을 해내라는 요구에 직면하여, '무조건 할 수 있다'고 하는 대신 그 기간에 할 수 있는 최선치를 기획서로 작성하여 제출하는 전략을 취하면서, 다음과 같이 설명했다.

이 문제를 해결하는 방법은 정직하게 가는 수밖에 없습니다. 적당히 꾸며서 폼잡는 게 바로 망치는 겁니다. 사실 다른 회사에서는 몇 달씩 로비했지만, 우리가 정직하게 제안한 해법이 인정을 받았습니다. 길은 험하지만 직진해서 가면 길은 있어요. 큰 승부는 결국 철학의 싸움입니다. 일의 성과보다 중요한 것은 신뢰라고 생각합니다.

도덕성은 일과 연관될 때는 신뢰라는 결정적인 자산으로 변화된다는 점 때문에 중요하다. 신뢰가 모든 파트너십의 핵심 자산이라고 보면, 도덕성이 갖는 의미는 되새겨볼 필요가 있다.

③ 노는 능력

'놀기'를 '공부'의 반대말로 생각하는 사람들에게 '잘 노는 것도 능력'이라고 한다면 우습게 들릴 수도 있다. 그러나 잘 노는 사람은 대중 스타가 되기도 하고, 문화 상품의 기획자로 활약하기도 하고, 마케팅 분야에서나 인간 관계의 윤활유가 필요한 곳에서 탁월한 능력을 발휘한다. 이두엽은 본인이 천성적으로 갖고 있는 노는 능력이 사회 생활에 어떤 긍정적인 영향을 미쳤는가에 대해 다음과 같이 말한다.

제 안에 있는 온갖 모순과 악덕에도 불구하고 많은 사람들의 도움을 받게 된 것은 놀기 좋아하는 천성에서 비롯되었다고 생각합니다. 게다가 저는 혼자 놀려고 하지 않고 패거리를 지어서 노는 것을 좋아합니다.

그런 천성 때문에 이두엽은 주변에 참으로 많은 사람들을 그물로 엮고 산다. 뿐만 아니라 그들과의 관계를 높은 질로 유지하기 위해 놀기 연구에 많은 투자를 하고 있다. 한 예로 사업을 하면 소위 '접대'를 해야 하는데, 보통 회사들은 룸살롱에 손님을 데려가는 것이 일반적이다. 그런데 이두엽은 돈이 많지 않으므로 자신의 놀기 능력을 접대에 적용했다. 본인이 후원회원으로 들어 있는 연극 집단의 연극에 초대하여 같이 본 후 배우들과 함께 뒤풀이 자리를 마련하는 것이다. 보통 사람들에게는 연극 배우들과 같이 술자리를 한다는 것이 얼마나 영광인가. 룸살롱에서 술과 여자로 뒤범벅이 되다보면 뒤에 기분이 찜찜해지는데, 연극 접대를 받은 사람들은 집에 돌아가서 부인에게 자랑도 한다.

　　노는 데도 연구가 필요합니다. 상대방이 싫증나지 않도록 하는 것, 불쾌감을 주지 않는 방안이 최우선되어야 합니다. 인간 관계에서 제일 중요한 것은 '그 사람을 만나면 뭔가 재미있는 얘기를 들려준다', '인생에서 좋은 교훈이 되는 얘기를 들을 수 있다', '그 사람을 만나면 자장면 한끼를 먹어도 맛있다', '그 사람하고 놀러 가면 재미있다', '그 사람을 생각하면 기분이 좋아진다', 뭐 그런 것들입니다.

　　이두엽은 집단으로 놀기 좋아하는 천성을 놀기 연구와 놀기 기획으로 발전시킴으로써 직종으로 연결시켰을 뿐 아니라, 사업을 하는 데서도 자원 동원의 매개체로 활용할 수 있었다. '많은 약점에도 불구하고 많은 사람들의 도움을 받게 된 것'도 결국은 '잘 노는 능력'에서 비롯되었다는 점은 결코 간과할 수 없는 자질이다.

체력과 스태미너

　　체력도 자질이다. 젊은 사람들로서는 크게 다가오지 않는 얘기일 수도 있지만, 30대 중반 이후가 되면 대부분이 이 문제에 부딪친다. 특히 고상하고 예술적인 직업으로 생각하는 방송, 광고, 영화 제작 같은 직업은 그 직무 수행상 노가다 이상의 육체적 스태미너를 요구한다. 체력 관리법을 몸에 체득하지 못한 사람들은 일에 허덕이고 가족에게도 불성실하다가 40대 초반의 사망률 수치를 높이는 데 기여할 수 있다.

　　체력과 간접적으로 연관되는 것으로 정신적 스태미너는 젊은 사람들이 갖기 힘든 높은 수준의 능력에 해당한다. 특히 창조적인 직업인 경우 적지 않은 기간을 '바닥에서 견디는' 과정이 요구된다. 영화 감독은 7년 정도 밑에서 '걸레 빠는 일'을 하면서도 돈도 제대로 못 받는 과정을 거쳐야 가능하다. 많은 사람이 3~4년쯤에서 중도 탈락한다. 그런 과정을 특별한 보상도 없이 견뎌내는 일 자체가 엄청난 정신적 스태미너를 요구한다. 게다가 운좋게 감독으로 입봉했다 하더라도, 많은 세월 동안 흥행 실패와 세간의 불인정을 견뎌야 한다.

아무리 아이디어가 많고 반짝이는 재주가 있더라도, 스태미너가 없으면 일의 성취 과정에서 부딪치는 역경을 견디지 못하고 포기하기 일쑤다. 더욱이 앞으로의 사회는 직업적 안정성이 없어지면서 삶의 굴곡이 보다 확연한 모습을 띨 터이니, 좌절을 견디어낼 정신적 스태미너는 직업인에게 꼭 필요한 교양이 될 것이다.

모험성

지식산업이 발전하면서 새롭게 요구되는 주요 자질이 있다. 벤처기업 캠페인과 더불어 사회에 널리 퍼져나간 모험성이 그것이다. 기업이나 상품의 수명이 점점 짧아지고 혁신이 연쇄 핵반응을 일으키는 때, 끊임없이 새로운 것을 실험하고, 개발하고, 도입하는 정신은 기업이나 조직의 생존과 연관되는 문제가 된다. 〈언어과학〉을 창업하고 운영하는 정회선이 말한다.

대기업은 전례가 있는 사업을 막대한 금전으로 추진할 수 있지만, 중소기업은 자금이 없고 상황을 예측하기 어렵기 때문에 지금까지는 계산에 없던 것, 전례가 없는 일을 하게 됩니다. 전례가 없는 일. 그래서 도전이니 모험이니 하는 얘기를 하는 겁니다. 만약에 여러분 중에 벤처기업 같은 도전적인 일을 하고 싶은 분들이 있다면, 사회에서 그 일에 대한 그림을 아직 그리지 않은 것을 정말 행복하게 생각하셔야 됩니다. 답이 나와 있지 않은 일을 하십시오. 만약 자신이 하려고 하는 일에 확실한 그림과 답이 나와 있다면 그 일은 하지 마세요. 그건 남들도 할 수 있는 일이거든요. 남들도 할 수 있는 일은 도전이라고 할 수 없잖아요. 돈만 있으면 누구든 할 수 있는 거지요. 어떤 학생이 우리 나라의 현실을 비통해하면서, '우리 나라는 기본 바탕이 없기 때문에 아무것도 못하겠다'고 한다면, 저는 이렇게 말하고 싶어요. '어려우니 남들도 못할 거고, 그러니까 지속적으로 계속하면 해답을 찾을 수 있는 게 아니냐고 말입니다.

많은 사람들이 새로운 아이디어를 접하면 다른 곳에서 그것을 수행한 전례가 없다는 이유 때문에 책상 서랍 속에 묻어버린다. 그들은 전례가 없다는 사실 때문에 불안해하며, 실패의 책임을 회피하려는 본능에 바로 종속되어버린다. 정회선은 언어학 박사과정을 수료하고 언어학 지식을 컴퓨터와 연계시키는 사업에 뛰어들었는데, '학삐리'가 사업을 시작한 이유를 다음과 같이 설명한다.

제가 공부했던 인문학은 현실과 연계성이 적고 이론 교육 정도로 재생될 뿐이라고 인식되고 있었어요. 그건 언어학에 응용 분야가 없기 때문에 생긴 건데……. 더구나 사업화하기에는 언어학이 너무 현실과 동떨어져 있다고 할 수 있죠. 우리는 그 인식이 잘못됐다는 것을 확인시키고 싶었습니다.

그의 모험은 인문학을 실제 현실과 연계시킬 수 있다는 자신의 비전과 '언어학에 기초한 사업이 가능하다'는 황당한 가설을 입증하는 일이었다. 그는 기존 가정에 도전하고, 새로운 가설을 입증하려 했다는 점에서 서구 이론만을 번역하는 학자들보다 과학적 태도를 갖고 있으며, 몸을 던져 수행하고 있다는 점에서 모험가적이다.

부모나 교육자는 모험성에 대해 반대 위치에 서는 게 자연스럽다. 때문에 새로운 자질 항목인 모험성이 교육 과정에서 크기는 힘들다. 모험의 창조성에 대해 말로는 쉽게 얘기할 수 있지만, 실제 몸으로 부딪치려면 기존의 권위와 관습에 의문 부호를 찍어야 하고, 자신의 삶과 가정, 혹은 목숨까지도 걸어야 하기 때문이다. 그러나 모험성이 선천적인 것은 아니다. 험난한 영화 제작 산업에서 일하는 유인택도 모험성을 강조하고 있는데, 특이한 점은 그가 처음부터 그런 성격을 갖고 있지는 않았다는 점이다.

저는 고등학교 때 아주 내성적이었는데, 그런 성격을 바꾸고자 산악부에 들었습니다. 암벽 등반하는 서클이었죠. 암벽 등반, 상당히 위험해요. 발 한 번 잘못 디뎌서 떨어지면 다칠 수도 있고, 심하면 목숨을 잃어요. 매주 산에 가기 전날 불안한 마음에 잠을 이루지 못했어요. 그렇지만 암벽 등반에 성공하고 나면 '나도 할 수 있다'는 생각에 뿌듯했죠. 그 결과인지 모르지만, 모험에 도전하는 성향은 그때부터 줄곧 저를 쫓아다니는 것 같습니다.

확실한 것이 점점 없어져가는 세상에서 불확실성 자체를 받아들이는 것은 모험성의 자질을 끌어내는 출발이 된다. 불확실성을 줄이기 위한 최후의 방책은 몸을 던지는 것이다. 그것이 새로운 시대에 모험성이 중요한 자질로 간주되는 이유다.

속의 씨앗

1. 삼위일체

앞에서 언급한 필요 자질들을 깊이 이해하려면, 좀더 추상적인 언어를 사용하는 수고를 해야 한다. 우선 유인택의 정리를 들어보자.

요즘 학생들은 자기 전공 분야만 공부해요. 지식을 쌓는 거죠. 그런데 제 생각엔 세상을 살아가는 데 필요한 건 지식보단 지혜라고 생각합니다. 지식은 자신이 공부한 분야만 알지 다른 건 몰라요. 그런데 지혜는 삶을 슬기롭게 대처해 나가는 능력이거든요.

유인택은 지식과 지혜를 구분하고, 삶에서 필요한 것은 지식보다는 지혜라고 결론을 내린다. 대학에서 가르치는 것은 지식이니, 대학은 쓸모 없는 데 신경 쓰도록 오도한다는 암시일 수도 있다. 그의 주장이 맞다면 사회와 대학은 한참 따로 놀고 있는 것이다.

그런데 대학의 교육자로서 '진짜 신경 쓰이는' 말은 학생들이 졸업

후 필요한 정신적 능력이 '지혜'라는 주장이다. 그것은 근대 교육 전반에 대한 근본적인 도전이다. 이런 선언은 지난 100여 년 동안 서구식 교육으로 혁신하기 위해 애를 쓴 사람들에 대해 '당신들이 없었으면 전통적인 지혜 교육으로 상황이 훨씬 나아졌을지 모른다'는 주장으로 발전할 수도 있겠다.

유인택의 얘기를 확대하자면, 대학 교수는 인격의 티는 낼지 모르지만 실제 가르치고 연구하는 것은 지혜와는 무관한 전문 지식이니, 외양과 내용이 한참 다른 것이다. 반대로, 기업인은 겉은 장사꾼이지만 속은 지혜로 차 있다는 말이 될 수도 있다. 만약 그렇다면 교수나 기업인이나 표리가 부동하다는 점에서는 마찬가지다.

이에 대해 가부 결론을 내리기 전에 유인택보다 훨씬 장사꾼 계열에 가까운 송덕호가 지식과 지혜에 관해 정리하는 바를 들어보자. 앞서 설명했듯이 송덕호는 자질을 지식(knowledge), 지기(知技: skill), 지혜(wisdom)의 세 가지로 정리한 뒤, 사회에서 필요한 능력은 지식보다는 지기와 지혜 쪽이라면서, 자질의 이상적인 형태는 이 세 축이 고루 발전하면서 조화를 이루는 것이라고 설명했다. 우선 지기에 대한 설명을 들어보자.

주어진 일을 할 때 발휘되는 지기는 '문제 해결 능력'이라고 할 수 있습니다. 실제로 일을 할 때면 '문제 해결 능력이 있느냐 없느냐' 하는 것이 결정적으로 중요합니다. 제가 6년 동안 근무한 맥킨지라는 회사에서는 사무직원을 뽑기 위한 세 가지 기준이 있는데, 첫번째가 바로 문제 해결 능력입니다. 두 번째가 리더십, 세 번째가 열정 혹은 열망(aspiration)입니다. 맥킨지에서는 인터뷰 대상이 대학에서 몇 학점을 받았는지는 전혀 고려하지 않습니다. 인터뷰를 할 때 먼저 질문을 던집니다. 그런 후 그 질문에 대한 답변을 통해서 '아! 이 사람의 문제 해결 능력은 어떻구나' 하는 판단을 내려서 뽑고 안 뽑고를 결정하는 것입니다.

즉, 지식 차원 이외에 문제 해결 능력이라는 고유한 능력이 존재한다는 겁니다. 제가 여러분께 강조하고 싶은 것은 문제 해결 능력이라는 영역이 존재하고, 그것이 앞으로 여러분의 인생에 굉장히 중요하게 다가올 것이라는 얘기입니다. 현재 많은 사람들이 문제 해결 능력이 부족한 상태입니다.

송덕호가 말하는 지기, 즉 문제 해결 능력은 과제가 주어지면 그것을 해결할 수 있는 능력이다. 통상의 개념으로는 노하우, 노웨어와 연관된 '실무적 지식'이라고 볼 수도 있다. 그러나 주어지는 과제들은 컴퓨터를 배우는 등의 기술적인 것에서 인간 관계에 관한 것, 삶의 철학에 관련된 것 등, 그 수준이 낮은 데서부터 아주 높은 데 이르기까지 여러 단계가 있고 범위도 매우 다양하니, 문제 해결 능력도 여러 수준과 분야가 있다고 하겠다. 그리하여 포괄적으로는 '목표와 결과를 지향하면서 발생하는 문제들에 대한 대안과 해법을 찾아내는 실천적 능력'이라고 정의할 수 있겠다. 이에 대한 부연 설명을 들어보자.

제가 이 강의를 준비하는 과정에서 행사 기획을 맡은 학생들이 저에게 와서 인터뷰도 하고 비디오도 찍고 행사를 준비하는 것을 보았는데…… 이러한 수업이 학생들에게 꼭 필요하다는 생각을 했습니다. 제가 학교에 다닐 때는 이러한 수업이 없었습니다. 그냥 암기하고…… 그것도 뜻도 모르면서 그냥 외워서 쓰고, 그리고 학점 받고…….

그런데 '내가 그 사람을 만나러 간다'는 건 지식도 아니고 아무것도 아닙니다. 뭐가 중요하냐 하면, 그런 걸 한 번 해본 사람하고 처음 하는 사람하고 차후의 효율성이 크게 달라집니다. 그 경험이 그 사람에게 내재되는 지기입니다. 지기가 커지는 거죠. 물론 학교에서 한 번 해본 것이 뭐 큰 차이가 나는 것은 아닙니다. 그런데 그러한 차원이 있다는 걸 아는 자체가 굉장한 도움이 된다는 거죠.

학교에서도 지기를 많이 가르치는 것이 사회 생활하는 데 도움이 될 거라는 이야기입니다. '하버드에 가면 토론식 수업을 많이 듣는다'는 얘길 하지 않습니까? 토론을 한다는 게 무언가 하면, 지식을 배우는 게 아니고—물론 아니라고 할 수는 없는데—그쪽보다는 지기입니다. '아는 것을 어떻게 조립해서 어떤 말로 표현해 설득할 것인가?' 하는 문제, 그것은 스킬의 문제인 것입니다. 지식의 문제와는 조금 다릅니다.

지기가 지식과 다른 분명한 측면은 문제를 분석하고 비평하는 것이 아니라, 그 실무적 해결을 지향하는 성격이 강하다는 것이다. 이 능력이 발달한 사람들은 대개 '모든 문제는 그 해결 방안을 갖고 있다'고 믿는 적극적인 태도를 갖고 있으며, '내가 해결하지 못할 경우는 다른 사람이 하거나, 시간을 기다리거나, 다른 곳에서 해법을 찾을 수 있다'고 생각한다. 예컨대 누군가 '죽음의 문제에 대해서는 왜라고 물을 수 없다'고 단정할 때, 문제 해결 지향적인 사람은 '무엇인가 다른 능력을 개발하거나 과거 거기에 도전해본 사람들의 경험을 잘 되씹으면 해법을 찾을 수 있다'고 긍정적으로 생각한다. 지식의 모험성을 강조하는 21세기 풍토에서 지기가 중요한 자질의 축으로 부상하는 것은 당연한 일이라고 볼 수 있다.

다음으로 '지혜'에 대해 들어보자. 송덕호는 지혜의 3단계를 구분하면서 가장 기초 단계에서는 '다른 사람과 어울릴 수 있는 능력', 즉 사회 생활을 원활히 할 수 있는 지혜가 필요하고, 두 번째로는 '사람을 이해하고 움직일 수 있는 능력'이, 마지막으로는 '사람의 근본을 뛰어넘을 수 있는 지혜'가 필요하다고 설명한다. 이렇게 다양하지만,

송덕호는 지혜의 핵심을 '인간을 이해하는 능력'에 있다고 생각한다.

　　지혜에서 가장 중요한 것은 '사람에 대한 이해'라고 볼 수 있습니다. 사람을 이해하면 할수록 뭔가 풀리는 느낌이 있습니다. 무리하게 다른 사람을 바꾸려고 하기보다는 사람의 본성을 타고 헤엄치는 느낌이랄까요? 저는 큰 지혜라는 것은 자유로움이라고 생각합니다. "진리가 너희를 자유롭게 하리라."는 성경 말씀은 지혜로우면 자유롭게 된다는 뜻일 겁니다.

　　결국 지혜란 사람을 그 본성에 가깝게 이해하고, 그 이해를 실천적인 힘으로 전환시켜 '자연스럽게 일을 풀어가는 능력'이라 하겠다. 세상의 수많은 일들은 결국 사람들을 통해 이루어지므로, 사람의 본성을 파악하는 정도에 따라 지혜가 발생한다고 하겠다. 지혜를 얘기하는 데서 종교와 현인들을 인용하는 것은, 그들이 인간을 보는 눈에서 보통 사람들이 도달하지 못한 깊이를 갖고 있기 때문이다.

　　지혜가 지식과 다른 점은 그 이해가 단순히 아는 데서 끝나는 것이 아니고, 그 자체로 실천성을 갖고 있다는 점이다. 그러나 그 실천성은 주어진 과제의 수행에만 목표가 맞추어져 있지 않고, 관련된 인간과 사물에 대한 총체적인 고려를 포함하고 있다는 점에서 지기와는 차원을 달리한다. 더 나아간다면, 관련된 사람들의 삶을 향상시키는 근본적인 관심 속에서 일과 사물을 바라본다는 점에서 종교적 지평을 포함하는 것이다.

　　그렇다면 대학에서 배운 지식은 어떻게 작용할까? 송덕호가 자질 중에서 가장 낮은 수준의 축으로 생각한 지식은 사회에 나가면 '상식'으로 전환된다. 그러나 이 상식은 '보다 깊이 있는 지식' 그리고 '폭넓은 지식'으로 발전하지 않으면 지적 능력이 크지 못하는 한계를 갖고 있다.

　어차피 일을 하는 데 상식은 필요합니다. 그러니까 '상식을 가지고서' 처음에 주어진 일을 하는 것입니다. 그 다음에 '좀더 깊이 있는 지식'이 필요하게 됩니다. 물론 그 깊이라는 것은 학문적인 깊이가 아닌 실무적인 깊이입니다. 그리고 차후에는 '무슨 일을 해야 할지를 결정하는' 위치에 도달하는데, 이때 필요한 것이 좀더 '폭넓은 지식'입니다. 여러분이 졸업 후 조직 사회에 들어가면 일단은 '주어진 일을 한다'는 입장일 것입니다. 주어진 일을 하면서 한 걸음씩 나아간다고 생각할 텐데, 제가 말하고 싶은 것은 세계는 결코 이 한 걸음이 전부가 아니란 겁니다. 여러분의 한 걸음이라는 것은 백 걸음, 천 걸음을 바라보는 한 걸음이 되어야 하는 것입니다.

대학에서 배운 지식은 일하는 데 필수적인 상식이긴 하되, 차후 일과 연관하여 그 깊이와 넓이를 향상시켜야 할 기초적 능력이라는 것이다. 결국 보다 중요한 것은 지식 자체보다 지식을 꾸준히 늘릴 수 있는 자세이다.

　여러분이 욕심이 있다면 지금부터 세상에 대해서 마음의 문을 여는 것, 관심 있게 보는 것, 사물을 받아들이는 자세…… 이런 것들을 개발해보십시오. 그러면 나중에 여러분들이 폭 넓은 지식으로 무슨 일을 할 것인지를 결정할 때 많은 도움이 될 것입니다.

지식 자체보다 공부 태도가 지식의 핵심이라고 보면, 다음과 같은 현학적인 말이 가능하다. "지식의 생산 수단이 지식을 좌우한다." "무엇을 아느냐보다는 꾸준히 알아가는 태도가 지식의 수준을 결정한다." 여기서 '지식의 생산 수단'이라고 한 것은 마음을 열고 모든 사물과 경험으로부터 배우려는 의지와 태도, 그 경험을 과거의 지식과 결합하여 새로운 지식을 산출해내는 힘을 말한다. 결국 학교 공부에서 필요한 것은 지식을 생산하는 지식을 가급적 많이 갖추는 것이라 하겠다.

신입사원들 중에는 '선배들이 잘 가르쳐주지 않는다'고 불평하는 사람들이 있다. 그는 앞선 사람들이 가공한 지식을 기계적으로 외워 반복하는 것이 배움이라고 생각한다. 암기식 교육이 산출한 저급한 지식의 유형이다. 스스로 배우는 능력, 남이 개발한 지식이라도 자신의 지식 생산 수단에 다시 투입하여 몸에 배어든 지식으로 재창조해내는 능력, 그것이 지식을 자질로 전환시키는 핵심이다.

프랑스의 한 신세대 철학자는 "헤겔 이후의 철학은 사고하는 법을 가르치기보다 철학사를 외우는 법을 가르쳤다."고 말했다. 대학이 사고하는 법을 가르치기보다 남들이 사고한 내용을 외우는 법을 가르치기 시작하면서, 지식이라는 것이 저급한 수준으로 떨어졌다. 오늘날 지식에 대해 새로이 요청되는 것은 지식을 창출하는 능력, 즉 지식을 만드는 지식이다.

그러나 지식을 생산하는 지식을 가르치기 위해서는 불가피하게 송덕호가 말한 지기와 지혜를 건드릴 수밖에 없다. 지식을 스스로 생산하기 위해서는 문제 의식이 분명해야 하고, 그 문제를 풀기 위해 관련 정보를 찾거나 본인의 사고를 촉진시켜야 한다. 그런 의미에서 지식을 산출하는 지식은 지기의 능력을 개발하지 않고는 갖추기 곤란하다.

그런 문제 해결식 지식 창출 과정을 반복하다보면 인간과 사물에 대해 보다 깊은 통찰을 개발하지 못한 채 넘지 못할 장벽에 부딪치는 경우가 많다. 지적 능력만 가지고는 문제를 해결할 수 없을 때, 직관과 감성, 나아가 영적 능력이 필요해지며, 그때 비로소 지혜가 요청되는 것이다. 특히 지적 능력만으로는 대처할 수 없는 인간 관계 문제, 논리가 벽에 부딪쳤을 때 필요한 직관, 몸의 건강이 한계에 부딪치거나 분노와 사랑의 슬픔에서 헤어나지 못할 때, 그때 상황을 전혀 다른 방향으로 돌파하기 위한 초월적인 능력이 필요해지며, 이때 요청되는 것이 지혜이다.

송덕호가 말한 자질의 삼위일체를 앞서 정리한 필요 자질들과 하나의 그림으로 통합하면 아래와 같이 될 것이다. 필요 자질들은 세 축에다 관여되긴 하지만, 특히 지기와 지혜에 많이 걸친다. 그런 점에서 지적 능력에만 초점을 맞춰온 근대적 자질 체계의 한계가 드러나며, 이 때문에 학교 · 기업 · 가정 교육의 위기가 보다 심각하게 드러난다.

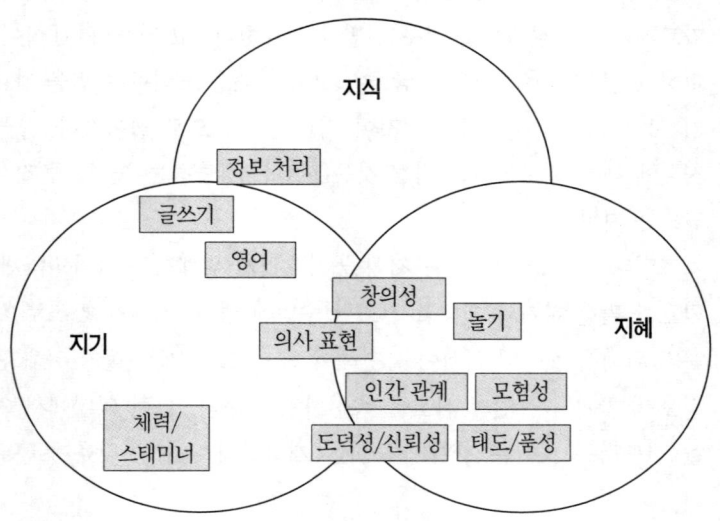

2. 지식을 생산하는 지식

새롭게 요구되는 지식이 과거와 질적으로 다른 점은 지식 그 자체가 아니라 지식을 생산하는 지식이라는 데 있다. 마르크스는 생산 수단의 소유 여부를 기준으로 계급을 나누었다. 부르주아 계급은 생산 수단을 소유한 계급이었다. 지식 시대의 부르주아는 지식의 생산 수단을 꾸준히 업그레이드하는 사람들이다. 지식의 생산 수단은 소유하고 끝나는 것이 아니라, 보다 적절한 지식을 창출하기 위해 생산 수단 자체를 끊임없이 확대하고 질적으로 향상시키는 것이다.

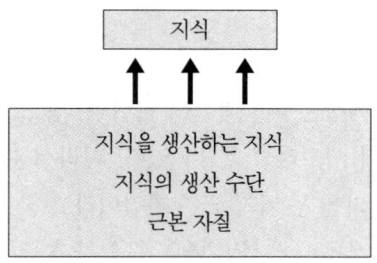

지식의 생산 수단을 찾는 일은 개인에게는 자질 개발을 위한 전략을 수립하는 데 필요할 뿐 아니라, 사회적으로는 지식기반경제의 근본 인프라를 찾아 구축하는 일과도 연관된다. 그리하여 우리는 능력을 키워내는 능력, 지식을 산출하는 지식을 찾아나가지 않을 수 없다. 근본적인 자질을 찾는 과정은 바로 지식의 생산 수단을 찾는 과정이 될 수 있다.

예컨대, 창의성을 키우려고 할 때, 무엇을 해야 할 것인가? 참으로 난감하다. 창의성을 개발하는 기술을 가르치기도 하지만, 그런 테크닉을 습득한다고 해서 창의성이 곧바로 창출되는 것은 아니다. 영어 실력이 필요하다고 해서 영어 학원에 열심히 다니긴 해도, 외국인 앞에 서면 쩔쩔매기 일쑤다.

이 때문에 우리는 자질을 테크닉과 동일시하는 사고에서 벗어나야 할 필요에 부딪친다. 자질을 테크닉과 동일시하면 쉽고 빠르게 해결할 수 있는 것처럼 보이지만, 사실은 소기의 성과를 얻지도 못하고 주변을 맴도는 경우가 많다. 이에 대해서는 스티븐 코비가 《성공하는 사람들의 7가지 습관》에서 설득력 있게 얘기한 바 있다. 껍질이 아닌 속을 추적하지 않으면 안 된다.

우선 표면적인 자질 내부에서 이 자질을 떠받치고 있는 근본 자질을 점검해보자.

① 논리력/상상력

앞서 창의성의 핵심은 예술적 상상력이며, 정보 처리 능력의 핵심은 논리적 · 전략적 사고라고 한 바 있다. 따라서 논리력과 상상력은 지식 생산 능력을 키울 두 가지 근본 자질이라고 하겠다.

다만 양자의 관계에 대해서만 좀더 부연하자. 창의력과 정보 처리 능력의 관계는 예술적 창조력과 전략적 사고력의 관계와 유사하다. 전략적 사고와 논리력은 목표를 설정하고, 자원을 효율적으로 결합시키면서, 수용자에게 적절히 다가갈 수 있도록 만드는 능력이다. 반면 예술적 상상력은 그러한 목표를 성취하는 데 기존의 관습적 표현 방식을 혁신함으로써, 미적인 효과를 일으킬 뿐 아니라 사물의 새로운 측면을 드러내는 능력이다.

광고 프로덕션을 운영하는 이일수(〈오즈〉 사장)는 상상력과 논리적 사고가 광고 기획 및 제작에 작용하는 두 가지 핵심 자질이라고 설명했다. 광고에서 생명은 크리에이티브이지만, 광고는 목표 수용자와 기대 효과를 전제하므로 논리력이 동시에 결합해야 한다는 것이다.

예술적 능력과 전략적 사고, 상상력과 논리력은 우뇌와 좌뇌의 역할처럼 대립적이지만, 동시에 양자의 상호 보완이 없으면 총체적인 성과를 내기가 힘들다. 공연 및 영상 산업의 용어로 말하면 예술 측면을 담당하는 연출자(감독)와 전략 측면을 담당하는 기획자(프로듀서)의 관계에 비유할 수 있다.

② 자신감

앞서 의사 표현 능력은 자신감에서 커진다고 했다. 뿐만 아니라 인간 관계 능력, 정신적 스태미너, 모험성도 자신감에서 비롯되는 바 크다. 자신감이라는 근본 능력이 결여된 채 인간 관계를 풀려고 하면 쑥스러움이나 지나침을 감추기 힘들고, 오히려 그런 부자연스러움이 전달되는 경우가 많다. 자기 자신에 대한 믿음, 그것을 자신감이라고 할 때, 자기에 대한 믿음은 내면에 있는 다른 능력의 씨앗에 물을 주어 피어나게 한다.

자신감은 구체적인 사안을 통해서 조금씩 확인되고 향상되는 경향이 있다. 정회선은 자기 자신이 대학에서 다른 친구들에게 인정받지 못하는 사람이었는데, 이러한 상황을 극복하게 된 계기를 이렇게 설명했다.

군에 입대하기 전까지 저는 사회에서 제가 인정받지 못하는 사람 중 하나라고 생각했어요. 군대에 갔더니 대대장이 밴드를 조직해보라고 해요. 밴드 조직이라고 하니까, 제가 음악에 소질이 있는 것으로 생각하실지도 모르겠지만, 솔직히 저는 음악에는 문외한이거든요. 음악은 모르지만 조직을 결성하는 데는 소질이 있어요. 그래서 이 일을 맡았습니다. 밴드의 보컬·기타·베이스·드럼·곡 선정. 모두 제가 맡아서 했습니다. 결과는 아주 좋았어요. 각종 대대 행사에 나가서 호평을 받고 그 후에 사단 경연대회에 나가서 우승까지 하게 됐습니다. 그때 자신감이 생긴 거죠. 이런 경험이 제게 많은 도움이 됐습니다. 그 때문인지는 모르겠지만, 군 제대 후에도 '잘하는 것을 하면 되는구나' 하는 생각이 생겼습니다.

이러한 종류의 경험은 비록 사소한 것일지라도 '내가 잘하는 것이 무엇이다'라는 사실을 발견케 해주고, 그 방면으로 창조적 에너지를 형성시킨다. 그것이 자신감이 형성되는 과정이다. 그런 점에서 자신감과 자기 발견은 불가피하게 같이 다닌다. 자신의 능력을 발견하고 이를 통해 자기 신뢰를 갖게 되면 한 걸음 더 나아가 새로운 모험을 감행할 힘이 생긴다. 남들이 좋다고 하는 것을 좇아가면 내면의 깊은 에너지를 동원할 수 없기 때문에 잘해봤자 평균 수준을 성취할 뿐이다. 그러나 자기의 개성적인 능력을 발견하고 거기에 신뢰를 보내주면 부수적인 능력들과 힘이 솟아오른다. 그렇기에 자신의 발견은 자신감이라는 매우 강력한 응집력을 산출한다.

대체로 자신감은 남들의 칭찬이나 학교 혹은 사회에서의 높은 평가에 의존하는 경우가 많다. 그러나 그런 자신감은 남들의 비난이나 사회적 저평가에 부딪칠 때 허약하게 무너지는 함정이 있다. 어린아이들이나 보통의 어른들은 이런 사회적 관계 속에서 자신감을 형성하거나 훼손한다.

이와는 달리 높은 수준의 자신감에 도달하면 남들의 칭찬이나 비난에 의존하지 않고 스스로 자기 자신을 믿어주는 힘이 발생한다. 높은 차원의 자아가 현실의 자아에 대해 힘과 용기를 불어넣어줄 때, 남들의 인정에 종속적으로 의존하며 남의 칭찬을 게걸스레 갈구하지 않는 튼튼한 자질의 바탕이 형성된다.

의사 표현 능력은 자신감과 밀접히 연계되어 있다. 남들 앞에서 말로 나를 표현할 때는 말 이외에 눈빛·손짓·자세·낯새·만지기 등 다양한 채널을 통해 표현하기 때문에, 말하는 순간에 '나'라고 알려진 것이 총체적으로 관여한다. 그렇기 때문에 자신감이 형성되면 말하는 사람이 두려움에서 벗어나 평안해지고 따라서 설득력도 늘어난다. '이렇게 하는 것이 말을 잘하는 것'이라는 표준 모델을 흉내내는 사람은 그 경지에 이르지 못한다. 그는 여전히 남들의 평가에 의존하며 낮은 평가를 받을까봐 두려워하기 때문에 설득력을 높일 수 없다.

손용석은 인간 관계의 핵심이 '원활한 관계를 맺으면서도 자기의 의사를 분명히 전달할 수 있는 커뮤니케이션 능력'이라고 하면서, 다시 커뮤니케이션의 핵심을 강조했다.

말 잘하라는 게 아니라, 말 속에 신뢰감이 들어 있어야 한다는 것입니다.

나의 친구이며 전세계 여러 기관의 컨설턴트로 활동하고 있는 고쿨 아가왈라는 말을 아주 설득력 있게 하는 사람이다. 컨설턴트니 말을 못할 리 없겠지만, 그는 단순히 입의 기술이 발달한 것이 아니라 말에 힘을 담아 전달한다. 나는 그에게 "도대체 어떻게 해야 남에게 커뮤니케이션을 잘할 수 있는가?"라고 물었다. 그의 대답은 아주 의외였다. "진실로 확신하는 바를 얘기하는 것이 커뮤니케이션을 잘할 수 있는 길."이라는 것이다. 진실성(sincerity)이 효과적인 의사 표현의 핵심이라는 얘기였다. 내가 다시 물었다. "그렇다면 내가 확신하지 못하는 바에 대해서는 어떻게 하는가?" 그의 대답은 "잘 모른다고 얘기하면 된다."는 것이었다. 자기에 대한 진지한 신뢰가 있을 때 발생하는 힘은 다른 어떤 테크닉보다도 표현 능력을 향상시킨다. 말을 어눌하게 해도, 혹은 말을 안 해도 그의 표현력은 매우 높다.

자신감이 있는 사람은 일을 잘할 수밖에 없다. 자신을 프로젝트의 중심에 놓고 볼 수 있으므로 당연히 자발적인 책임감과 상상력이 발동한다. 이두엽은 "욕심이 많았기 때문에 일을 잘할 수 있었다."며, '욕심'이라는 표현 속에서 자신감과 일하는 능력 사이의 관계를 다음과 같이 얘기했다.

제가 '왜 일을 잘할 수 있었나' 생각해보면 욕심이 많아서였던 것 같습니다. 예를 들어 선거를 치를 때는 많은 인원이 동원되죠. 조직하는 사람, 행정적인 일을 하는 사람 등등이 함께 일을 하는데, 그 중에서도 제가 핵심부에서 중요한 일을 맡을 수 있었던 것은 능력이 많아서보다는 '이 선거는 내가 가장 중요하다. 내가 중요한 판단을 내려야 한다'는 자세로 임했기 때문이라고 봅니다. '전체적인 전략을 세우고 기획하는 일을 내가 해야 된다'고 자꾸 생각했습니다. 객처럼 멀리 바라보는 것이 아니고, '내가 중심이 되어서 한다면 어떻게 판단할 것인가'를 꾸준히 고민한 것 같습니다. 그렇다고 자만에 빠진 것은 아닙니다. 남보다 더 많이 그 일에 대해서 생각하고 더 많은 것을 스스로 요구했기 때문에, 그 결과 자연스럽게 '저 친구가 하는 얘기는 중요하다. 상당한 역할을 맡아 할 수 있다'는 인정을 주변에서 받을 수 있었습니다. 변방에서 적당히 헤매는 것이 아니고 중심에서 책임감을 갖고 추진한 것이죠.

처음 큰 사업을 치른 것이 1987년 대통령 선거입니다. '노란색 전략'이라는 것을 만들고, 연설문 쓰고, 홍보 기사 만들고, 신문 광고 하고 이것저것 해댔는데, 모두 누가 시키지 않았는데도 밤을 새면서 열심히 했어요. 다른 모든 것을 제쳐두고 그런 일들을 운명적으로 받아들였습니다. '이 일을 내가 안 하면 누가 할 것인가?' 30대 초반 어린 나이였는데……. 일 자체에 남보다 훨씬 더 욕심을 낸 것 같아요.

이두엽이 '일에 대한 욕심'이라고 부른 성향은 '어떤 일에 대한 비전과 실현 의지가 강력하다'는 의미이다. 즉 프로젝트의 중심에 서서 프로젝트의 비전을 자신의 비전과 일치시키는 성향이다. 자기 자신에 대한 신뢰가 없이는 나타날 수 없는 현상이다. 즉 사물의 중심에 있는 자신에 대해 두려워하지 않고 믿어주는 능력, 그런 능력이 있는 사람이 경험하는 세상은 피동적으로 사는 사람이 외형상 똑같이 경험하는 것보다 질적 농도가 몇 배 높다. 그 때문에 다른 부수적인 능력들이 쉽게 개발되는 것이다.

③ 한 곳에 푹 빠지기(열정)

'뭔가 하나에 미쳐서 푹 빠지는 것'을 능력이라고 부를 수 있는지 의심할 수 있겠지만, 그것은 대단한 능력이면서 동시에 인위적으로 얻기 힘든 행운이다. 고등학교까지 학교와 부모가 장려하는 능력은 '전분야에서 탁월하라'는 것이다. 그러나 전분야에서 뛰어나다는 것은 어느 분야에서도 확실한 자기 기반을 갖지 못한다는 것과 같다. 그 것은 시류와 통념에 휩쓸릴 가능성이 크다는 것을 의미한다. 박성주처럼 방송에 미친 사람은 어려서부터 개성적인 편향성이 있었다.

사실 저의 중·고등학교 때 성적은 좀 특이했습니다. 어른이 되면 방송이나 영화와 관련된 일을 할 것이라는 뚜렷한 목표가 있다 보니까, 과학이나 수학 같은 과목은 내 인생에 전혀 도움이 되지 않는다고 생각했던 것입니다. 제게 있어서 중요한 과목은 음악이나 미술·국어·역사 같은 것들이었고, 과학이나 수학은 신경도 쓰지 않았으니 성적이 형편없을 수밖에요. 과학·수학 시험 성적이 0점이었던 적도 있습니다. 하지만 그런 사실에 대해서 후회하거나 부끄럽게 생각해본 적은 없습니다. 제가 지금 하는 일에서 가장 중요한 것은 지식이 아니라 감성이기 때문입니다.

박성주의 얘기를 그대로 따른다면, 어떤 특정 과목에서 성적이 탁월하고 다른 데서는 별로인 사람들은 남들과 다른 돌출하는 감성이 있고, 그것을 발전시키면 뭔가를 해낼 수 있다고 보아도 무방할 것이다. 반면 모든 과목에 탁월하거나 모든 과목에서 형편없는 사람들은 자기 행로를 결정하는 데 어려움이 많으리라 예상된다. 그러나 자기 발견의 기쁨만 가지고는 다른 과목에서 떨어져 선생님께 꾸중 듣고 자격지심에 시달리는 역경을 견디기 힘들다. 뭔가 다른 '힘'이 필요하다. 그것을 박성주는 '열정'이라고 부른다.

뭐니뭐니 해도 일에 대한 열정이 가장 중요하다고 생각합니다. 제 이력이란 것은 참 보잘것없습니다. 〈연예가 중계〉, 〈전국은 지금〉, 〈TV 데이트〉, 〈도전! 지구탐험대〉 등 많은 프로그램을 제작했고, 지금은 〈행복 채널〉과 〈삐삐 요리방〉을 연출하고 있지만 유명한 프로그램은 하나도 없습니다. 다만 방송국에 있는 PD들이 따뜻한 온실에 안주하고 있는 데 반해 저는 그 온실을 박차고 거친 사막으로 뛰어들었다는 것이 특이하다면 특이할 것입니다. 그것이 곧 다른 사람들보다 점수를 더 줄 수 있을 것 같기도 합니다.

그는 시험 쳐서 합격해야만 가능한 방송국 PD를 시험도 안 치고 되었다. 이 간단한 사실이 이루어지기 위해서는 엄청난 굴욕과 형편없는 생활 수준, 남들보다 배나 되는 노력 등 말로 표현할 수 없는 도전들이 있었다. 나아가 스스로 프로덕션을 차림으로써 감독으로서 독자성을 선언했다. 그런 힘은 '열정'이라고 할 것이다.

열정이 있으면 그 방면에 대한 창의성도 키워지고, 어려움을 극복할 힘도 생긴다. 어떤 분야에 열정이 생기면 특별한 보상이 없어도 열을 내며 공부하고, 관련 분야의 사람들을 만나 실제적인 지식을 듣고, 필요한 자원을 끌어들이기 위해 밤낮을 가리지 않고 뛰어다니며, 꿈도 그에 관련된 것을 꾼다. 그렇기 때문에 열정이 있는 사람은 무섭다. 그 무서운 자력 때문에 지식·직장·돈·직위 같은 외적인 변수들도 따라붙는다.

박성주의 열정이 불의 느낌을 주는 것이라면, 박흥준이 말하는 열정은 땅의 느낌을 준다. 박흥준은 전문가가 되어야 한다고 말하면서, 어떤 분야에 전문가가 되기 위한 인간의 잠재력을 '고집스러움'이라고 표현했다. 고집스러움이 자질이 될 수 있다는 것 또한 역설적이다. 그는 자신이 창업한 인터넷 방송 〈Live 24〉가 나오기까지 광고회사에서 '고집스럽게' 뉴미디어에 대해 연구한 전적을 인용한다.

〈LIVE 24〉라는 인터넷 방송이 성공할 확률은 30% 이상을 못 넘어갑니다. 기술적으로는 성공할 확률이 70~80%라고 보지만, 네트워크를 사용하고 있는 사람들 사이에서 〈LIVE 24〉가 성공할 확률은 그리 높아 보이지 않아요. 그럼에도 불구하고 〈LIVE 24〉라고 하는 이름은 남을 것입니다. 이름이 남는 것이 중요한 것이 아니라, 실패를 통해서 그 다음 일을 잘할 수 있는 확률이 높아진다는 사실이 중요한 것입니다.

제일기획에서 5년 간 운영한 멀티미디어 팀이 실패한 것은 시대를 너무 앞서갔기 때문입니다. 그러나 멀티미디어 팀장을 하면서 머리 속에 담아놓았던 컨셉들은 잊혀지거나 실패한 것이 아닙니다. 인터넷 방송을 경영하는 내게 그때의 노력으로 생긴 '영상팀' 등의 개념들이 많은 도움을 주고 있습니다. 이것이 가능한 이유는 그 당시 내가 일을 고집스럽게 했기 때문입니다.

그렇다면 고집스러움은 왜 근본적인 능력일 수 있을까?

　고집스러움은 어떤 특정한 일에서 그것을 꿰뚫어볼 줄 아는 능력을 키워줍니다. 예를 들어 법률 관계 일을 하는 사람들의 머리 속에는 어떤 상황이 위법이냐 아니냐 하는 것과, 예외 조항을 어떻게 적용할 수 있다는 등등의 것들로 가득 차 있을 것입니다. 그들의 머리 속에는 모든 사람이 예비 범법자로만 보일 것입니다. 그리고 경영을 하는 사람의 머리에는 시장만이 있을 것입니다. 시장 경쟁에서 이기기 위해 차별성을 어떻게 가질 것이냐가 모든 일상적 사고의 중심일 것입니다. 아웃 포커스된 사진에는 초점 이외의 것이 흐리게 보이는 법입니다. 그래서 초점 부위의 집중력은 더 커지는 셈이죠. 이러한 프레임의 포인트 설정은 집중력을 극대화합니다. 즉 그들에게는 자신의 일에 관한 프레임이 있는 것입니다. 여러분은 여러분의 인생에서 어떤 프레임을 갖고 있습니까.

　여기서 문제는 프레임워크를 가지고 일을 생각하는 사람과 그렇지 않고 단편적 사고를 하는 사람과의 큰 차이입니다. 하나의 프레임워크를 가지고 있으면 삶의 질이 달라집니다. 그것은 스스로 배우기도 하고 학교나 선배에게 배우기도 합니다. 그 과정에서 전략적인 생각을 할 수 있는 힘을 키우게도 됩니다. 여러분은 졸업을 한 후 어떤 프레임워크를 가지고 살 것입니까.

　개성, 전문가, 고집스러움이란 말들은 세상을 보고 해석하는 자기식의 '프레임'을 형성케 하는 기반이다. 세상을 보는 개성적인 프레임이 없다는 것은 남들의 프레임, 사회의 통념적 프레임에 수동적으로 좇아간다는 것을 의미하기 때문에 창의성을 발휘할 수 없다. 그 프레임이 일하는 과정에서 어떻게 드러나는지를 보자.

나는 앞에서 특정 분야의 전문가가 되어야 한다는 얘기를 했습니다. 광고를 예로 들면, 광고를 잘 만들기 위해서는 아이디어가 좋아야 합니다. 좋은 아이디어를 얻기 위해서는 평소에 극적이고 감동적인 장면을 많이 찾아야 합니다. 그런데 A라는 제품을 광고하기 위해 극적인 장면을 찾아다니기 시작한다면 이것은 틀린 것입니다. 왜냐하면 극적인 장면이란 본래 '눈에 잘 안 들어오는 장면'을 말하기 때문입니다.

아이디어를 내는 근원은 어떤 곳에 미쳐 있을 때만 찾을 수 있다고 생각합니다. 자동차에 관한 것이라면, 옆에 아주 맘에 드는 여자 친구가 있고 여자 친구 얼굴을 보는 것만으로 아주 즐겁다고 상상해보십시오. 그의 상상 속에서 자신의 차가 석양을 가르기도 하고 영화 속 미래 자동차가 되어 날기도 할 것입니다. 이렇듯 매일 타고 다니는 자동차를 통해서 인간이 느낄 수 있는 오만 가지 감정을 다 느낄 수 있습니다. 그런데 왜 자동차는 자동차 광고에만 이용되어야 합니까. 자동차를 이용해서 청바지 광고는 못하겠습니까, 음식 광고는 못하겠습니까.

콜라 광고를 만들기 위해서 자료 조사를 하라고 하면 그때부터 음식점도 가봐야 하고, 여러 장소를 다 다닙니다. 그러면 삼류 광고를 만들게 되는 거예요. 내가 생각하는 전문가란 여러분이 가지고 있는 취미나 특기 등으로 행동 반경을 좁혀 특정 분야에 에너지가 집중된 사람을 말합니다. 연극을 좋아하는 사람이라면 연극 배우 이름을 줄줄 외우고, 그 사람의 사생활을 다 외우고, 또 그 사람이 만나는 사람들에 대해 다 알고, 연극을 통해 어떤 인간 관계를 맺고, 극장의 위치를 다 알고 있고, 그곳에 가는 교통편을 잘 아는 그런 것입니다.

이렇게 뭔가 한 가지를 잘하고 있으면 다른 부분에서 굉장히 도움이 됩니다. 그런데 뭔가 한 가지를 잘하는 것이 없으면 평균적인 사람이 되는 것입니다. 영어로 말하면 "Everything of something, and something of everything." 어느 한 가지에 정통해라. 거기에 모든 것이 있다. 이것이 전문가란 뜻입니다.

결국 모든 것을 알고 모든 것에 관심이 있다는 것은 평균적인 프레임을 갖고 있다는 뜻이고, 새로운 사안이 주어졌을 때 이를 독창적으로 바라볼 능력이 없다는 것을 의미한다. 어디엔가 빠져 있다는 것은 그것으로부터 세상을 보는 눈과 프레임이 형성되어 있다는 것이고, 여기에 다른 사물이나 다른 프레임이 겹쳐졌을 때 제3의 창조가 일어날 가능성이 크다는 것이다.

그것은 어떤 사물에도 세상의 전체 상이 담겨 있기 때문이다. 자신의 주견 없이 남들이 아는 것만 좇는 사람은 세상의 겉만 핥다가 끝날 뿐 아니라, 사물의 원리에 대해 깊이 이해할 수 없다. 그러나 어떤 분야에 대해 천착한 사람은 그 구성 원리서부터 운영 원리까지 이해할 수 있고, 이를 통해 그 작은 분야 속에 담긴 보편적인 원리까지 체득하게 된다. 개별 사물 안에 있는 보편성 때문에 개성적인 원리를 확장하여 창조가 가능하고, 이를 남들도 이해할 수 있게 되는 것이다.

열정은 프레임을 형성하고, 프레임은 사물을 보는 개성적인 눈을 만들며, 그것이 새로운 창조를 가능케 한다. 예술적 상상력이라는 것도 사실상은 그런 틀에 의존한다.

④ 사물에 대한 애정

이두엽은 사랑이 있어야 아이디어도 나온다고 말한다. 그런 얘기는 참으로 황당하고 견강부회처럼 들린다. 이두엽과 개그맨 전유성은 서로 칭찬하는 사이인데, 이두엽이 전유성의 예를 들어 설명하고 있는 애정과 아이디어의 상관 관계는 다음과 같다.

전유성의 아이디어는 현실화할 수 있는 것도 있고, 현실화하는 데 맞지 않는 것도 있지만, 주목할 것은 추억, 향수, 사라져가는 것들에 대한 아름다움, 사람들이 옹기종기 모여 사는 그런 소박한 아름다움에 대한 추구에서 아이디어가 많이 생긴다는 것입니다. '학교 종이 땡땡땡' 카페나, 마포 어디에 가면 한강을 바라다볼 수 있고 이발소 의자가 몇 개 놓여 있는 재미있는 카페가 있고, 마차를 타고 해안선을 누비는 것⋯⋯ 이런 대부분의 아이디어가 '잃어버린 소박한 아름다움을 쓸쓸한 표정으로 바라보고 있는 사람이다'라고 생각하게 합니다. 그런 아이디어가 사람들의 마음속에 있는 갈망 같은 것을 끄집어내는 것이죠.

전유성 씨는 아이디어 자동판매기가 아닙니다. '어렸을 때의 교실로 돌아가고 싶다. 그런 것을 만들어보면 어떨까' 그런 추억을 아름답게 생각했기 때문에 '학교 종이 땡땡땡' 같은 카페가 나오는 것입니다. 세상의 현상에 대해서 애정을 갖고 바라보는 훈련이 필요합니다. 전유성은 그런 것을 더 중요하게 생각하기 때문에 아이디어가 많이 나오는 것입니다. 이런 분야에서 기획하는 사람은 동심을 가져야 합니다. 아이디어의 문제는 가치의 문제고 철학의 문제입니다.

이두엽이 말하는 애정이란 '어떤 대상과의 관계에서 미적·철학적 가치의 향상을 바라는 마음'이라고 정의할 수 있겠다. 애인과 떨어져 있다면 가깝게 만나고 싶고, 맨송맨송한 관계라면 밀도 높은 관계로 고양시키고 싶고, 자연과 멀어진 삶이 괴롭다면 유기적인 관계를 갖고 싶고⋯⋯. 애정은 타자와 분리된 왜소한 존재가 다시 그 타자와 관계를 맺고 관계의 질을 높임으로써 온전성을 회복하려 한다는 점에서 철학적이다. 그리고 단순히 지적인 관계로 만족하지 않고 정서와 직관과 몸이 모두 관여하려 한다는 점에서 미학적이다.

사람은 누구나 분리되고 쪼개진 삶을 살아간다. 이성으로부터, 다른 사람으로부터, 과거로부터, 미래로부터, 자연으로부터, 우주로부터……. 나누어진 삶을 다시 합치려는 의지, 분리된 상태에서 온전한 합일을 지향하는 충동, '이상적인 섹스'처럼 쪼개어진 존재가 하나로 합치면서 그간의 고독과 슬픔을 엑스터시로 산화시키려는 처절한 움직임……. 사실상 지구상의 예술은 그런 충동 때문에 나왔다고 해도 과언이 아니다. 저 화창한 봄에 지구를 덮어버리는 꽃들의 아름다움도 실상은 암술과 수술 사이의 거리를 넘어보려는 시도다.

꽃이 수술과 암술의 결합을 위해 온갖 형태와 색깔의 미적 전략을 구사하듯이, 예술이든 문화 기획이든, 새로운 창의든 그 근본에서 움직이는 에너지는 애정이라고 할 수 있다. 그러니 애정이 재결합과 화합을 위한 미적 행동을 유발하고, 그를 위한 아이디어와 열정, 방법을 개발하도록 한다는 이두엽의 지적은 매우 근본적이고 래디컬하다. 창의력을 키우려면 사물과 삶에 대한 애정을 먼저 키워라! 그것이 이두엽의 창의력 철학이다.

어떤 대상과의 합일을 지향하는 경향은 어린아이에게서 많이 발견할 수 있다. 부모가 아무리 시끄럽다고 소리쳐도 깔깔거리며 소파 위를 뛰어다니고, 놀이 상황이나 노리개에 몰두해버리고, 일상적인 걸음걸이도 놀이로 바꾸어 요리조리 뛰면서 마치 세상과 자기가 하나가 된 것처럼 춤추고, 엄마와의 거리가 조금이라도 떨어지면 온몸의 힘을 다해 울어버리고, 밖에 나갔던 엄마가 돌아오면 세상의 그 무엇과도 바꿀 수 없는 소중한 보물을 찾은 양 달려들고……. 이두엽이 동심으로 돌아가는 것이 창의성을 높이는 데 중요하다고 말하는 이유도 거기에 있다. 그는 자신이 기획한 이벤트 중에 가장 기억에 남는 것이 무엇이냐는 학생의 질문에 이렇게 대답했다.

제가 기획한 이벤트 중에 가장 기억에 남는 것을 소개하라면, 전유성과 진미령의 결혼식 기획입니다. 주례를 없애고 신랑 입장에 포인트를 준 것이었죠. 신랑이 노란색 붕붕차를 타고 입장하고, 그 뒤를 꼬마 아이들이 따르는 거예요. 결과는 아주 성공했습니다. 그런데 그런 기획의 핵심은 어찌 보면 동심입니다. 포인트를 동심에서 찾았기 때문에 어른도 좋아하는 것이죠. 꾸미려고 하는 것보다 발상을 어린애처럼 하는 것, 스스로의 마음을 해방시키는 것이 중요합니다.

세상을 아름답게 만드는 이벤트가 많이 있을 수 있습니다. 우리 회사 사장님이셨던 표재순 씨가 제안한 것이 88올림픽 개회식 때의 굴렁쇠 연출인데……. 심플하고 소박한 아이디어가 나오는 것이 힘듭니다. 생각을 어린아이처럼 단순하게 하면 아이디어가 나올 수 있습니다. 이런 분야에서 일하는 사람들은 꿈을 꾸는 사람들입니다.

열정이 목표의 성취와 연관되어 분출하는 에너지라면, 애정은 사물, 혹은 다른 사람과의 관계가 질적으로 고양되기를 바라는 마음의 에너지이다. 그런 점에서 애정은 목표보다는 관계를 지향하는, 그러면서도 관계의 질적 고양을 바라는 에너지이다.

애정이라고는 하지만 실제 내용에서는 대상에 대한 집착을 의미하는 경우가 적지 않을 것이다. 그런 경우 애정은 대상을 자기의 욕구에 종속시키려는 형태로 나타난다. 예컨대 사랑이라는 이름 하에 상대방을 강제하는 부부 싸움과 애인간 싸움이 그렇다. 애정이 집착으로 변하면 변할수록 창의성이 떨어지는 것은 물론이다. 집착은 자아가 꾸민 세계 속에 타자를 끌어들이려는 강제적인 힘이기 때문에 미학적인 기획과 행동이 나오기 힘들다.

그러므로 높은 수준의 애정으로부터 나오는 아이디어와 지식은 지적 재산권을 주장하지 않는다. '내 것'으로 선언해버리면 관계의 차원을 높이려는 소중한 마음이 훼손되고, 창의성도 떨어지기 때문이다. 무당이 돈을 밝히면 신통력이 떨어진다는 사실과도 통하는 얘기다.

전유성은 아이디어를 주변에 다 줘버려요. 아이디어를 주고 계산적인 셈을 하지 않죠. 이런 점 때문에 주변에 사람들이 많습니다. 자기 것에 대한 집착을 안 하는 사람이죠.

정회선도 유사한 지적을 하고 있다.

창업 지망생들은 대개 자기가 갖고 있는 아이디어에 집착하는 경향이 있죠. 그렇지만 저는 자기 아이디어가 굉장한 거라고 착각하지 말라고 얘기하고 싶어요. 자기 아이디어를 누가 훔쳐갈까 전전긍긍하면 안 됩니다. 누군가 내 아이디어를 훔쳐가서 성공하면 기뻐하세요. 내 아이디어가 괜찮다는 게 입증되는 것 아닙니까? 자기의 아이디어를 사업화해줄 사람을 만나는 것도 중요하지만, 처음부터 그 아이디어 하나로 빌 게이츠가 될 거라고 생각하는 건 금물입니다. 계속해서 참신한 아이디어가 생겨나지 않는다면 그런 사업은 아예 시도하지 않는 것이 좋습니다.

관건은 하나의 기발한 아이디어가 있다는 것이 아니라 '계속해서 참신한 아이디어가 나온다는 것'이다. 창의력이 있다는 것은 아이디어의 생산력이 높다는 것, 그 생산 기반이 단단하다는 것이다. 그래서 다시 주목할 것은 아이디어를 소유하는 것이 아니라, 아이디어의 생산 수단을 고급으로 갖추는 것이다. '온전히 내 창의에서 만들어진 아이디어'라는 게 어디 있는가? 과거로부터 다른 곳에서 온 지식들이 내 안에서 얽히며 생긴 아이디어를 다시 어떤 곳으로 돌려보내는 마음, 그것이 창의력을 높이는 근본적인 태도라는 것이다.

애정은 아이디어의 샘이며, 그런 의미에서 창의력의 기초다. 마음 깊은 곳에서 따뜻한 가슴을 가지지 못하면 머리도 돌이 된다. 그런 점에서 사물에 대해 애정이 깊은 것은 천재적인 자질이다.

⑤ 긍정의 눈

'실패를 겪었을 때는 어떻게 대처했는가'라는 학생의 질문에 대해 정회선은 다음과 같이 대답한다.

저는 지금까지 어떤 위기에 봉착했을 때에도 실패감 같은 것은 느끼지 않았습니다. 위기 속에서 먼저 앞으로 진행될 회사의 상황 변화를 생각합니다. 어떻게든 해결할 방법은 생겨요. 최악의 경우가 뭘까? "답이 없다."가 되겠지요. 저는 그런 상황이라면 아예 생각하지도 않습니다. 답이 없는 경우는 아무리 생각해도 답이 없거든요. 답이 없는 것을 생각하느라 의욕까지 잃어버리는 대신 긍정적인 생각을 하려고 노력하는 겁니다.

예를 들어볼까요? 우리 회사와 거래하는 업체에서 돈을 안 줄 때를 생각해봅시다. 5개 거래처가 있는데 모두 돈을 줄 수 없다고 합니다. 그러면 은행에서 돈을 대출받을 수도 있겠죠. 대출할 만한 은행이 3개 있다고 칩시다. 그 은행마저도 대출해주지 않는다는 걸 생각하는 것이 답이 없는 경우겠죠. 그때 '회사 망하는구나' 이렇게 생각하지 말자는 겁니다. '5개 거래처 중 하나는 주겠지……. 또 3개 은행 중 하나는 주겠지'라고 생각하면서 신나게 일하는 겁니다. 최악의 경우라도 그나마 좋은 경우를 생각하는 거죠.

대부분의 사람들이 위기가 닥치면 최악의 경우만 생각하고 최악의 상황에만 대처하려고 아등바등하는데 그렇게 되면 상황을 극복하기가 더 힘들어집니다. 그나마 좋은 경우를 생각하면서, 그 방향으로 일을 추진해나가는 겁니다. 그럼에도 불구하고 만약 실패한다면? 그때는 툭 털고 일어날 수 있어야 합니다.

여러분, 위기에 직면하게 되면 다시 한 번 자신과 자신의 사업을 돌아보는 계기를 가지세요. 자기 인생의 단위 프로젝트를 평가해보는 겁니다. 어떤 위기가 와도, 전체가 무너지지는 않아요. 수많은 단위 프로젝트 중에 한 가지만 무너지는 겁니다. 프로젝트 하나의 성패를 가지고 성공이니 실패니 하면서 논하는 건 어리석은 일일 뿐입니다.

정회선은 매우 재미있는 사람이다. 우선 그는 사람을 잘 웃긴다. 두 번째로 자신이 옳다고 믿는 엉뚱한 생각에 대해 정말로 진지하게 주장하면서 또 웃긴다. 그의 창의성은 사태를 매우 낙관적으로 보는 태도와 밀접히 연관되어 있는 것처럼 보인다. 사태를 긍정적으로 보면 자신의 엉뚱한 생각에 대해서도 진지해질 수 있고, 엉뚱한 것을 실천하려는 힘이 생기고, 그것이 창조적인 방안을 솟아나게 한다. 유머의 자질이라는 것도 사물을 대하면서 본인 스스로가 풍부한 아드레날린을 내는 데서 기인하는 것으로 보인다.

나는 한 사람의 운명은 그 사람이 내면 깊은 곳에서 내뿜는 기운과 밀접히 연관되어 있다고 믿는다. 내가 무의식 깊은 데까지 사태를 즐겁게 생각하면 즐거운 사람이나 사건이 내게 다가오고, 무의식 깊은 데까지 사태를 슬프게 보면 나를 억누르는 일이 다가온다고 생각한다. 외형적으로는 정의감이 발달한 것 같지만 내면 깊은 곳에서는 화를 잘 내는 성향이 있다면, 그의 분노 성향을 자꾸 자극하는 환경이 조성되고, 산과 숲 속에서 살고 싶다는 욕구가 진심으로 발동하면 그런 환경 속에 살게 되는 계기가 마련된다고 믿는다.

사태를 진심에서 긍정적으로 보는 성향이 있는 사람에게는 어려움을 넘어설 계기들이 형성되기 쉽다는 게 나의 믿음이다. 현재 닥친 어려움을 넘어설 믿음과 비전이 내게 없다면 실제로 그 장애를 넘기는 힘들다. 일은 항상 내면의 비전에서 시작된다. 엄청난 건물도 내가 가진 비전에서 나오고, 엄청난 불행도 내 안의 마음싹에서 나온다. 사물을 긍정적으로 보는 사람은 강력한 긍정의 자장을 외부에도 형성한다. 그 자장 안으로 다른 사람들도 끌어들이고, 외적인 조건들도 끌어들이면서 화학 변화를 일으키는 것이다.

그럼에도 일이 잘 안 풀리면? 진정으로 긍정적인 사람은 그때 '툭 털고 일어나는' 새로운 긍정의 힘을 끌어낸다. 그는 현재 자신을 지탱해온 일과 지위와 체신이 붕괴될지라도 툭 털고 새로운 삶을 받아들일 정도로 긍정적이다. 그런 점에서 긍정의 눈은 삶의 숱한 조건과 제한에서 자유로울 여지를 낳는다.

그런데 많은 사람들은 그런 능력을 키우는 데 '합리적인 장벽'을 설치한다. 소위 비판 능력이라는 개념 하에 매사를 부정적으로 보는 성향을 육성하고 합리화하는 것이다. 특히 대학에서는 사태를 부정하는 성향을 정당화하고, 부정적 분석 능력을 체계적으로 훈련시키는 경향이 있다. 부정의 능력이 곧 '지식인의 능력'이라고 주장한 학풍도 있었다. 그 대가로 잃는 것은 수십 년을 노력해도 회복하기 힘든 참으로 소중한 능력들이다. 사물을 긍정적인 것으로 변화시킬 내면의 힘, 그것을 잃어버리는 것이다.

거기에 익숙해지면 뒤에서 남을 비판하거나 사안의 문제점만을 예리하게 지적하거나 사회의 타락상만을 습관적으로 공격하면서도, 자신은 지적으로 예리하다고 착각하게 된다. 그런 사람은 절대 지도력을 가질 수 없다. 남을 비판하면서 그에게 끌려가는 위치에 서는 게 자연스럽다. 육군사관학교 출신들은 지도자가 되지만 서울대학교 출신들은 참모에 머무른다고 하는 통설이 있었는데, 이는 지식으로 단련된 부정적 시각이 자질의 한계를 쌓아버리기 때문이다.

긍정의 최고 형태는 '피할 수 없는 것을 받아들이는 능력'이다. 정회선은 자신의 단점이 무엇이냐는 질문에 대해 아주 우스꽝스럽게 대답한다.

제 단점을 먼저 말씀드리면 '재벌의 아들이 아니라는 점'이죠. 또
'천재가 아니라는 점'도 있고. 그런데 그런 단점은 제 자신의 인생을 결
정짓지 못하지 않습니까?

그는 질문 자체에 대해 문제를 제기하고 있다. 단점이 나를 구속하
여 나의 적극적인 에너지를 방해하지 않도록, 그것을 잊어버린다는
것이다. 즉 단점에 대해 따지고 묻는 것 자체가 삶의 긍정적 에너지를
끌어올리는 데 방해가 된다는 것이다. 그러면서 그는 내가 통제할 수
없는 약점에 대해서는 잊어버리는 능력이 있다는 점을 내비쳤다. '우
리 집에 돈이 있었다면……' 혹은 '내 키가 좀더 컸더라면……' 같은
한탄을 수시로 하면서 사는 사람들이 엄청나게 많다는 사실을 알면,
그 능력이 얼마나 중요한지 알 수 있다.

삶은 내가 통제할 수 없는 많은 변수들을 가지고 있다. 한국의 경상
도 어떤 집안에 몇째 딸로 태어났다거나, 키가 작고 얼굴이 못생겼다
거나, 집안에 돈과 빽이 별로 없다거나, 나이가 자꾸 들어간다거나,
결혼할 상대가 아무리 노력해도 안 나타난다거나, 가수가 꼭 되고 싶
은데 아무리 노력해도 안 된다거나, 오히려 노력할수록 반대 방향으
로 간다거나, 자식이 나보다 먼저 죽는다거나……

그럴 경우 '야망을 가져라'든가 '의지로 극복해라'든가 '열심히 노
력하라'는 말만 반복하면서 찌들 대로 찌든 몸을 장벽에 다시 부딪치
도록 독려한다면, 자신을 더욱 찌그러뜨리는 결과를 가져오기 십상이
고, 심한 경우에는 돌이키기 힘든 비관의 나락으로 떨어지게 된다. 이
럴 경우 어쩔 수 없는 것에 대해서 전적으로 받아들이면, 그 외적 상
황이 나에게 부정적인 영향을 끼치는 걸 막을 수 있다. '받아들인다'

는 것은 그 항목을 내가 통제할 수 없는 영역으로 데이터베이스에 정리함으로써, 그것 때문에 쓸데없이 나의 능력과 힘이 억제당하는 사태를 막는다는 것이다. 다시 정회선은 얘기한다.

1985년에 세상 돌아가는 것을 가만히 살펴보니까, 구소련과 곧 수교가 될 분위기더라구요. 앞으로 개최될 88올림픽을 생각하면 틀림없는 사실이었습니다. 우리 사회를 가만히 들여다봤죠. 그랬더니 러시아어를 하는 사람이 없었어요. 그래서 결정했죠. 러시아어를 공부해서 교수가 돼보자! 그 당시는 현지에서 공부한 사람이 없었기 때문에, 제가 직접 가서 공부를 한다면, 한국에 돌아와서 쉽게 강단에 설 수 있지 않을까 하는 생각을 한 겁니다.

그런데 실패했어요. 99%까지는 성공했는데, 1%에서 실패했어요. 러시아에 들어갈 수 있는 기회가 몇 번 있었는데, 꼭 마지막 코스에 사건이 생겨서 연속적으로 실패하게 되는 거예요. 그때마다 일이 생기는 겁니다. 그 중 하나가 1985년 러시아에 파견되는 조건으로 관광공사에 특채로 입사하기로 한 건이었는데, 이때 사회적으로 문제가 된 것이 '특채'였어요. 그래서 러시아행이 물 건너갔죠. 실망도 많이 했지만, 곧 '이것이 나의 운명이다'라고 생각하고 운명에 순종하기로 했습니다.

그래서 공부를 다시 시작했습니다. 이번에는 언어학이었죠. 그리고 1990년, 언어공학연구실로 처음 이 사업을 시작했죠. 뭐, 이런 식으로 살 방법에 대해서 열심히 궁리했습니다. 그런 과정에서 '안 되는 일은 하지 말아야 하고, 되는 일은 열심히 한다'는 생활 원리도 배웠습니다.

나의 운명을 받아들이는 것, 그리하여 안 되는 일에 대해서는 더 이상 자신을 괴롭히지 않고 되는 일에 대해서는 열심히 긍정의 에너지를 투여하는 일, 그것은 자신의 자질을 관리하는 매우 고급한 능력이라고 할 수 있다. 내면 깊은 곳에서 사태를 긍정적으로 볼 수 있는 눈은 물리력을 갖고 있는 정신적 힘이다. 그런 힘은 창의성을 부추기고 인내력과 정신적 스태미너를 키우며, 모험적 실천을 가능케 하면서, 다른 능력들을 보호하고 확대하는 근본 능력이다.

⑥ 인간에 대한 이해(개방성)

인간 관계 능력을 키우려고 의도적으로 노력하다보면 어색한 상황을 만드는 경우가 많다. 예컨대 친절하려고 노력하는데, 결과는 소위 '친절한 표정'이라는 틀에 박힌 미소만이 나타난다. 이두엽은 인간 관계 능력의 원천을 '남의 장점을 볼 수 있는 능력'에서 찾는다.

저는 이상하게 어른들과 빨리 친해집니다. 어른들이 이뻐하고 마음을 열어줍니다. 왜 그랬을까 생각해보면, 제가 먼저 그 어른들을 좋아했어요. 어떤 분을 보면 제 마음을 먼저 열어놓아요. 어떤 선배는 제 장점이자 단점이 '남의 장점만을 보는 능력'이라고 합니다. 누구를 만나면 천성적으로 그 사람의 장점부터 보이기 시작해요. 늙어가니까 단점도 보이는데 예전에는 무턱대고 좋아해서 배신을 당하기도 했죠. 사람의 마음은 마음으로 전달됩니다. 감추려고 해도 안 돼요. '이 사람이 나를 좋아한다'는 느낌이 오면 상대도 마음을 여는 겁니다.

일에 있어서도 인간이 목적이 돼야지 수단이 되어서는 안 됩니다. '손해 보는 것이 저축하는 것이다' '인간 관계는 저축이다' 그런 뜻입니다. 어떤 사람한테 몇 년 간 전화 한 통 안 하다가 어떤 일을 부탁하면 괘씸하게 생각하겠죠? 가끔 안부라도 전하는 관계여야 일에서도 자연스럽게 도움을 받을 수 있습니다.

남의 장점을 보는 눈이 생기면 상대를 쉽게 좋아하게 되고, 그가 좋으면 마음의 문을 열게 되니, 그 기운에 젖은 상대도 쉽게 내게 다가온다는 것이다. 그런 근본적인 능력이 없으면 필요할 때만 찾아뵙겠다고 하고, 도와달라고 할 때만 간을 빼줄 듯이 행동하는 부자연스러운 행동이 나올 수밖에 없다. 그 기운을 접한 상대는 마음의 문을 닫아버린다. 일에서도 마찬가지이다.

제가 했던 일, 즉 텔레비전 프로그램을 만드는 일이나 정치 선전 일은 모두 '사람들의 마음속에 들어가서 그 마음을 움직이는 일'입니다. 여기서 제일 중요한 것이 공감대를 형성하는 일이죠. 그런 일을 하려면 나 자신이 먼저 마음을 소통하는 능력이 있어야 합니다. 그건 인위적으로 노력한다고 해서 되는 것이 아니고, 그 사람의 바탕과 연관된다고 봐요.

그는 마케팅·홍보·광고 등의 일이 '상대와 공감대를 형성하는 일'이라는 매우 고차원적인 정의를 내리면서, 그 일을 제대로 수행해 내려면 마음과 마음 간의 소통이 근본이라고 생각한다. '마음을 소통하는 것이 장사요 일'이라는 논리다. 표면으로만 인간 관계를 바꾸려 하면 입바른 말만 하고 불신을 불러일으켜 결국에는 장벽을 쌓게 마련이다. '남의 장점을 보는 능력'은 다른 사람에게 신뢰를 쌓는 커다란 효과를 가져온다.

일의 성과보다 중요한 것은 신뢰라고 생각합니다. 신뢰가 없으면 일이 진행되지를 않습니다. 한번 신뢰감을 잃은 사람은 그것을 되찾기 위해 온갖 노력을 다하지만, 만회하기 힘든 것이 또한 신뢰라는 것이지요. 신뢰는 상대방을 존중하는 표시이고 더 나아가 자기 자신의 이미지입니다. 그 이미지가 다른 사람의 마음의 문을 열게 합니다. 내가 먼저 그 사람을 좋아하면 그 사람도 마음을 엽니다.

이두엽의 얘기를 좇다보면 인간 관계가 잘 형성되는 데 필요한 근본에 도달하게 된다. 그리고 그 근본에 뿌리를 두지 않은 피상적인 관계를 위한 노력이 얼마나 허약한가를 알게 된다. 그러나 그건 쉬운 일이 아니다.

사람들은 다른 사람과 관계를 맺는 현장에서 본능적으로 두려움을 갖는다. 낯선 사람과 자리를 함께 하는 데 따르는 어색함, 상대의 사회적 위치가 나보다 높다는 데 대한 위축감, 잘 보여야 한다는 강박, 싫은 사람이지만 예의는 지켜야 한다는 강제……. 그 내용은 다양하지만, 근본에서는 자아가 상대로 인해 깨지거나 위축될지 모른다는 두려움이다. 그에 대해 이두엽은 인간의 보편성에 대한 이해가 있어야 극복이 가능하다고 제언한다.

모든 사람들은 한 가지씩 고민을 가지고 있다고 생각합니다. 사람이라는 게 다 고민 하나씩 껴안고 살아가니 알고보면 불쌍한 사람들이에요. 다 마찬가집니다. 아무리 잘난 사람도 알고보면 불쌍한 사람들입니다. 대통령도 마찬가지죠. 저는 상대방을 볼 때 대단하게 보지도 않고, 업신여기거나 무시하지도 않습니다. '당신이나 나나 알고보면 불쌍하다'는 생각이 들기 때문이지요. 나는 이런 화두를 오랫동안 달고 다녔습니다.

'알고보면 모두 불쌍한 사람들'이라는 생각은 이 세상에서 살아가는 사람이 짊어질 수밖에 없는 즐거움, 슬픔, 자기 과시, 멸시 등에 대한 깊은 이해를 바탕으로 한 것이다. 나아가 그러한 이해를 폭넓은 자비심으로 전환시켰을 때 가능한 경지이다. 그런 마음의 지평이 형성된다면, 소위 '인간 대 인간'으로 사회 통념적인 관계를 맺을 여지가 생긴다. 개방성이라고 부르는 자질은 바로 여기에서 생겨난다. 높은 권력에 오른 사람도 평범한 인간 관계가 그립고, 나이가 어린 사람도 질이 떨어지지 않는 영혼을 품고 있고, 외국인도 나와 근본적으로 다를 바 없는 삶을 산다는 데 대한 이해에서 상대를 보는 눈빛—그 눈빛 때문에 상대는 깊은 내면을 드러내게 되므로, 그 수준에서 형성되는 관계는 질이 높을 수밖에 없다.

송덕호는 인간에 대한 이해가 지혜의 본질이라고 말한다. 그런 점에서 인간에 대한 이해는 애정과 열정을 낳으며 지적 능력을 향상시킬 뿐 아니라 누구에 대해서도 평정한 태도를 취할 수 있으니, 근본 능력 중의 근본 능력이라 할 수 있겠다.

⑦ 나를 아는 능력

친구가 나의 약점을 들추며 건드릴 때, 내가 자신을 방어하다가 최후로 던지는 말이 있다. "나를 나보다 잘 아는 사람이 어디 있어?"

얼핏 보기에는 그럴듯한 말이다. 그러나 십중팔구는 거짓말이다. 내가 나 자신을 아는 것은 모든 일 중에 제일 어려운 일일 수 있다. 남에 대해서는 훈수 두는 입장에서 평정하게 볼 수 있지만, 나에 대해서는 집착과 욕망이 강하게 개입하기 때문이다. 세상사 문제의 대부분은 사실상 나를 모르는 데 있다. 자신을 모르게 되면 자신에 대한 리더십을 상실한다. 나를 모르면 남도 모르고 상황도 도른다. 〈(주)언어과학〉의 사업 전개 방향을 묻는 한 학생의 질문에 정희선은 다음과 같이 대답한다.

우리가 추진하는 사업의 기본 줄기는 변하지 않을 겁니다. 즉, 언어 처리 분야에 전념한다는 얘깁니다. 언어 처리에도 많은 것이 있죠. 다른 기업들이 그 중에서 사업이 될 만한 것으로 뻗어 나간다면, 우리는 언어 처리 전반에 그 줄기를 두고 있다는 겁니다.

어떤 기업들은 사업성이 있다는 이유로 신규 사업에 뛰어드는 경우가 많습니다. 하지만 우리 회사 사업 확장의 기본 이념은 '내가 아는 것은 하고, 모르는 것은 하지 않는다'는 것이기 때문에, 자신도 모르는 분야에 단지 사업성이 있다는 이유만으로 뛰어드는 것은 아주 어리석은 짓이라고 생각해요. 자신이 잘 알고 있는 것 중에서 남들이 모르는 것이 있고, 그에 대해 먼저 철저히 준비한 후에 뛰어든다면 남들보다 한 발 앞서 나갈 수 있어요. 우리가 언어 처리 분야를 고집하는 이유도 이 분야를 오랫동안 해왔기 때문에 많은 노하우를 가지고 있고, 가장 자신 있는 분야이기 때문이죠.

내가 아는 것은 하고, 모르는 것은 하지 않는다. 사업 결정의 최고 변수가 내가 아느냐 모르느냐는 기준이다. 이 얘기를 개인에게 적용해 본다면, 어떤 직업이 유망 직종이라고 해서 선택하는 것이 아니라 내가 좋아하는 것이기 때문에 선택한다는 조안 리의 얘기와 상통한다. 내가 알고 좋아하는 것을 취해야 위험을 최대로 줄이고, 설혹 실패해도 그 실패로부터 지식을 늘리고, 원하는 것을 했기 때문에 만족할 수 있다는 것이다.

그러나 자신이 아는 것을 아는 줄 알고, 모르는 것을 모르는 줄 아는 것이 그렇게 쉬운 일이 아니다. 내가 원하는 것을 알고, 내가 원치 않는 것을 아는 것 역시 쉬운 일이 아니다. 대학 졸업반 학생도 어떤 직업을 갖고 싶은지 모르고, 내 능력이 무엇이고, 내가 진실로 열정을 바치는 삶이 어떤 것이고, 내가 못하는 게 무엇인지를 알지 못하는 경우가 수두룩하다.

나를 모르는 무능력이 유발하는 가장 큰 문제는 어려움에 부딪쳐도 나의 약점을 고칠 수 없고 동일한 어려움에 반복해서 부딪치거나, 자신의 강점에 힘을 불어넣어 그 방향으로 성장할 수 있는 기회를 되풀이해서 차단한다는 것이다. 그런 삶은 나 자신으로부터 힘을 끌어오지 못하기 때문에 열정을 불러일으킬 수도 없고, 창의력을 키워낼 수도 없다. 오로지 사회적 통념에 가엾게 끌려다닐 뿐이다.

나를 알려면 우선 나를 바라보는 새로운 내가 있어야 한다. 일상적 자아 의식으로부터 독립하여 그것을 평정하게 쳐다볼 의식의 지평, 곧 '자기 인식(self-awareness)'이 형성되어야 한다. 자기 인식의 눈이 통상의 나로부터 분리되어 통상의 나를 응시하게 되면, 나의 강점이 무엇인지, 내가 진실로 원하는 것은 무엇인지 등을 알 수 있는 지평이 생겨난다. 자기 인식이 자신의 강점에 눈길을 주었을 대, 과거에는 잠자고 있던 잠재력이 힘을 받아 살아나기 시작한다.

자기 인식이 생기면서부터 나의 강점에 대해 언어와 의식이 관여하기 시작하고, 그때부터 나에 대한 통제력이 생긴다. 통제가 가해지면 통념에 따라 이리저리 휘둘렸던 나의 에너지에 물길과 방향을 주게 되고, 그렇게 해서 내면의 깊은 에너지가 일정 방향으로 흐르게 된다. 그렇게 모여 흐르는 에너지는 관성과 습벽의 틀을 깨고 적절한 자질과 거기에 맞는 삶을 창조해나간다.

독창성이 없는 것도 자기 인식의 눈이 발달하지 못했기 때문이다. 인간에 대한 이해가 부족한 것도 자신을 모르기 때문이며, 남에 대한 애정이 부족한 것도 자신의 약점을 아는 능력이 없기 때문이다. 자신감 부족도 실은 자신의 강점을 봐줄 자기 인식이 없기 때문이며, 긍정의 마음이 부족한 것도 자기 이해의 바탕에서 사물을 받아들이질 못하고 통념에 맡겨버리기 때문이다. 확대하면 자기 인식의 눈이 사회적으로 커지느냐 아니냐는 문화적 창의성의 문제와 직결되어 있다.

나를 안다는 것은 남을 안다는 것이다. 즉 내 안의 성향으로부터 인

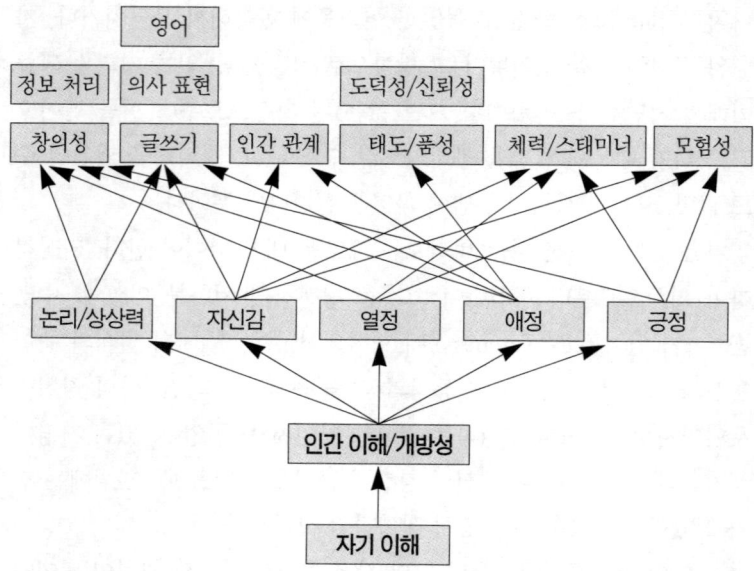

간의 보편적 성향을 알 수 있고, 내 안의 미세한 성질을 앎으로써 남
의 미세한 개성도 이해할 수 있다. 〈우파니샤드〉에서는 이렇게 말한
다. "안에 있는 것은 밖에 있으며, 밖에 있는 것은 안에 있다. 안과 밖
이 다르다고 생각하는 사람은 죽음에서 죽음으로 이르는 길을 걸으리
라." 내가 내 개성과 내 고유의 장점을 알게 될 때, 나아가 자신의 독
특한 약점과 비열함과 치사함을 알게 될 때, 홀연히 나는 타인들을 보
다 잘 이해하게 되고, 세상에 대한 이해심과 애정이 생긴다. 나를 안
다는 것은 우주를 안다는 것이다.

　그렇기 때문에 지식기반사회의 최대의 지적 능력은 자신에 대해서
아는 능력이라고 할 것이다. 자기 인식은 모든 다른 지식이 분출하는
샘이며, 여타의 지식들에 대해 생명력을 부여하는 원천 중의 원천이
다.

이상에서 우리는 자질을 생산하는 자질, 지식을 생산하는 지식에 관해 얘기했다. 그 목적은 껍질이 아닌 속을 들춰냄으로써, 개인적으로는 능력 개발을 위한 전략 수립에 도움을 주고, 사회적으로는 지식 경제의 인프라가 무엇인가에 대한 전략적 고려를 돕기 위해서이다. 껍데기 자질이 아닌 속 알맹이 자질을 보는 것, 그것은 지식사회에서 교육과 가정과 기업의 인프라가 무엇일까에 대한 시사점을 제공할 것이다. 개인이든 사회 체계든 지식이 아닌 지식의 생산 수단에서 자질의 핵심을 보고, 그것을 키우는 방향으로 혁신해야 한다.

근본 자질로 들어가기 위한 지도는 앞과 같이 정리할 수 있다. 화살 표는 자질이 표면화하는 루트를 나타낸 것인데, 주요 연관성을 표시한 것이므로 원인→결과의 틀로 이해하지 않기 바란다.

3. 씨앗 패러다임

"보이지도 만져지지도 않는 자질을 어떻게 키울까?" 우리의 종국적 관심이다.

이제까지 이 문제에 접근하는 방식은 기계적이었다. 예컨대 영어 실력이 떨어진다면 영어 학원에 다니거나 영어 참고서를 사서 자습하거나 하면 영어 능력이 커진다는 가정이다. 이러한 투입-산출 모델이 의미를 가지려면 모든 인간을 똑같은 모르모트라고 가정하는 인간관이 필요하다. 그리하여 H라는 인간에 e(영어)를 외부에서 투입하면, E(영어 실력)가 는다는 논리가 성립하는 것이다. 그 핵심 원리는 인간에게 무엇을 투입하면 무엇이 산출되리라는 결정론이다.

기계 패러다임은 그 나름의 윤리적 규정도 있다. '노력하면 된다'든가, '열심히 하겠다'든가, '의지를 키워야 한다' 등등의 윤리적 규정들은, 투입-산출의 중간 과정에서 발생하는 여러 방해 요소들을 제거하고 목표한 결과를 내기 위한 것이었다. 그런 윤리적 규정들이 도전받지 않는 한 기계 패러다임은 유효했다. 문제가 생기면 그 사람이 열심히 하지 않았거나, 의지가 약하기 때문으로 정리하면 되는 것이다.

기계 패러다임은 모든 인간의 초기 조건이 같다고 간주하는 데서부터 우리의 가정과 다르다. 예컨대 초등학교 1학년생들의 글씨가 바르지 않다고 해서, 교과서에 나오는 명조체나 궁체를 본받아 공책에 100번씩 써오게 하면 '바른 글씨'를 익히리라는 가정이다. 그러나 그런 숙제에 시달렸음에도 글씨체는 사람마다 달라진다. 아무리 어린아이라도 동일 조건에서 동일한 변수를 투입해도 동일한 결과가 나오지 않는다. 아주 어려서부터도 독특한 개성이 작용하기 때문이다. '바른 글씨'가 있다는 가정 하에 지속되는 글씨 훈육은 글씨에 담겨 있는 그림 요소, 즉 개성적인 이미지 창조의 잠재력을 억눌러버린다.

사람을 똑같이 볼 수 없다는 것은 학교·선생·부모 등 교육 투입자 위주의 모델이 더 이상 먹히지 않는다는 것을 의미한다. 투입자 위주의 사고는 기계 패러다임의 결정적인 한계이다. 피교육자에게 E라는 자질이 부족하다고 해서 e라는 직접적 관련 요소를 투입하는 것으로 대처하는 매우 단선적인 접근 방식을 취하는 것이다. 피교육자에게 영어 실력이 부족한 이유는 단순히 영어 공부를 안 해서가 아닐 경우가 많다. 예컨대 그는 외국인을 만나기만 하면 두려움을 갖기 때문에 영어로 말하기가 어려울 수 있다. 그때 우리는 영어 회화 수업을 수없이 투입하는 것보다는, 그가 사람 앞에 설 때 생기는 두려움을 극복할 수 있도록 도와주어야 한다.

수많은 사례들이 기계 패러다임의 한계를 노정하고 있다. '붕괴되는 교실'로 표현되는 근자의 공교육 환경은 근대의 기계주의적 자질 개발 패러다임의 붕괴를 강력하게 암시한다. 전세계적으로 불고 있는 교육 혁신의 물결은 우리에게 인간의 특성에 근거하고, 수용자 중심적인, 그리고 표면적 능력이 아니라 근본 자질을 지향하는 패러다임을 요구한다.

새로운 비전은 '씨앗 패러다임'이라고 부를 수 있다. 자질이라는 것은 엄격하게 얘기하면 만들어내는 것이 아니라 씨앗으로부터 꽃을 피워내는 '양생의 과정'이라고 할 수 있다. 그것은 수용자 안에 능력의 씨앗이 존재한다는 가정에서 출발하며, 수용자의 개성에 따라 다양한 모습을 띨 것이고, 그것을 양생하기 위해서는 수용자 스스로가 동기화되어야 하며, 가시적인 능력보다는 동기를 북돋는 데 에너지를 집중해야 한다는 등의 원리로 구성된다. 영어 참고서를 투입하는 것보다는 영어 자질을 키울 삶의 동기를 자극하는 것이며, 그러한 동기 부여를 통해 씨앗에서 싹으로 환골탈태하는, 총체적 인격의 업그레이드를 지향한다는 것이다.

자질의 외형적인 수준을 목표로 하기보다는 자질의 배후에 있는 씨앗을 목표로 하기 때문에, 조급한 사람들은 실천하기 힘들 수 있다. 그러나 조급증에서 오는 외형적인 노력은 대개 실패하고 만다. 그럴 때 다시 '열심히 하겠습니다'라든가 '노력해야지' 하는 윤리적 명제로 자신을 다그치면, 다시 기계 모델의 실패를 합리화하는 것으로 끝난다. 근본 씨앗으로 눈을 돌리기 위한 다음 몇 가지 원칙들은 패러다임 전환을 위한 첫걸음이 될 것이다.

잠재력은 무한대

첫 번째로 내 안에 있는 능력은 무한대라는 원칙이다. 자신의 능력을 개발하는 데 가장 큰 장애는 '나는 이렇다 저렇다'는 자기 규정이다. 이러한 규정은 개념적 틀로 자아의 한계를 분명히 하는 효과가 있는 반면, 동시에 자신의 가능성을 막아버리는 결정적인 장벽을 설치한다. 내가 싹틔울 수 있는 내 안의 씨앗은 무한하다는 것, 그리고 싹을 어디까지 틔울 수 있는지에 대해서도 가늠할 수 없다는 데 대한 신념은 자신의 능력을 개발하려는 사람이 처음으로 받아들여야 할 원칙이다.

물론 자기 규정은 에너지 집중화를 위해서 좋은 효과를 가질 수도 있다. 그러나 이 경우에도 '나는 이렇다'가 아니라 '나는 이러한 경향이 있다'고 말하는 게 좋다. 즉 인간의 능력을 피어나는 과정으로 보는 것이며, 현재 드러나지 않은 능력도 언젠가 크게 꽃필 수 있다는 데 대한 믿음을 갖는 것이다. 조안 리는 16개처럼 보이는 사각형을 그려놓고 그것이 몇 개냐고 학생들에게 물어본 후 다음과 같이 말한다.

몇 개예요, 사각형이? 스물세 개? 백 개? 정답은 서른아홉입니다. 맨 처음에 그냥 봤을 때 "열 여섯 개." 하는 사람들이 많습니다. 우리의 능력도 그와 같다 이겁니다. "내 능력은 열여섯 개." 하지 말고, 잠재되어 있는 서른아홉 개를 다 찾아내서 쓰셔야 합니다. 성공의 이야기는 얼마만큼 자기 자신을 믿었느냐의 문제입니다. 여러분, 내 자산을 한번 정리해보십시오. 내 능력은 과연 몇 개인가?

사람의 잠재력이 무한대라는 말은 여러 증거들에서 입증되었지만 그것을 진정으로 확신하고 자신에게 적용하는 사람은 많지 않다. 보통 사람은 뇌 용량의 10%도 쓰지 못한다는 얘기도 그렇고, 누구나 초인간적 능력을 발휘할 수 있다는 얘기도 그렇다. 나 자신에 적용할 때는 믿지를 않는다. 그것은 자신의 능력 한계에 대한 규정이 너무도 분명하여, 그 한계 자체가 자아를 구성해버리기 때문이다. 그래서 '성공이란 얼마만큼 자신을 믿었느냐는 문제'라고 한 것이다. 내가 믿어준 만큼 나의 능력은 싹을 틔운다. 조안 리는 계속 말한다.

여성 교육은 어떻게 시키는 건가? 여성에게 유리한 직종은 무엇인가? 잊어버리세요! 앞으로는 여성, 남성이 없습니다. 성에 대한 규정들은 좀 잊어버리세요. 내가 여자라는 것을, 더군다나 그것을 하나의 핸디캡으로 치는, 그런 생각은 좀 없애버리세요. 요즘 젊은 엄마들이 여자애를 유산시키는 것, 이것은 정말 있을 수 없는, 여러분들 세대에서는 정말 나와서는 안 될 이야기입니다.

'나는 여자다'라고 받아들이는 순간 모든 생물학적·사회문화적 여성 규범이 내게 씌워진다. 자아에 대한 규정을 '잊어버리는 것', 자기 규정을 깨는 것, 그것은 곧 무한의 잠재력이 담겨 있는 창고의 문을 여는 출발이다. 문을 연 만큼 그 자원을 가져다 쓸 수 있다.

꽃피우는 주역

우리는 자질을 높이기 위해 대학원에도 가고 학원에도 다니고 책을 읽기도 한다. 그 대상이 나에게 뭔가를 줄 것이라는 기대가 충족되지 않을 경우, 학교나 사람에 대한 실망을 잔뜩 품게 된다. 우리 자신에게 무엇인가가 투입되면 그에 해당하는 어떤 것이 자동적으로 산출되리라는 기계적 패러다임 때문이다. 그러나 결과는 사람마다 확연히 다르다. 미국 대학이 좋다고 유학을 가지만 갔다 오는 사람에 따라 천차만별일 뿐 아니라, 영어를 구사하는 실력도 갔다 온 사람마다 다 다르다. 무엇 때문에 달라질까?

자질 개발의 주역이 바로 수용자이기 때문이다. 선생이 자질을 키워주는 주인이 아니다. 꽃을 피우는 자는 바로 나 자신이다. 이것이 자질 개발의 두 번째 원칙이다. 〈딴지일보〉 발행인인 김어준의 얘기를 들어보자.

자질에 관해서라면, 〈딴지일보〉가 나름대로 〈딴지일보〉만의 룰을 만들어 나갔듯이, 자질도 자기 나름의 형태를 만들어가야 한다고 생각합니다. 기존의 자질, 즉 기존 교과서에서 배운 자질은 별 의미 없다는 겁니다. 인터넷에서는 홍보 하나에서부터 조직 방식에 이르기까지 전혀 다른 규칙들이 지배하므로, 지금까지 배워왔던 데서 벗어나 발견되지 않은 규칙들을 찾고 만들어야 합니다. 그러니까 여지가 많다는 거죠. 자질은, 흔히 하는 말로, 스스로 개발해야 되는 시대가 왔다 이거죠. 사실 〈딴지일보〉가 누가 이렇게 해라 해서 만들어진 것은 아니거든요. 다른 것도 마찬가지일 겁니다. 어떤 아이디어가 떠오르면 아이디어를 실현시킬 방안을 마련해야 합니다. 그 과정에서 새로운 자질이 나오는 거죠. 그래서 자질이라는 건 배우는 게 아니라 스스로 개발해야 되는 것이라고 봅니다.

인터넷은 실제 세계와 다른 원리를 갖고 있으므로, 기존의 교과서나 교육 체계에서는 인터넷 세계에 적절한 자질을 찾을 수 없다는 주장이다. 그의 표현은 매우 부드럽지만 사실은 혁명적인 얘기다. 새로운 세상에서는 선생에 의존하는 사람은 선생만큼의 자질도 개발하지 못한다는 것이다. 스스로 선생이 되지 않으면 안 된다는 얘기다.

새로운 선생=제자는 자신의 모든 경험을 선생으로 삼을 수 있으며, 능동적으로 학습에 참여하며, 그 학습을 통해 스스로를 재창조한다. 스스로를 재창조하는 것, 그것이 교육의 종국적인 목적이 된다. 학생 때는 모범생 중의 모범생으로 살았던 송덕호의 경험도 그것을 보여준다. 고등학교 때 시골에서 서울로 유학간 송덕호는 성적이 바닥을 헤매는 상황에 직면했다. 수업의 진도를 따라갈 의지는 있었지만 따라갈 능력이 없었다.

매일매일이 너무 힘들었습니다. '이대로 가다가는 내가 생각하는 대학에 갈 수 없겠다' 하고 일 년 반 동안의 계획을 세웠습니다. 나름대로 플랜을 짜보았던 거죠. 학교 진도를 나가다가는 망할 게 분명하니까 저 스스로 지진아 계획을 세웠던 겁니다. 그러고는 그 계획에 따라 공부하기로 했습니다. 2학기에 들어가서도 수업은 안 듣고 계속 제 공부만 했습니다. 학교에서 시험 본다면 시험은 무시하고 제 공부만 했습니다. 그렇게 혼자서 공부했는데, 중학교 때 수학 선생님한테서 받은 한 가지 교훈, '열심히 하다 보면 언젠가 되겠지' 하는 막연한 기대 같은 게 있어서인지, 시간이 지나면 지날수록 성적이 오르는 것이었어요. 그 결과 재수를 하지 않고도 대학에 합격할 수가 있었습니다.

송덕호 같은 모범생이 학교 진도를 무시하고 스스로의 자질 개발 계획을 따랐다는 것은 쉬운 일이 아니다. 그러나 그는 스스로에게 맞춤형 교육을 시켰다. 자신이 교육의 주체가 되어 스스로를 교육했던 것이다. 새로운 사회는 선생=제자의 자기 교육을 더욱 요구한다. 여태까지 배움의 원천은 선생이었다. 앞으로 배움의 원천은 학생이다. 이 혁명적 선언은 그 밑바탕에 들어가보면 매우 간단한 사실을 확인하는 데서부터 출발한다. 조안 리가 그것을 밝힌다.

결론적으로 이야기하면, 여러분들 인생의 주인은 여러분입니다. 여러분 엄마도 아니고, 아빠도 아니고, 선생님도 아니고……. 세상은 변하는데 변하지 않는 것이 있지요. '여러분 삶의 주인은 바로 여러분'이라는 사실입니다. 그건 아무리 21세기가 아니라 25세기가 와도 안 변합니다. 인생은 바로 당신 것입니다.

만약 내 삶의 주인이 진짜 나라고 생각한다면, 한 톨의 의심도 없이 나의 삶에 대해 나의 권리를 선언하면서 책임을 지려고 한다면, 우리 삶은 수많은 부분이 바뀌어야 한다. 조안 리의 보충 설명으로 그것은 매우 힘든 일이라는 걸 짐작할 수 있다.

'우리 사회가 이러니까 우리는 못한다'고 주저앉으면 진짜로 그냥 주저앉는 겁니다. 그걸 뚫고 나가야 합니다. 제 주위에서 보면 많은 사람들이 '내 선생이 좀더 잘 가르쳤으면……' 아니면 '우리 학교가 별볼일 없어 가지고, 선배들이 별볼일 없어서 내가 사회에 나가 활동하는 데 지장이 많다.' 또 '우리 집에서 그래서 그렇다.' 항상 남의 탓이에요. 우리가 남을 손가락질할 때, 세 손가락은 나를 가리키고 있죠? 세 개는 내 탓입니다.

탓을 하는 것은 자기 삶의 주역이 자신이라는 사실을 진정으로 믿지 못하는 태도다. 말로는 자신이 주인이라고 강변할지 모르나, 실제로는 노예로 살고 있는 것이다. 사회적 노예 해방은 19, 20세기를 거치면서 어느 정도 이루어졌다고 할 수 있다. 인격의 노예 해방은 지금부터다. 그것이 두 번째 원칙을 따를 수 있느냐 없느냐의 관건이다.

정답 없음

두 번째 원칙을 지켜나가다 보면 부딪치는 중요한 문제가 있다. 남들이 정답이라고 하는 것이 내게 오답처럼 보이는 경우이다. 과거의 시험 문제에서는 모두 정답이 있었다. 그러나 사회가 급속히 변하면서 정답이 없는 경우가 기하급수적으로 늘어나고 있다. 오히려 정답이라는 것은 '통념'이니 '고정 관념'이니 하는 부정적인 팻말이 붙여지는 경향이 있다.

자기 자신이 자질 개발의 주역이라고 선언한 사람이라면 정답이 없는 상황에서 불안해하지 않아야 한다. 정답은 '주어지는 것'이 아니라 '내가 찾는 것'으로 바뀐 상황을 감내할 수 있어야 한다는 뜻이다. 이것이 세 번째 원칙이다. '정답 없음'을 받아들이고 답을 찾아 나서기. 내가 발견한 정답도 어떤 시점이 지나면 오답이 되고, 다시 새로운 답을 찾기 위해 노력해야 하는 현실을 받아들이기. 정회선은 더 나아간다. 정답을 피해서 살라는 것이다.

요즘은 고등학교 때까지 배운 거 가지고 평생을 못 살아요. 그래서 평생 교육이라고 하죠. 답이 계속 바뀌는 세상이에요. 만약에 여러분이 아무리 찾아봐도 해답이 없는 일을 알고 있다면, 그 일을 하세요. 과거 교과서에 실려 있는 이론들은 정답이 아니에요. 지금 교과서에 실린 이론들도 현재는 답일지 모르지만, 후에는 답이 아닐 수도 있는 거잖아요. 교과서에 안 나오는 걸 하세요. 그것이 꼭 틈새 시장이 아니어도 좋습니다. 다만, 남들이 하기로 되어 있는 것이 아닌 것을 하라는 겁니다. 그리하여 자신의 분야에서 최고가 되세요. 그게 어떤 분야여도 좋습니다. 우리 회사는 그런 사람이면 우선으로 뽑습니다. 자신의 분야에서 톱이 될 수 있는 사람은 다른 분야에서도 톱이 될 수 있기 때문입니다. 여러분이 어떤 일에 대해서 답을 그려 넣으면 주위 사람들이 얼마 동안 그것을 답으로 알고 추종할 수도 있다는 것을 명심하시고. 그 길을 택해서 나가면 되는 겁니다.

답을 내가 찾아야 하는 상황에서 최대의 어려움은 두려움이다. 정답이라고 남들이 얘기하지 않는 쪽을 가고 있다면, 수많은 사람들의 충고가 날아오고, 생활이 곤란해지고, 협박이 들어오고, 타협하자는 제안이 안팎에서 울려온다. 그러나 그 두려움을 극복하지 않으면 안 되는 상황에 부딪치게 된다는 게 문제다. 네 번째 원칙은 그 이유를 설명한다.

자기 안에 있는 것

네 번째 원칙은 두 가지 연결된 명제로 성립된다. 나의 능력은 바깥에서 오는 게 아니고 내 안에서 나온다는 것—그래서 내 속의 씨앗을 알고 북돋워주어야 한다는 것. 그 씨앗은 꿈이라고도 불린다. 손용석은 말한다.

꿈이 굉장히 중요합니다. 우리 회사 고객 중에 소프트웨어 회사인 〈어도비〉가 있는데, 그 회사의 슬로건 중에 'If yon can dream it, you can do it.' 이라는 말이 있습니다. '꿈을 꿀 수만 있다면 분명히 그것을 이룰 수 있다' 는 것입니다. 어떠한 꿈을 가지느냐는 중요합니다. 자기가 낮은 꿈을 꾸면 낮은 환경에서 머무를 테고, 진취적이고 미래지향적인 꿈을 꾸게 되면 그쪽으로 가게 될 것입니다.

변화에 대해서 말씀드린 것도 사실은 꿈을 꾸기 위해서입니다. '미래의 어떤 상이 다가올 것이고, 미래는 이런 환경에서 이런 모습을 하게 될 것이다.'라고 꿈을 꾸면 되는 것입니다. 능력이 많음에도 불구하고 꿈을 꾸지 못해서 뭔가를 못하는 사람들이 있습니다. 꿈을 꾸도록 하십시오.

그런데 씨앗에 대한 꿈을 꾸는 게 얼마나 어려운 일인지는 조안 리가 얘기한다.

많은 사람들이 꿈을 못 키우다 보니 꿈에 대해 스스로에게조차 물어보지도 못합니다. 감히 내가 원하는 것을 할 수 있다고 생각하지 않기 때문에 물어보지도 않는 거지요. 자꾸 물어보십시오. 여러분들한테. 자신의 꿈은 무엇인지……. 밤중에 잘 꾸다가 아침에 일어나면 뭔지 잊어버리는 그런 꿈이 아니고, 밥 먹어도 생각나고 뭘 해도 하고 싶고, '난 이런 사람이 되고 싶다' 이런 것! 즐거운 것! 정말 미칠 수 있는 것! 그것을 본인이 발굴하고, 그것을 찾아내야 합니다! Find it out! 그것이 여러분에게 유망 직종입니다. 사회가 이야기하는 유망 직종이 아니고.

나의 꿈과 열정이 담기는 무엇, 그것으로부터 일거리를 찾아야 한다는 얘기인데……. 여기서 중요한 점은 조안 리가 말한 그 꿈은 만드는 것이 아니라 '찾아내는 것'이라는 점이다. 꿈은 내 안에 잠재해 있다. 내가 그것을 찾아내는 순간, 겨울 땅 속에서 잠자던 씨앗이 나의 눈빛을 받아 긴 잠에서 깨어나면서 내가 흘린 희망의 줄기를 타고 땅 위로 올라온다. 꿈의 씨앗은 올라오는 과정에서 하늘과 땅으로부터 필요한 양분을 다 빨아들여, 줄기와 가지를 뻗을 힘을 갖춰나간다. 능력이나 자질은 꿈의 씨앗이 올라오는 과정에서 생겨나는 부산물이라고 할 수 있다.

취업과 연관해서 생각한다면 유망 직종을 찾아 바깥으로 바깥으로 헤매며 다닐 것이 아니라, 안으로 안으로 들어가 꿈의 씨앗을 찾아내는 게 급선무다. 좋은 직업을 갖고 만족하려면 자기 내면을 들여다보아야 한다. 왜 그런가? 조안 리의 보충 설명이다.

여러분은 어떤 직업이 유망한가를 찾기 전에, 내가 정말 원하는 게 뭔지, 내 장기가 뭔지, 그것을 찾아봐야 합니다. 그게 계산상으로도 맞는 것이, 요즘 직업들…… 뭐 많지요. 그런 여러 가지 직업들 중에 한 50%가 없어질 것이라고 합니다. 사회 구조와 산업 구조가 바뀌기 때문이죠. 그런데 누가 유망 직종이라고 해서 내가 하기 싫은 걸 열심히 했다가 그게 없어지면 얼마나 억울합니까? 그보다는 오히려 자기가 즐기는 거, '난 이걸 하면 즐겁다' 하는 걸 했다면, 그 직업이 없어져도 '하는 동안에 즐거웠으니까' 하며 만족할 겁니다. 그래서 자기 자신을 아는 것이 중요합니다.

조안 리는 '자기 자신을 아는 일'이라고 불렀다. 우리는 그것을 '바깥에서 안으로'의 전략이라고 부를 수 있겠다. 자기를 아는 사람은 내면의 무한한 자원을 갖다 쓸 수 있다. 그런 사람에게는 무질서한 세상이 자신의 꿈에 따라 재정렬하면서 새로운 질서로 창조되는 비전을 가질 수 있고, 그 비전을 실현하기 위한 열정과 자질을 동원해낼 수 있다. 그런 사람은 에너지를 낭비하지 않는다. 에너지를 집중할 뿐 아니라, 내면의 깊은 에너지원에 파이프를 대고 끌어낸다. '자기를 아는 사람'에게서는 에너지 집중 현상이 강력히 나타난다.

내가 할 수 없는 것은 빨리 잊어버리고, 내가 할 수 있는 것은 누가 뭐라고 해도 끝까지 붙어서 해보는 겁니다. 그런데 거꾸로 내가 할 수 있는 것은 남의 탓으로 미루어놓고, 내가 할 수 없는 것을 탓하는 사람들이 많습니다. 내가 통제(control)할 수 있는 것과 통제할 수 없는 것이 무엇인지를 구분하는 게 굉장히 중요합니다. 많은 여대생들이 '키가 조금만 더 컸으면 좋을 텐데……' 하는데, 그거 어떻게 할 겁니까. 잊어버려야지! 그런데 내 몸무게? 그것은 내가 할 수 있는 거지요! '내 키가 얼마면 내 몸무게 얼마만큼 유지해야' 몸무게는 내가 통제할 수 있는 겁니다. 거기에 대해서는 노력을 하시라는 얘기입니다. 반면 '학교를 좋은 곳을 안 나와서, 우리 집안이 연줄이 없어서' 하는 사람들이 많은데, 집안에 연줄이 없는 건 내 탓이 아닙니다. 그렇다고 여러분이 연줄을 만들 수도 없지요. 그럴 때는 잊어버리시라 이겁니다. 그건 여러분의 통제 영역이 아닙니다. 대신에 '내가 무엇을 공부하고, 어떤 사람을 죽어라고 만나서 단도직입적으로 뭘 요청을 해보겠다'는 것은 여러분들이 할 수 있는 분야입니다. 그것은 해보시라는 말입니다. 할 수 있는 것과 없는 것을 구분하는 것……

'자신을 아는 사람들'은 내가 할 수 없는 것은 잊어먹거나 받아들이기 때문에 불평하면서 소비하는 수많은 에너지를 절약한다. 뿐만 아니라, 그 시간에 모은 에너지를 내가 원하고 할 수 있는 분야에 쏟아넣기 때문에 엄청난 정열과 능력이 생긴다. 그것이 꿈의 씨앗을 찾아내고 알아야 한다는 원칙이 주는 효과이다.

씨앗을 틔우기 위해

씨앗 패러다임의 네 가지 자질 양생 원칙을 따를 수 있다면, 어떤 방법을 쓰든지 효과가 클 것이다. 원칙만 분명히 따른다면, 구체적인 방법은 자질 개발의 주역인 선생=학생 자신이 본인에게 가장 잘 맞는 것을 선택해 나가는 것이 좋다. 방법 선택과 관련한 단 하나의 확실한 원칙은 '내게 가장 잘 맞는 것을 고른다'는 것이다.

그렇게 하는 데 인생 선배들이 경험에서 해주는 충고는 중요한 가이드가 될 수 있다. 다음은 열 명의 강연자들이 제시한 방법들이다.

몸에 생기 돋우기

내 제자 중에 영화사와 광고 프로덕션에서 인턴십을 수행한 학생들이 있었다. 그들은 제작 프로젝트에 투입되면서 "내 몸이 어느 정도 버틸 수 있을지 모르겠다."고 했다. 특히 한 여학생은 운동할 시간도 없는 상황에서 어떻게 체력 관리를 해야 할지를 몰랐다. 그 학생은 그동안 운동법과 운동을 위해서 시간을 내는 법을 배우지 못했던 것이다. 나는 그에게 전철 안에서 서거나 앉아서 할 수 있는 기 운동을 가르쳐주었다.

쉬고 운동하는 자질을 개발하지 못했기 때문에 일의 근본 매체인 몸을 정지시켜버리는 사례가 적지 않다. 박홍준은 건강과 체력을 일하는 사람이 가져야 할 제1의 자질로 꼽으면서, 운동하는 법을 몸에 익히라고 충고한다.

요즘 광고에 이런 말이 있습니다. "10초 광고를 놓치면 큰일을 할 수 없다." 여러분, 학교 다니면서 운동을 많이 하십시오. 농구도 좋고, 축구도 좋고, 테니스도 좋고, 그런 게 안 된다면 등산이라도 하십시오. 일을 할 때 지치지 않을 정도의 체력을 기르십시오. 그것이 굉장히 큰 힘이 됩니다.

운동법을 맨 먼저 거론하는 데 대해서 의아해하는 사람이 있겠지만, 몸에 대한 감각과 의식을 갖는 것이 일과 삶에서 얼마나 중요한가를 강조하기 위해서이다. 특히 머리를 중요시하는 문화 속에서 몸의 능력을 키우는 데는 사회적 장벽이 크기 때문이다.

몸을 쉬고, 운동하고, 놀고, 책상에서 멀어지는 훈련은 단순히 몸만을 위한 것이 아니라, 인간 관계의 질을 높이고, 자신의 감성과 지혜를 쌓아나가는 가장 기초적인 방법이다. 종교적 명상에서도 몸이 훈련의 첫 출발이 된다는 점을 주목해야 한다. 자신의 몸에 생기를 돋게 하는 법을 모르는 사람은 일에서나 가정에서도 역시 생기를 가지지 못할 것이며, 그 밖의 다른 능력이 커나갈 여지를 차단하게 될 것이다.

책 읽기
유인택은 감옥에서 읽은 500권의 책이 그 후 사회에서 일하는 데 창의력의 보고가 되었다고 말한다. 지식보다 지혜가 중요하다고 말하는 그는, 그것을 키우는 중요한 방법으로 독서를 꼽았다. 그는 특히 고전과 교양서 섭렵에 대해 강조해 마지않는다.

저는 데모를 하다가 감옥 신세도 한 1년 졌습니다. 매트리스 한 장 정도의 공간에서 1년을 보내기란 생각처럼 쉬운 일이 아니었어요. 시간을 어떻게 죽일 것인가도 고민했는데, 역시 독서밖에 없더라구요. 그래서 그동안 미뤄두었던 책들, 학교 생활을 하면서 읽기 어려웠던 책들을 읽었죠. 성경, 불교 서적, 《삼국지》, 《장길산》, 《토지》, 《대망》 이런 것들에서부터 문화 운동의 이론적인 틀을 갖추기 위한 어려운 책들을 억지로 읽었습니다. 그 당시에 읽은 책들이 한 500권 되는 것 같아요. 그런데 그때 읽은 책들이 결국은 제가 오늘날까지 연극을 하고, 콘서트 기획, 문화 운동, 영화를 하는 데 밑천이 되지 않았나 생각됩니다……. 소중한 대학 시절, 정말 학점도 중요하고 영어·컴퓨터, 이런 것도 좋지만 책을 좀 많이 접하시기 바랍니다. 제 생각엔 세상을 살아가는 데 필요한 건 지식보다는 지혜라고 생각합니다. 지혜는 다양한 경험에서 나오는데 우리가 경험할 수 있는 것엔 한계가 있습니다. 그래서 책을 읽어서 간접 경험을 쌓는 거죠. 우리가 어느 분야에서 어떤 일을 하든지 가장 기본이 되는 일이라고 생각합니다. 그건 가시적 성과로 드러나진 않지만, 여러분 삶의 매순간을 소중히 채워 나갈 것입니다.

유인택이 언급한 말에서 중요한 대목은 "가시적인 성과로 드러나진 않지만"이다. 고전들에 대한 독서는 현재 닥친 문제들을 해결하는 데 직접적인 도움을 주는 것은 아니다. 그러나 그 고전을 형성하는 데 관련된 사람들이 쌓은 공력을 간접적으로 접할 수 있다는 점이 중요하다. 그가 예로 든 성경이나 고대 신화 같은 것들은 소위 '지혜'의 정점에 선 사람들이 시간을 초월하여 전해주는 기운이 담겨 있고, 그 기운을 쐬는 것만으로도 내 안에 잠재된 자질의 씨앗에 빛을 쐬고, 그리하여 씨앗이 발아하려고 꿈틀댈 수 있는 계기가 된다.

이두엽은 일과 연관된 능력을 '시적 상상력'과 '전략적 사고'라는 두 축으로 제시하면서, 문학과 경영 전략 관련 독서를 주된 방법으로 권장했다.

광고 카피나 연설문, 정치 평론을 쓰는 데 제일 기초가 되는 것은 시적 상상력, 문학적 상상력입니다. 저는 고등학교 때 많은 시간을 들여 도스토예프스키의 전집 10권을 독파했습니다. 가방에 교과서는 안 넣고, 도스토예프스키 책만 넣어 갖고 다니며 수업 시간에도 열심히 읽었습니다. 세계문학전집도 열심히 읽었는데 이것이 후에 문장을 쓰는 데 큰 영향을 미쳤어요. 제가 보기엔 인문 분야에서 일하려면 세계문학전집 30~40권은 읽어야 합니다. 선거를 많이 치르는 과정에서 도움을 받았던 것은 '전략적 사고'입니다. 전략이라는 것은 무엇보다 '일의 우선 순위를 정하는 것'입니다. 자원은 대개 유한합니다. 시간도 사람도 부족합니다. 그렇기 때문에 자원을 쓸 때는 먼저 쓸 것을 정하고 집중시키는 것이 대단히 중요합니다. 그런 전략적 사고를 하는 데 도움을 받았던 것이 마케팅에 관한 책들입니다.

책을 선택하는 기준은 필자의 공력이라고 해야 할 것이다. 공력이 높은 책은 내 안의 씨앗을 건드릴 가능성이 높다. 그런 책을 읽고, 중요한 부분을 정리하여 되풀이해서 읽는 습관을 들이는 것이 많은 책을 읽는 것보다 낫다고 생각한다.

문장 훈련

글은 그 사람의 논리적·창조적 사고가 발달했는지를 보는 중요한 시금석이다. '글에 대한 중독증이 있는 사람'이라고 자평한 이두엽은 글쓰기 훈련의 중요성을 다음과 같이 말한다.

여러분, 문장에 대한 훈련이 필요합니다. 자기소개서를 보면 이 사람이 상투적인 사고를 하는지 창조적인 사고를 하는지를 알 수 있어요. '자기소개서 쓰는 법'처럼 어디선가 보고 정형화된 틀로 쓴 것은 안 읽게 됩니다. 사고 자체가 상투적이라고 생각하기 때문입니다. 저는 문법이 틀린 문장을 읽으면 짜증이 납니다. 일을 못 맡기겠다는 생각이 듭니다. 문화 산업 분야에서는 글쓰기 훈련이 중요합니다. 회사에서는 기획하는 사람만 데리고 있게 됩니다. 나머지는 다 아웃소싱하지요. 이런 분야에서 살아 남을 수 있는 사람은 탁월한 기획서를 써낼 수 있는 사람입니다. 방향을 잡고 전략적인 사고를 해야 하고, 수치화해서 모든 일정을 한눈에 볼 수 있게 해야 합니다. 글은 그 사람의 사고가 가장 잘 드러나는 매체입니다.

"글 못 쓰는 사람에게는 일을 못 맡기겠다는 생각이 든다."는 대목은 섬뜩한 느낌을 준다. 주어와 술어를 일치시키지 못하고, 문장과 문장 간의 연계를 만들지 못하는 사람은 무질서한 사물을 질서 있게 정돈하지 못하는 사람이니, 새로운 질서를 창조하지 못할 게 분명하다는 것이다.

다양하고 깊은 경험

창의성을 키우는 데 중요한 방법 중의 하나는 다양한 경험을 쌓는 것이다. 그리고 경험에 대한 깊이 있는 성찰을 통해 자기 재산으로 만

드는 것이다. 이는 외적 경험과 내적 경험의 결합이니, 이중 경험이라
할 수 있다.

김어준은 〈딴지일보〉를 만드는 데 도움이 된 경험 중 하나로 해외
여행을 꼽았다. 그는 대학 때 틈만 나면 해외로 나가는 배낭족이었는
데, 아테네에 가서 아크로폴리스를 보면서 상상한 내용이 새로운 매
체의 시대성을 통찰하는 데 큰 계기가 되었다고 한다. 그는 아크로폴
리스에 쪼그리고 앉아 고대 희랍의 토론 광경을 상상했다. 거기서는
개개인의 몸과 말이 공적인 매체가 되었다. 그러나 대중 매체가 지배
하면서 거대한 자본과 국가가 매체가 되고, 개인은 매체로서 의미를
상실했다. 개인이 매체로서 의미를 상실한 시대가 오래 지나고 나서,
인터넷이 나타난 20세기 말 다시 개인 매체 시대가 도래한다는 통찰
을 얻은 것이다.

박성주도 다양한 경험이 감각 개발에 미치는 효과에 대해 다음과
같이 말한다.

방송계에서 감각이 없으면 절대로 살아남을 수 없습니다. 홍대 입구
나 압구정동, 명동에 자주 나가봐야 하고, 사진 · 음악 · 문학 · 미술 ·
건축 · 연극 · 영화 등 모든 분야에 관심을 가져야 합니다. 해외에 많이
나가서 시야를 넓히는 것도 중요하다고 생각합니다. 많은 경험을 통해
인생 공부를 해야 합니다. 저는 어렸을 때 서울역 부근의 염천교에서
복숭아 장사도 했고, 신문 배달, 다방 DJ도 해봤습니다. 그런데 이런
경험들이 프로그램을 제작할 때 살아납니다. 한마디로 감각이 밑천이
되는 것입니다. 감각이란 것은 별 게 아닙니다. 얼마나 많은 것을 경험
하고, 생각하고, 보았는가 하는 것입니다.

그런 경험들이 소중한 것은 자아의 작은 껍질을 깨어준다는 데 있

다. 사실상 창의성이란 자아의 껍질이 깨지면서 내면의 씨앗이 올라오는 과정이다. 자아의 껍질이 깨어질 때, 깨진 자기를 허둥지둥 주워담으며 껍질 속에 다시 가두어놓으려는 사람들은 창의성이 떨어질 수밖에 없다. 인간이 할 수 있는 창조 중에 가장 기본적인 창조는 작은 자아를 깨뜨리고 커다란 자아를 만들어가는 것이다. 외적인 창조는 그 부수적인 결과들이다.

그런 점에서 오래된 껍질을 벗겨내는 일도 필요하다. 이를 위해서는 충분히 휴식하는 것, 즐겁게 휴식하는 것이 중요하다. 이두엽은 말한다.

일에서도 그렇지만 좋은 인간 관계를 맺기 위해서도 상상력에 묻은 때를 벗겨내는 작업이 중요합니다. 저는 일요일이면 편한 차림으로 동네 만화방에 가는데, 그것은 나를 릴렉스시킵니다.

몸과 마음이 이완된다는 것은 원래 의미의 재창조, 즉 레크리에이션이다. 우리가 심각하게 착각하는 것 중 하나는 사람들이 놀기만 좋아한다는 것이다. 그러나 일이 없으면 불안해하는 사람들이 대단히 많다. 우리 사회에서 쉬는 능력, 이완하는 여지가 약하다는 점이 지식 경제에는 대단히 취약한 문화적 기반으로 작용한다.

아주 바쁘고 긴박한 과제가 있을 때 그냥 쉬어본 사람이면 깨닫는 게 있다. 문제로부터 거리를 두면 해결책이 자연히 나온다는 것을. 이완하고 쉬는 훈련은 고정 관념의 때를 벗기는 중요한 방법이다.

작은 성공담 만들기

자신감은 어떻게 키울 것인가.

조안 리는 등산을 전혀 하지 못했을 뿐 아니라, '폐활량이 적다'는 이유로 심한 운동을 하지 않았다. 그러나 북한산 2시간 등반에서 시작하여 등산 시간을 조금씩 늘리고, 조심스레 설악산에도 가보고 하면서 조금씩 조금씩 '폐활량이 적다'는 자기 규정을 넘어서기 시작했다. 등산 시간의 한계를 조금씩 넘을 때마다 자신감이 붙었다. 그 결과 '폐활량이 적다'는 사람이 하루에 열네 시간씩 걸으면서 킬리만자로까지 등반하고 온 것이다. 그런 경험이 주는 영향에 대해 들어보자.

　　어떻게 되었든 '열네 시간을 했다' 하는 이 성취감, 이것이 다른 일과 삶에 대단한 영향을 끼칩니다. 산행을 잘해서 대단한 것이 아니고, 그만큼 자기 자신의 한계에 도전하여 극복했다는 게 다른 삶에도 영향을 미친다는 겁니다. 여러분들의 한계가 어떤 것인지는 몰라도 계속 도전해보셔야만 그 한계를 넘습니다. 계속 가다보면, 정말 불가능하다고 생각했던 게 어느 순간 그 선을 넘어서 있는 겁니다. 저는 살면서 그런 경우를 너무 많이 경험했습니다. 여러분들도 한번 해보셔야지 않습니다. '나는 여자니까 안 되고, 용모가 달려서 안 돼고, 영어를 못하니까 안 되고……' 하는데, 안 되는 것만 따지지 말고 가능성이 요만큼이라도 비치면 해보셔야 합니다.

　　내가 운영하는 한 강좌에서는 학생들이 각자 자기 프로젝트를 기획하고, 프리젠테이션하고, 실제로 수행해보기도 한다. 개중에는 수영 50미터 하기, 워드프로세서 3급 자격증 얻기, 서양 요리사 자격증 따기, 영어 동화책 한 권 외우기, 몸무게 7킬로그램 감량하기 등의 개인 프로젝트를 수행했는데, 이런 프로젝트는 얼핏 보면 무의미한 것일 수 있다. 그러나 결과를 보면 자신감이라는 거창한 자질에 그런 사소한 것이 얼마나 큰 역할을 하는지 알 수 있다. 자신감이라는 것은 자기가 설정한 한계를 한 꺼풀 한 꺼풀 벗겨가는 과정에서 크는 자산이다. 그런 점에서 송덕호가 한 다음과 같은 얘기는 의미가 있다.

사람들에게 경험은 매우 중요한데, 특히 그 경험 속에서 어떤 성공을 맛보는 게 굉장히 중요합니다. 그래서 제가 기업 컨설팅을 할 때나 경영을 할 때 '너무 큰 걸 시작하지 말고 작은 성공담을 만들라'는 얘길 자주 합니다. 작은 성공담은 나중에 큰일을 할 때 밑천이 되고, 자기 나침반 같은 역할을 하죠.

그런 작은 성공담을 만들기 위해서는 작은 일이라도 계획을 세우고, 목표하는 바를 달성하는 방식을 이용하는 것이 좋다. 박홍준이 그런 방법을 제안한다.

중요한 것은 '성과 중심으로 일을 하라'는 것입니다. 나쁘게 말하면 단기 승부를 벌이라는 얘기입니다. 여러분은 방학 두 달 동안 무엇을 할 것입니까. 눈에 보이는 것을 하십시오. 이성을 사귀어도 그렇고, 일을 해도 그렇고, 공부를 해도 그렇습니다. 어느 기간에 성과 중심의 일을 하면 머리 속에 남는 것이 있고, 일의 능률이 오르게 됩니다. '공부를 열심히 해라, 노는 것도 열심히 해라'라고 한다면 그런 충고는 목표를 잡을 수 없게 만듭니다. 중요한 것은 목표를 정하고 그것을 이루려고 노력하는 것입니다. 특정 목표를 가지고 어떤 성과를 이루기 위해 일을 하면 그 일을 이루기 위한 방법이 생깁니다. 즉, 자신을 컨트롤할 수 있는 힘이 생기게 됩니다. 자신을 통제하지 못하면서 무슨 일을 할 수 있겠습니까. 이렇게 성과 중심으로 일을 하면 그 일에 대한 이해가 증폭되며 그 효과가 반복됩니다.

목표를 정하고, 추진하는 과정에서 자신의 한계라는 껍질을 하나 하나 벗기다보면 자신감이 늘어날 뿐 아니라, 스스로 설정한 한계 때문에 움츠러들었던 씨앗이 움터 나올 가능성이 높아진다.

실패의 낙인을 넘기

인간사를 성공과 실패로 나누는 데 익숙한 우리네 풍토에서, 실패한 경험이 있다는 것은 매우 치명적이다. 자신감이 쪼그라들어 자폐증과 대인 관계 공포증도 나타난다. 일류 대학생 수의 몇십 배로 실패 대학생들이 있는 게 우리 풍토다. 일을 하다가 해고되었거나 이혼했거나 심지어 노총각·노처녀로 있는 것도 '실패자'로 취급되기에, 실패는 삶의 주변에서 항상 서성거리며 기회만 닿으면 우리를 삼키기 위해 입을 벌리고 있다고 해도 과언이 아니다. 잘 나가던 사람이 그 입에 삼켜져 너무도 쉽게 주저앉는 경우가 비일비재하다. 그러니 실패에 대처하는 방법을 몸에 익히는 것도 성공담을 만드는 것만큼이나 중요한 사안이다. 조안 리의 얘기다.

어린아이들이 맨 처음에 걸음마할 때, 가다가 쓰러지고, 가다가 쓰러지고……. 그래도 그냥 드러누워버리지 않잖아요. 또 일어나고 또 걸어갑니다. 우리 인생이 똑같아요. 여러분들도 가다가 계속 쓰러질 겁니다. 그런데 중요한 것은 몇 번 쓰러졌느냐가 아니고, 몇 번 다시 일어났느냐 하는 것입니다. 우리가 잘 아는 토머스 에디슨, 전등 발명한 사람이 그 실험을 하면서 1만 4천 번째에 성공했다고 합니다. 그래서 어떤 사람이 "어떻게 그렇게 많은 실패를 뛰어넘었느냐."고 물었습니다. 에디슨이 대답하기를 "나는 1만 3,999번의 안 되는 이유를 배운 것이지 실패한 것이 아니다."라고 했습니다. 굉장히 중요한 이야깁니다. 여러분들, 우리 사회는 실패를 싫어하고 자꾸 피합니다. 대학 시험 한 번만 떨어져도 그냥 낙오자로 취급하고……. 그게 아닙니다. 사회가 잘못

보기 때문이라고. 그게 아니라고 본인이 우겨야 합니다. 그 사회를 같이 따라가면 여러분도 같이 패배자가 되는 겁니다.

실패라는 규정을 받아들이는 것이 진짜 실패다. 성공과 실패는 없다. 성공과 실패에 대한 사회적 규정만이 있을 뿐이다. 성공과 실패란 나를 테스트하기 위한 심리전이다. 심리 게임에 지면, 정말로 진다. 그러면 올라오려던 싹이 다시 숨을 죽이며 저 컴컴한 잠재 의식 지하로 숨어들어버린다.

실패에 대해 '아니다'라고 선언하는 것은 실패를 감추기 위해 남을 탓하는 것과 구분되어야 한다. 그런 사람은 오히려 실패의 진정한 희생자다. 그의 본심은 실패를 받아들이고 있는 것이다. 조안 리가 말하는 바는 성공과 실패라는 구분의 틀 자체를 넘어설 정도로 도전적이어야 한다는 것이다.

물론 아무나 할 수 있는 수준의 게임은 아니다. 애인에게 차여서 1년을 자격지심에 살아가는 사람이 실패자의 규정을 벗어 던지는 건 쉽지 않다. 그때 에디슨과 같은 방식으로 접근하는 것이 순리에 가까울 것이다. 실패의 실상은 배우는 과정이라고. 그 과정에서 나의 능력이 훨씬 커지는 중이라고.

부추기기
조안 리는 또 말한다.

친구들 사귀면서 내가 "뭐 한다."고 하면 "해보라."고 도와주는 친구가 있지요. 그 친구는 굉장히 좋은 친구입니다. 그런데 "야, 네까짓 게 뭘 한다구? 안 돼!" 하는 친구가 있습니다. 꼭 "안 된다."고만 하는 사람이 있어요. 그건 여러분들의 친구가 아닙니다. 가까이하지 마세요.

부정적인 사고방식은 전염병하고 똑같습니다. 중요한 것은 그런 친구를 사귀지 않는 것은 물론이려니와 여러분 자신이 그런 친구가 아닌지 돌아볼 필요가 있다는 겁니다. "뭘 하겠다."고 하면 "해보라."고 하는 사람인지. 본인이 도와주지는 못할망정 "그거 안 돼!" 그리고 안 되고 나면 "거 봐~, 내가 뭐라고 했어?" "내가 그랬었잖아……." 이런 태도는 아무 도움이 안 됩니다.

이 얘기를 좋은 친구를 사귀라는 말로 이해하면 통념을 벗어나지 못한다. 그 친구가 나라고 생각하는 게 더 좋다.

나는 두려움을 갖고 있다. 그 두려움을 내게 투사할 뿐 아니라, 남에게도 투사한다. 친구나 자식이 뭔가 모험적인 일을 추진하려고 할 때, 나의 두려움은 우선 말리는 태도로 나타난다. 말로는 상대를 위하는 것 같지만, 실상은 나의 한계가 만든 두려움이 남까지 덮을 뿐이다. 상대가 그것을 받아들이면 두려움의 공동체가 형성된다.

껍질을 벗는 훈련을 하는 간접적인 방법으로, 친구나 자식이나 형제의 모험적 프로젝트를 지지하는 훈련을 해보는 것도 좋은 방법이 될 수 있다. 긍정의 공동체가 형성되면 낙관적인 힘이 두 배 이상으로 커진다. 상대의 어려움을 적극적으로 돕는 분위기도 형성된다. 그렇게 되면 이 프로젝트는 공동으로 한계를 넘는 경험이 될 수 있다.

천성 발견하기

KBS 프로듀서 같은 좋은 직업이 적성에 안 맞는다고 그만둔 이두엽 같은 사람에게는 '내가 무엇을 잘할 수 있고, 무엇을 원하느냐'가 직업을 선택하는 중요한 기준이 된다. 이런 사람은 자신의 잠재력 씨앗으로부터 나오는 열정을 빨아들이지 않고는 일을 하기 힘든 사람이다. '처자식 때문에' 직장 다니는 많은 사람들은 그런 열정을 끌어내기가 힘들다. 그가 KBS를 나오기 전에 한 고민을 들어보자.

　'내 적성에 안 맞는다'는 생각을 했습니다. 평생 하나의 다큐멘터리를 위해서 자신의 인생을 바치는 것이 진정한 다큐멘터리 연출자의 자세인데, 그러한 점이 내가 타고난 천성과 기질에 맞지 않는다고 생각하게 되었죠. 다큐멘터리 PD는 장인 기질이 필요합니다. 1초를 편집하기 위해 몇 날 며칠 밤을 새우는 장인 기질이 있어야 합니다. 그런데 내 스스로를 들여다보니까 장인 기질보다는 뭔가 기획하고 판을 벌이는 일에 적합했던 것 같습니다. 장인 정신이 필요한 연출자, 디렉터보다는 여러 가지 자원을 동원해서 일을 만들고 뚫고 나가는 기획자, 프로듀서 쪽이 더 낫다는 판단이 들었어요. 현재 방송국에서는 모두 PD라고 부르면서, 프로듀서와 디렉터의 개념을 혼동해서 쓰고 있습니다. 이를 구분하는 것이 업무의 합리화나 진로 모색에서 대단히 중요합니다. 물론 한다고 하면 남들만큼 할 수 있겠지만, 평생 하나의 다큐멘터리를 위해서, 한국의 무슨 나비, 나비 하나의 다큐멘터리를 위해서 평생을 바치는 것이 진정한 다큐멘터리 연출자의 자세인데……. 그런 점은 내가 타고난 천성과 기질이 결코 아니라고 생각했습니다.

　우리는 보통 적성 발견이라고 하는데, 이두엽은 천성과 기질이라는 말을 사용했다. 천성과 기질을 합하면 '하늘로부터 받은 자질'이라고 할 수 있을 것이다. 그것에 꾸준히 관심을 갖고 찾아나가는 것이 자질을 키우는 중요한 방법이다. 앞서 씨앗이라는 말로 상징했듯이 사람마다 다른 천품이 있다. 자연스럽게 산다는 말은 하늘이 낸 품성에 적합한 물길을 찾아 흘러간다는 뜻이리라. '노력만 하면 안 되는 것이 없다'는 기계 패러다임의 윤리학은 그런 의미에서 사람의 자질에 대해 매우 폭력적인 태도다.

자신의 천성을 찾아내는 일, 그것은 잠재된 싹에 빛을 드리우는 일이다. 그 싹은 하늘로부터 부여받은 것이므로, 천성을 발견하는 일은 어떤 의미에서는 인생의 과제를 발견하고 수행하는 문제와도 연관되어 있다.

천성은 남이 보는 나일 수도 있고 아닐 수도 있다. 그러나 분명한 것은 그것이 나의 천품이라고 받아들이고 확신하지 않으면 그게 살아나기 힘들다는 것이다. 그런 점에서 천성과 기질을 발견하는 것은 궁극적으로 자기 몫이다. 삶에서 커다란 성취를 이루거나 좌절을 맛볼 때가 천성을 발견하기 쉬운 때다. 원하는 일이 계속해서 닥히거나, 원치 않던 곳에서 뜻밖의 성취를 이루거나 하는 때 주의해서 자신을 돌아보아야 한다. 발견했다고 확신한다면 마치 산삼을 본 듯 경건하게 대하고, 그것을 실현하기 위해 최선을 다할 일이다.

덫에서 헤어나기

관계가 악화되었지만 그 사람과의 관계를 단절할 수 없는 경우를 우리는 종종 겪는다. 지도 교수와 관계가 악화되어 아무 진전 없이 박사 과정을 10년이나 계속하는 사람도 있고, 회사에서 상사와 관계가 악화되어 일이 진전되지 못하는 경우도 비일비재하다. 이때는 나의 재능을 발휘하느냐 못 하느냐는 둘째치고, 살맛이 없어지는 지경에까지 이른다. 이런 관계는 어떻게 풀어야 할까. 송덕호가 좋은 경험을 들려준다. 그는 카투사에서 항공 관제 일을 하면서 공항의 코드를 익히는 시험을 자주 봤었다. 한 시험 시간에 우연한 행동으로 소위 '찍히는' 사태를 유발하게 된다.

1차, 2차, 3차 그렇게 보는 시험인데, 우리 지형이라서 그런지 몰라도 우리 입장에서 볼 때는 굉장히 쉬웠습니다. 그런데 미군들은 그걸 굉장히 어려워하더라고요. 우리는 10분 만에 끝내고 나가는데, 미군들은 한 시간을 끙끙거리고 그래요. 한 번은 제가 시험을 보고 남은 시간에 뒤쪽을 힐끗 보았는데…… 제 입장에서는 어떤 시험이 나오나 하는 기분으로 그냥 쳐다본 것이죠. 미군 하사가 그걸 봤어요. 그 위슬러 하사가 시험 끝나고 "네가 컨닝했다."고 하는 겁니다. 그래서 제가 "그건 컨닝한 게 아니고 어떤 시험이 나오나 해서 그냥 본 것이다."라고 했더니, 그때부터 그 사람이 저를 괴롭히기 시작했습니다.

지금 생각해도 여간 짜증나는 일이 아닙니다. 매일 청소하고 검사 받기, 군복 제대로 입기 등등인데…… 군복을 제대로 입는 게 보통 일이 아닙니다. 사실 남들은 안 하는데 나 혼자 그런 일을 한다는 게 굉장히 짜증나는 일이었습니다. 그런 상황이 한 달 동안 계속되었습니다. 그것보다 더 괴로운 건 그 사람이 주는 모욕이었습니다. 명예와 관계되는 면에서 말입니다.

한마디로 내 삶이 개판이 되는 거예요. 그래서 '이런 상황이 계속되는 것은 절대 나에게 유리하지 않다. 어떻게 하면 유리하게 될까?' 해서 연구한 것이 '위슬러 하사가 시키는 일이 있으면 그것의 배를 하자'는 거였습니다. 구두를 닦으라면 매일 반짝반짝 닦고……. 그것을 한 번만 하면 아무도 눈여겨보지 않지만 매일 하면 남들도 알아채는 겁니다. 밤에 근무 설 때도 남들은 체육복 입고 대충 서는데 저는 군복 제대로 입고 근무 서고, 또 야간 근무 중 남들은 자는데 저는 자지 않는 겁니다. 매우 간단한 일일 수도 있고 혹은 어려울 수 있는 일인데, 상관의 눈으로 볼 때는 굉장히 마음에 드는 사병이 되었죠.

하지만 제가 그 위슬러 하사의 마음에 들려고 한 게 아니고 그 사람의 페이스에 말려들어가지 않으려고 한 일이었죠. 그랬더니 그 사람이 나를 좋아하기 시작했어요. 그리고 그 후로는 아무도 나를 터치하지 않는 겁니다. 따라서 자연스럽게 내 시간이 생기기 시작했죠. 그때부터 공부를 시작했어요. 회계사 시험을 공부해서 군에서 패스를 했고, 제대하자마자 회계사 생활을 하게 되었습니다.

　제가 말하고 싶은 것은 그 상황에서 그 사람을 계속 미워했으면 그 사람의 페이스에 말려들어갔을 거라는 겁니다. 그러니까 그 사람의 페이스에 말려들어가기보다 내 페이스로 주도하기 위해 그 사람이 원하는 것보다 많은 일을 해버리는 겁니다. 그건 사회에 나와서도 많이 써먹은 수법인데 하면 할수록 효과가 있는 방법입니다. 많이 할 것도 없이 딱 10%만 더 하는 것입니다. 이것도 제 인생에서 많은 도움을 준 경험입니다.

　그 사람만 보면 증오심이 생긴다는 것은 사실상 그 대상에서 내가 독립하지 못한다는 것이다. 증오심은 강력한 집착력을 갖는다. 증오의 대상이 나와 뗄 수 없는 관계에 있다면 나는 나의 행동을 주도하지 못하고 그 사람에 대한 '반응'으로서만 행동하게 된다. 결국 내가 아무리 정당해도 나는 그의 종속물이 되고, 그의 페이스에 말려들게 된다.

　송덕호가 시도한 방법은 종속된 자아의 삶을 독립시키는 행동이며, 간디가 영국 제국주의자들에게 썼던 비폭력의 전략과 상당히 유사하다. 그러한 행동은 나를 노예 의식에서 해방할 뿐 아니라, 적대했던 상대방까지 끌어안을 정도의 힘을 쌓도록 도와준다.

인간 배우기

　우리는 통상 인간 관계의 장벽에 부딪칠 때 '어떻게 사람이 그럴 수 있어?'라며 한탄한다. 그러나 그 언어 습관은 사람과의 관계를 풀어나가는 데 지장이 되는 경우가 많다. 그 말은 거꾸로 해석하면 사람에 대한 나의 이해 폭이 좁다는 소리이거나, 통념적 윤리를 사람 자체에 대한 설명과 동일시하는 착각에 빠져 있다는 소리다. 윤리적 인간상이 사람 그 자체는 아니다. '어떻게 해야 한다'와 '어떻다'는 전혀 다른 차원일 뿐 아니라, 오히려 반대인 경우가 적지 않다.

현명한 사람은 윤리적 규범을 넘어서 사람을 본다. 그는 윤리가 규정하지 않은 다양한 측면으로 인간을 이해하기 때문에, 인간 관계를 풀어나가는 데 훨씬 많은 수를 예비하고 있다. 사람에 대한 이해의 폭을 넓히는 일은 사람과의 관계에서 내가 둘 수 있는 수를 늘리는 일이다. 송덕호는 아주 사소한 경험에서도 인간에 대해 깨닫는 탁월한 훈련을 지속하는 사람이다. 그가 한 번은 회전 초밥집에 들어갔다.

어떤 식당이든 단무지 담는 그릇 같은 게 있지 않습니까? 뚜껑이 바깥으로 나와 있는 것이 있고 안으로 들어가 있는 것이 있지요. 그래서 손잡이를 올리면 열리죠? 그런데 이 집엔 뚜껑이 있는데 손잡이가 없는 거예요. 한마디로 그릇을 열려고 해도 잡을 곳이 없는 거죠. 그래서 아주머니한테 "아주머니, 이거 뚜껑 손잡이가 없어서 불편한데요." 그랬더니, 아주머니가 저한테 뭐라고 그랬는지 아세요? "그거요? 지난번에 온 손님이 그랬어요."

여러분들, 이거 별로 대단한 얘기 아니죠? 그런 얘기 많이 들을 수 있습니다. 손님인 내가 "이거 뚜껑 손잡이가 없어서 불편해요."라고 얘기했더니 이 아주머니가 그렇게 대답하는 거예요. 거기서 나는 쇼크를 먹었습니다. 그 상황에서의 핵심은 뭔가 하면…… 손님들이 나 같은 불편함이 있을 것 아닙니까? 단지 그것을 해결하면 되는데, 이 아주머니의 포커스는 뭔가 하면 해결이 아니고 '내 잘못이 아니에요'라는 거죠. '누가 잘못했느냐?'고 물어본 것도 아닌데 사람들은, 그 아주머니뿐만 아니라 저도 마찬가지입니다. 이런 상황이 벌어졌을 때 "그거 내가 그런 거 아니에요."라고 말을 하는 겁니다. 본능적으로 말입니다. 여기서 사람들은 어떤 일이 벌어졌을 때 잘잘못을 가리려고 하며, 일단 상대방에게 먼저 잘못을 찾는 버릇을 갖고 있다는 것을 발견했습니다.

송덕호가 탁월한 점은 그 아주머니를 통해 자신을 발견하고, 다시 인간을 이해하는 쪽으로 방향을 잡는다는 데 있다. 우리 같으면 '뭐 이런 아줌마가 다 있어?' 혹은 '이 식당 돈 벌려는 생각이 없구만' 하는 식으로 반응하기 일쑤다. 그런 통상적 반응을 하는 사람은 그 자리에서 자신을 이해하고, 사람을 이해할 좋은 기회를 그냥 넘겨버리는 것이다.

통찰력이 있는 사람은 매사에 문제 해결보다는 책임 소재를 찾는 데 예민한 자신을 발견할 것이며, 남들도 그렇다는 이해 위에서 인간관계를 풀어갈 방안을 찾을 것이다. 그런 이해를 경영과 지도에 활용하는 사람은 습관적으로 남 탓하는 사람들의 얘기에 넘어가지 않을 것이며, 누군가를 비난하는 문화를 문제 해결 위주의 문화로 바꾸어 나갈 것이다. 사소한 것이지만 그러한 이해를 갖춘 사람과 그렇지 않은 사람 사이에 능력의 차이는 엄청나게 벌어질 것이다. 송덕호는 이렇게 얘기한다.

어떤 고수가 볼 때 우리는 모르고 있는 것입니다. 모르는데 마치 모든 것을 아는 것처럼 그냥 판단하고 결정했을 때, 지나고 나서 보면 아닌 경우가 엄청나게 많습니다. 왜냐하면 우리는 인간이기 때문에 아까 같은 상황을 완전히 피할 수는 없습니다. 어떻게 하면 그 오류를 줄일 것인가 하는 것뿐인데, 성공 이유를 확장하고 오류 이유를 줄이려고 노력하지 않는 한 그 오류를 계속 반복할 수밖에 없습니다. 다시 말해서 우리에게는 어딘가 부족한 점이 있는데, 그 부족한 점을 알려고 노력하는 것 자체가 필요하다는 것이죠. 그런 노력의 전제 조건이 뭔가 하면,

'나는 모른다는 사실을 인식해야 한다'는 겁니다.

경험을 스승으로 삼아 배우려면 먼저 예비해야 할 게 있다. '나는 모른다는 사실을 알아야 한다'는 것이다. '나는 알고 있다'고 생각하는 사람은 무감각의 장벽에 막혀 있는 것이다. 받아들일 그릇에만 지식과 지혜가 다가온다. 그러니 내가 갖고 있는 통념적인 수용 장치를 갈고 닦아야 한다. 다음은 그 방법이다.

보는 것, 느끼는 것, 아는 것에서 자유롭기

송덕호는 정말 고수의 단계로 넘어선 듯한 얘기를 전해준다. 뭔가를 더욱 알려고 하면, 우리가 아는 데 사용하고 있는 수단들을 의심해 보는 훈련을 해야 한다는 것이다. 또 지금까지 알고 있는 바에 고착해서도 안 된다.

'보이는 것에서 자유롭기'는 아주 중요합니다. 사람은 누구나 자기 눈으로 세상을 봅니다. 자기에게 보이는 것만을 믿기에 실수를 하게 되는 것이죠. 어떤 의사 결정을 할 때면 흔히 자기가 본 것만을 가지고 그것이 전체라고 생각하는 오류가 생기게 마련입니다. '느껴지는 것에서 자유롭기'는 내가 접하는 대상이 좋다고 느껴진다거나 싫다고 느껴질 때, 그 느낌에 속지 말라는 것입니다. 그 느낌은 우리가 행동을 결정할 때 크게 작용하긴 하지만, 우리를 그 느껴지는 대상에 예속시키기 때문에 바른 결정을 방해합니다. '아는 것에서 자유롭기'라는 것은 알고 있다고 분명히 믿는 것, 분명 옳다고 믿는 것이 아닐 수도 있다는 겁니다. 즉 내가 모르는 것, 나와 반대된 의견도 받아들일 여지를 가지라는 것이죠.

그의 얘기는 불교에서 말하는 착각과 집착을 벗어버리는 방법과 매우 흡사하다. 내가 그에게 종교가 있느냐고 물었더니 그는 없다고 대답했다. 그처럼 배움의 경지를 끊임없이 확장하는 사람은 특별한 수행 방법을 쓰지 않아도 지혜를 넓히는 방법에서 높은 수즌의 보편성을 획득해간다.

어쩔 수 없는 것 받아들이기

신세대 철학에서는 '하고 싶은 것을 하고 하기 싫은 것은 안 한다'는 원칙이 있다. 하기 싫은데도 끌려가면서 자신을 죽이는 경우, 그러한 철학은 새로운 전환을 마련하고 내면의 씨앗이 피어날 수 있도록 하는 효과를 낳는다. 그러나 그런 슬로건은 어쩔 수 없이 싫은 것이 강제되는 상황에 대해서는 무기력하다. 짜증과 핑계로 날밤을 새게 만든다. 벗어날래야 벗어날 수 없는 어떤 족쇄가 채워졌을 때, 그것을 집어던진다고 집어던져도 다시 날아와 나를 옥칠 때, 그때는 다른 접근법이 필요하다. 전적으로 받아들이는 것이다.

그런 운명적 족쇄는 모든 사람이 전적으로 벗어날 수 없다. 통상적 반응은 핑계와 짜증, 도피, 몽상, 운명에 대한 비난이다. 그러나, 내가 어쩔 수 없는 것을 긍정적으로 받아들이고 나면? 놀랍게도 외적 상황에 대한 나의 통제력이 비약적으로 큰다. 전적으로 받아들이면 나를 부정적으로 몰아갔던 기운이 사라지고, 그 대상이 나의 심리적 통제권 속으로 들어온다. 비록 외부적으로는 변한 것이 없더라도 나의 내면에서 적극적으로 대처할 힘이 생긴다.

나는 고등학교 때 서울에 올라온 이후 약 25년을 '어떻게 하면 서울에서 벗어날 수 있을까?'를 고민했었다. 그러다 보니 서울서 벌어지는 악다구니 같은 삶에 대해 당연히 부정적인 태도를 취할 수밖에 없었고, 그에 대처하는 능력도 약해질 대로 약해졌다. 잦은 병, 사람들에 대한 분노와 악다구니 같은 일들에서 도피하는 것이 나의 주된 대처 방식이었다. 문제는 아무리 상황을 바꿔보려 해도 바꿔지지 않는다는 데 있었다.

그렇게 엄청난 세월이 흐른 후에야 '어쩔 수 없다'는 것을 받아들이게 되었다. 한 톨의 남김도 없이 그런 삶을 받아들이고 나자, 놀랍게도 부정의 기운은 적극적인 에너지로 곧바로 변화되었다. 나아가 서울 언저리에서 살 수밖에 없는 삶에 무슨 섭리가 있으리라는 생각이 들면서 하늘에 감사하는 태도도 생겼다. 그 후 잔병도 줄고 남에게 하는 말에도 힘이 붙는 변화를 확연히 느꼈다. 그리고 삶에 대해 거리를 두고 비평적인 자세를 취하면서 시니컬하게 대했던 중요한 핑계거리는 사라졌다. 박흥준이 말한다.

여러분, 이 세상에는 하고 싶은 일보다는 하지 않으면 안 될 일들이 훨씬 더 많습니다. 그 일을 하십시오. 공부, 운동, 친구를 사귀는 것 등등 모두 하지 않으면 안 되는 일이고, 이것만으로도 굉장히 바쁠 것입니다. 여러분에게 꼭 필요한 것은 '하지 않으면 안 되는 일을 꼭 해야 한다'는 것입니다. 이 핑계 저 핑계를 대고 안 하니까 할 필요가 없는 것처럼 보이는 겁니다. 세상은 여러분이 하기 싫은 일만 골라서 요구할지 모릅니다. '피할 수 없는 운명이라면 그것을 즐겨라'라는 말을 생각해봅시다. 객체에서 주체가 될 것이며, 그때에야 비로소 주체만이 볼 수 있는 아름다움을 발견하게 될 것입니다.

와이 낫?

새로운 시대에 요구되는 자질은 폭이 훨씬 넓어졌다. 어떤 사람들은 지적 능력만, 어떤 사람들은 육체적 능력만, 어떤 사람들은 감성만 있으면 됐던 시대가 가고 있다. 단순 직원으로 평생 먹고 살 수 있었던 시절이 가고, 자신이 삶의 사장이 되지 않으면 안 되는 시절이 다가오고 있다.

출발선상에서 기술적인 것처럼 보였던 능력에 관한 탐색은 인격의 핵심 영역으로 접근해 들어왔다. 그래서 씨앗 패러다임이 중요해진다. 영어나 컴퓨터 실력, 대인 관계 능력, 자격증 획득 문제도 궁극에는 내 안에 있는 잠재력을 어떻게 불러 올리느냐는 과제와 직결된다. 그래서 조안 리는 조지 버나드 쇼(George Bernard Shaw)의 말을 인용한다.

어떤 사람들은 존재하고 있는 것을 보면서 '왜?'라고 묻지만 (Some men see things as they are and ask why?)

나는 불가능을 꿈꾸면서 '안 될 건 뭔가?'를 생각한다.(And I dream things that never were and say why not?)

자질의 문제는 인류의 마지막 프론티어, 인간의 정신을 탐색하고 그 안에 있는 힘을 끌어올리는 문제이다. 그 안에는 현재 눈에 보이지 않는 무수한 씨앗이 잠자고 있다. 그것을 꿈꾸고 보는 사람, 나아가 '와이 낫?' 하면서 확신을 가지고 씨앗이 자라도록 가꾸는 사람, 그런 사람들에 의해 새로운 천 년이 창조될 것이다.

2부 '지금, 여기'에 꿈을 심어라

암벽 등반에서 번지점프까지

유인택(〈기획시대〉 대표)[*]

어디부터 얘기할까요? 고등학교 때부터 하죠. 저는 고등학교 때 아주 내성적이었는데, 그런 성격을 바꾸고자 산악부에 들었습니다. 암벽 등반하는 서클이었죠. 암벽 등반, 이거 상당히 위험해요. 발 한 번 잘못 디디면 수십 길 절벽 아래로 떨어져 크게 다치거나 심하면 목숨을 잃을 수도 있어요. 매주 산에 가기 전날 불안한 마음에 잠을 이루지 못했어요. 그렇지만 암벽 등반에 성공하고 나면 '나도 할 수 있다'는 생각이 들어 뿌듯했죠. 그 결과인지 모르지만, 모험에 도전하는 성향은 그때부터 줄곧 저를 따라다니는 것 같습니다.

* 1955년 출생. 서울대 약대 제약학과 졸업. 1976년 연극 입문. 〈한두레〉, 〈연우무대〉, 극단 〈아리랑〉 등에서 연극 및 기획 활동. 1990년 영화 입문. 〈우묵배미의 사랑〉, 〈결혼 이야기〉, 〈미스터 맘마〉, 〈헐리우드 키드의 생애〉, 〈너에게 나를 보낸다〉, 〈아름다운 청년 전태일〉, 〈지독한 사랑〉, 〈현상수배〉, 〈이방인〉, 〈이재수의 난〉 등 기획 및 제작. 현 〈기획시대〉 대표/한국영화제작가협회장.

공부는 때려치우고 바깥으로만 나돌았다

제가 대학교 다닐 때는 유신독재가 기승을 부려 소위 '긴급조치 9호'라는 초법적 권력이 캠퍼스를 짓누르던 시절이었습니다. 경찰이 캠퍼스 잔디밭을 메우고 사복 형사가 강의실에서 같이 강의를 듣는 상황을 여러분 한번 상상해보십시오. 자연히 공부는 때려치우고 바깥으로만 나돌았습니다. 그러다보니 당시에 문화 운동을 하던 굉장히 유명한 사람들, 김지하 씨라든가 황석영·김민기·채희완·김영동·임진택·김명곤 씨 같은 분들을 만날 수 있게 되었죠. 대학 2학년 때 그 분들을 만났는데 매일같이 술 마시며 어울리고는 했습니다. 제가 민중 문화 운동에 관심을 갖기 시작한 것도 바로 그 무렵부터가 아닌가 싶네요.

저는 당시 탈춤과 연극에 관심이 많았습니다. 대학 생활에 회의를 느낄 때 현실 도피를 위한 돌파구로 연극을 하게 된 것이죠. 전 어느 것에 미칠 정도로 몰두하지 않으면 안 되는 성격이거든요. 자연히 전공인 약학은 접어놓고 연극 이론서나 민속학 개설 같은 책을 읽는 데 열중하게 되었습니다. 밤 12시부터 통금이었으니까 11시 반까지는 술을 마시고 집에 들어가서 밤새 책을 보며 공부를 했습니다. 내가 먼저 하고 싶고 관심 있으니까 시키지 않아도 열심히 하게 되더군요. 순회 공연도 많이 다녔습니다. 주로 농민 운동이나 노동 운동 하는 사람들과 연계한 언더그라운드 순회 공연이었죠. 전국을 안 다닌 데가 없을 정도로 국토의 구석구석을 누비며 우리 나라 현실을 보게 되었습니다.

중간에 데모를 하다가 한 1년 감옥 신세를 지기도 했습니다. 긴급조치 9호를 위반했다고 그러더군요. 매트리스 한 장 정도의 공간에서 1년을 보내기란 생각처럼 쉬운 일이 아니었어요. 시간을 어떻게 죽일 것인가 고민했는데, 역시 독서가 최고더라구요. 그래서 그동안 미뤄

두었던 책들, 학교 생활을 하면서는 읽기 어려웠던 책들을 읽었죠. 성경, 불교 서적, 《삼국지》, 《장길산》, 《토지》, 《대망》…… 이런 것들부터 문화 운동의 이론적 틀을 갖추기 위한 어려운 책들까지 억지로 읽었습니다. 당시에 읽은 책들이 약 500권은 되는 것 같아요. 그때 읽은 책이 결국은 제가 오늘날까지 연극을 하고, 콘서트 기획, 문화 운동, 영화를 하는 데 밑천이 되지 않았나 생각됩니다.

그런데, 한 20년이 지나니까 그 밑천이 바닥나는 것 같습니다. 산업 사회 시대까지는 그것이 좀 먹혔는데, 21세기 정보산업 시대에는 제가 그동안 축적했던 경험과 그 밑천들이 별로 유효하지 않은 것 같아요. 그래서 요즘 저는 앞으로 30년을 활동하기 위해서는 다시 공부를 해야겠다는 생각을 합니다. 성공회대에서 저를 받아준다면 김용호 선생과 김창남 선생의 지도를 받으면서 열심히 공부할 텐데 말이죠. 아니면 다시 한 번 감옥에 가든가요(하하). 아마 감옥에 가는 게 제일 좋은 방법 같습니다. 정신 수양을 위해서나 공부를 하는 데는 감옥이 최고인 것 같아요. 수업료도 없는 데다, 친구를 만나나요, 술집을 가나요? 딴짓거리 할 생각도 못 하죠. 아무튼 그렇게 단련된 것이 제가 80년대 민중 문화 운동을 하면서 정치적 탄압이나 경제적 어려움 등 온갖 역경을 견딜 수 있었던 힘의 원천이었던 것 같습니다.

문화 운동가에서 영화인으로

1987년 6월 항쟁, 드디어 반독재 민주화 투쟁의 성과로 군부독재 정권이 막을 내리고 민주화가 오나보다 했습니다. 그러나 운동권이 분열되는 가운데 대통령 선거에서 정권 교체에 실패하고, 거기서 모든 사람들이 자괴감을 느꼈죠. 헌데 제가 참 낙관적인 사람이었던가 봅니다. 그런 상황에서 '또 뭔가 해야 한다'는 생각을 했습니다. 깃발, 즉 목표와 방향이 없으면 전 못 살아요. 깃발을 세워놓고 가야 한다,

이 말이지요.

그 당시 대한민국의 모든 운동권이 좌절과 체념 속에서 세월을 보낼 때, 우리 문예 운동 세력은 바로 민예총 건설 쪽으로 국면을 전환하게 됩니다. 맨날 숨어다니고, 쫓겨다니고, 경찰에 불려다니면서 했던 문화 운동이 이젠 조직 운동의 결집체인 '전국민족예술인총연합' 건설로 전국적인 규모를 갖추게 된 것입니다. 그때가 1988년이었죠. 거기서 사업국장 일을 1년 정도 열심히 했는데, 어느 순간 '아! 이게 아니구나'라는 회의가 들기 시작했습니다. 이유는 서너 가지 되는데 첫째, '이제 이런 식의 문화 운동은 안 되겠다'라는 생각이 든 거죠. 90년대는 '민중의 시대에서 시민사회로 넘어가는 것 같다'는 판단이 작용한 것입니다. 6월 항쟁을 관통하면서 운동은 종전의 주 대상이었던 노동자 농민을 벗어나 보다 폭넓은 대중을 상대해야만 한다는 반성이 들었던 거죠. 사실 그동안 저는 너무 한정된 대중만 만났다고 봐야겠죠.

둘째, 어차피 먹고는 살아야 하니까, 보다 전문성이 있어야 한다는 생각을 했습니다. 90년대는 전문가의 시대가 될 것이라고 생각했어요. 제가 할 줄 아는 게 그나마 기획이었단 말이죠. 그래서 이 방면에 전문성을 확보해야겠다는 생각을 굳혔습니다. 전문성을 확보하고 프로가 되기 위해서, 그리고 폭넓은 대중을 만나기 위해서 활용할 수 있는 매체는 어떤 것들이 있나 생각해봤습니다. 방송이 있고, 가요가 있고, 영화가 있더군요. 그런데 방송은 입사 자격이 안 되고, 영화 아니면 가요인데, 안타깝게도 저는 음치, 박치입니다. 아무래도 가요보다는 영화가 더 친숙할 것 같아서 영화라는 대중 매체를 선택하게 됐습니다.

그리고 마지막으로 90년대는 '영상의 시대'가 되리라는 막연한 예감도 작용했습니다. 어쨌든 그렇게 해서 충무로에 발을 들여놓은 게

서른여섯 살 때였습니다. 처음에 들어갔던 곳은 〈모가드 코리아〉라는 회사였는데, 그 당시 월급 40만 원을 주더군요. 애가 둘이나 딸리고, 소위 7, 80년대 문화 운동계에선 그래도 알아주던 저에게 월급 40만 원이라……

'40만 원? 그래 좋다. 영화 쪽에서는 인정받을 만한 경력이 없으니까' 저는 실력을 발휘해서 빨리 인정받으면 되리라고 생각했습니다. 그래서 남이 인정할 때까지 묵묵히 일을 했죠. 입사할 때 40만 원이던 것이 한두 달이 지나선 10만 원 더 인상되고, 퇴사할 때쯤에는 1백만 원 정도를 받았습니다. 딱 1년 만이었죠. 이제는 회사측에서 가지 말라고 붙잡더군요. 그래도 그만둔 계기가 뭔지 알아요? 당시 30만 원인가 40만 원 하던 컴퓨터를 한 대 사달라고 그랬는데, 그 요구 조건을 안 들어주더군요. '아, 이 회사에서는 비전이 없구나' 판단하고 이장호 감독이 운영하는 〈판〉 영화사로 자리를 옮겼습니다.

제일 먼저 내건 요구 조건은 월급 1백만 원에, 중고 컴퓨터 한 대를 사달라는 것이었어요. 프린터까지 말입니다. 당시 컴퓨터라는 것은 286, 386뿐이었지만, 주먹구구식인 기존의 작업 방식을 혁신하는 주된 수단이었습니다. 당시 이런 조건이 결코 무리한 요구는 아니었습니다. 전문성을 어느 정도 확보한 제게 있어서는 말입니다.

영화 제작 체계가 더 21세기적이다

'한국 영화계는 왜 이렇게 후진적이냐? 경영도 형편없고, 직원들은 돈도 제대로 못 받고……' 그렇게 생각하는 외부인들이 많습니다. 그러나 그것은 한국만의 이야기가 아닙니다. 어느 나라든 영화계에 입문하면, 바닥 일부터 시작합니다. 감독 될 사람은 연출부 바닥 일부터 시작해서 조감독을 거쳐 감독이 되는 것이고, 우리 같은 기획자는 맨 처음 제작부 바닥 일부터 시작합니다. 보수는 거의 없습니다. 대개는

6개월에서 1년 정도를 일하는데, 이때 제일 궂은 일을 맡게 됩니다.

그러나, 열심히만 하면 약 3년에서 5년 만에 서너 작품하고 나서 프로듀서가 됩니다. 좋은 시나리오를 개발하여 감독을 선정하고 제작 자본을 구하면 바로 프로듀서, 즉 제작자가 되는 것이죠. 외국의 경우, 대학 나오고 대학원까지 나온 친구들이 제작부의 바닥 일―그 사람들은 '러너(runner)'라고 부르는데요.―그걸 좀 시켜달라고 와서 통사정을 합니다.

돈 한푼 못 받는 '러너'가 되기도 쉽지 않아요. 왜 '러너'냐 하면, 열심히 뛰어다니는 일을 하기 때문에 '러너'입니다. 제작 현장에서 커피를 타서 돌린다거나 차를 대기시켜놓고 한참 기다리다가 심부름을 하거나 배우들을 태우고 집에 데려다주는 그런 일들입니다. 그런 생활을 약 10년에서 15년 해야 겨우 라인 프로듀서가 되거나, 아주 조그만 저예산 영화의 프로듀서가 되는 게 고작입니다. 그런 외국에 비하면 대한민국은 영화에 진출하기가 가장 좋은 곳일 수도 있습니다. 3~5년 하면 프로듀서 한다고 하고, 감독 하겠다고 하니까 말이죠.

제가 호주·미국·캐나다·폴란드 등지에서 외국 경험을 많이 해봤는데 영화사, 그러니까 소위 프로덕션에서 정사원으로 근무하는 사람들은 몇 안 됩니다. 회계 한 명, 프로듀서 한 명이나 두 명. 우리 같은 제작자 말고 프로듀서죠. 그 외엔 없습니다.

외국에서 말하는 영화사는 여러분이 대개 착각하고 있는 배급사하고는 다릅니다. 20세기폭스, 워너브러더스, 브에나비스타, 이런 회사들은 영화사가 아니라 배급사입니다. 우리 나라의 경우, 삼성·대우·제일제당·일신창투·삼부엔터테인먼트·시네마서비스 등을 들 수 있죠. 거기는 직원들이 많고, 운영 방식도 제조업과 유사합니다. 그렇지만 전세계적으로 프로덕션은 고정 직원을 많이 두지 않습니다. 영화 제작 프로젝트가 생길 때만 파트 타임으로 사람들을 쓰는 것이죠.

그게 일반적인 관행입니다. 이게 보통의 기업 운영 방식과 다르다고 해서 영화사 운영 방식을 전근대적이라고 비판하는 것은 적절치 않다고 생각해요. 오히려 이런 방식을 다른 제조업체들도 점점 따라오고 있어요. 필요할 때만 파트 타임으로 인력을 쓰고, 아웃소싱하고 하는 방식들…… 21세기에는 다른 산업의 기업들도 그런 방식으로 운영할 것이라고 하잖아요?

본격적인 기획시대를 열다

90년대 초에 젊은 제작자 중심의 충무로 뉴웨이브 세대가 등장합니다. 이 시기에 90년대 한국 영화계를 주도하는 사람들이 줄줄이 탄생하게 되는데, 저 역시 그 흐름의 선두에 섰습니다. 1992년 개봉된 〈미스터 맘마〉가 서울서만 27만 명을 기록하면서 제작에 참여한 저와 신철 씨, 강우석 감독이 젊은 제작자 1세대가 됩니다.

그렇게 번 돈으로 저는 영화사 〈기획시대〉를 설립하고, 신철 씨도 주식회사 〈신씨네〉를 설립합니다. 그런데 재미있는 것은 〈신씨네〉의 첫 대표이사가 저였다는 겁니다. 왜냐하면 신철 씨는 자기 집이 없었거든요. 그 사람은 전세방에 살았고, 저는 25평짜리나마 그래도 집이 있었기 때문에 '대표이사가 집이 없으면 이상하게 본다'는 대세에 따라 제가 대표이사를 맡게 된 겁니다.

좌우지간 이때부터 저희에게는 '기획자'가 아니라 '제작자'라는 호칭이 붙고 저희 바로 뒤에 출발한 영화인들, 즉 아직 주식회사 형태의 영화사를 차리지 않은 친구들을 영화 기획자라고 부르기 시작하더군요. 그러다가 1995~1996년 사이에 대우·삼성 등 대기업들이 대거 영화판에 진출을 하죠. 그때부터는 대기업 쪽에서 돈과 배급을 맡고, 우리 같은 영화사는 기획에 더 중점을 두게 됩니다.

우리가 어떤 프로젝트를 들고 가서 대기업과 협의를 했을 때, 일이 성사되면 이익을 7:3 또는 6:4, 5:5, 그렇게 나누게 되는 겁니다. 이제는 좋은 기획만 있으면 누구나 영화를 제작할 수 있는 체계가 갖추어진 셈입니다.

한편, 1996~1997년부터 오늘날까지 영화판에서도 '프로듀서'라는 개념이 쓰이고 있는데, 통념상 충무로에서는 영화사 대표를 제작자, 그리고 그 밑에서 실제 제작을 총괄하는 사람들, 회사를 아직 설립하지 못한, 즉 돈을 책임지지는 않는 그런 사람들을 '프로듀서'라고 칭합니다. 예를 들자면, 작품을 만드는 과정에서 사고가 났을 경우 책임을 지는 주체가 있어야 할 것 아닙니까. 그때는 제작사가 돈을 댄 측에 대해 책임을 져야 하는 거죠. 어떤 사고든 법적, 재정적인 모든 책임을 제작자가 지게 되는 겁니다. 프로듀서가 지는 게 아니라는 거죠. 어쨌든 지금 영화계에서는 기획자, 제작차, 프로듀서, 영화사 사장 또는 대표 같은 개념들이 혼재되어 있는 것이 사실입니다. 정확한 개념 구분이 안 된 상태죠.

영화계가 다른 기업 조직과 조금 다른 점은 형식적인 위계 질서보다는 개인의 실력에 따라 상호 관계가 달라질 수 있다는 것입니다. 감독의 실력과 제작자, 프로듀서의 실력에 따라 역관계가 분명히 존재합니다. 예를 들어, 임권택 감독님이 촬영을 하는데 아들뻘 되는 젊은 제작자가 이러쿵저러쿵 개입할 수 있겠습니까? 반면 신인 감독들에게는 제작자가 시나리오 방향이나 캐스팅에 대해서 깊이 개입을 하죠.

하지만 요즘 젊은 제작자나 감독들은 서로 합리적인 사고를 합니다. 제작자가 자본을 책임지긴 하지만, 돈은 어차피 다른 데서 끌어와야 하기 때문에 어떤 면에서는 제작자나 감독이나 같은 배를 탔다고 볼 수 있죠. '어떻게든 영화를 잘 만들어서 투자한 사람이 이익을 많이 창출할 수 있게 하고, 또 가급적이면 질적 수준도 높인다' 이런 생각에 기본적으로 동의를 하는 것입니다.

그러니까 제작자, 감독 사이의 관계는 원칙적으로 사람마다 다 다릅니다. 1백 명의 제작자가 있다면 1백 명 모두 다른 관계를 유지한다고 할 수 있죠. 그런 점이 일반 기업의 상하 관계와 다르다고 할 수 있습니다. 어쨌든 오늘날 영화 제작판에서 전형적인 사람 관계와 돈의 흐름, 아이디어의 흐름 등 시스템이 형성된 것은 90년대 초 새롭게 진입한 기획자들 때문이라고 할 수 있습니다.

영화 기획은 어떻게 하는 것인가?

그렇다면 영화 기획은 어떻게 하는 것인가. 대충 이렇습니다.

여러분이 흔히 밥을 먹다가, 혹은 커피를 마시다가 하는 얘기 중에 '어, 그 얘기 재밌겠다' 그러면 그것도 영화 제작을 위한 단초, 하나의 아이템이 될 수 있습니다. 어떤 원작이 아이템이 될 수도 있고, 어떤 제목이 아이템이 될 수도 있습니다. 무슨 얘기를 할까, 섹스 얘기를 해볼까? 아님 X세대의 방황을 얘기해볼까? 이런 게 다 아이템이 될 수 있죠.

아이템을 개발한 후에는 그걸 발전시켜 스토리 라인을 만들어야 합니다. 그걸 시놉시스라고 하는데, 보통 A4용지 1페이지에서 3페이지 정도가 됩니다. 그래서 '얘기가 된다'고 판단하면, 이를 좀더 구체화시키는데 이를 트리트먼트라고 하고, 그 다음 시나리오 단계로 가는 거죠.

시나리오가 완성되면, 이제 감독이 선정돼야 하고, 그 다음 주연 배우, 예산 순으로 결정하게 됩니다. 그러면 정해진 시나리오, 감독, 주연 배우, 예산을 들고 투자자를 찾아가는 겁니다.

헌데, 아이템이 '얘기가 될 거냐 말 거냐'를 판단하는 것, 그것은 굉장히 중요한 문제입니다. 그 다음은 시놉시스. 아무리 재미있더라도 나이 60대가 주인공인 얘기라면 캐스팅할 만한 배우가 없어 허사로 돌아갑니다. 최근에 '누군가가 지난 연말 블라디보스토크에서 일본까지 뗏목을 타고 항해하다 죽었다'는 사건을 시나리오로 썼는데, 이건 도저히 제작이 불가능해요. 물론 촬영을 할 수는 있죠. 그러나, 그러려면 적어도 예산이 30억이 넘는데, 아무도 그만한 돈은 안 내놓는다 이거죠. 그러니 아무리 시놉시스나 시나리오가 좋다 하더라도 여러 가지 조건을 따져보면 제작 불능인 거죠. 바로 그런 것들을 기획 단계에서 판단하는 겁니다.

물론 그런 판단을 한 사람이 다 하는 건 아니고, 소위 전문 기획자, 프로듀서, 혹은 제작자가 모여 '투자를 유치할 수 있겠다, 없겠다', 더 나아가서 '촬영이 가능하겠다, 불가능하겠다'를 판단하는 겁니다. 또는 '이거 개봉해서 흥행이 될까, 안 될까'까지를 판단하는 거죠. 그게 바로 기획입니다.

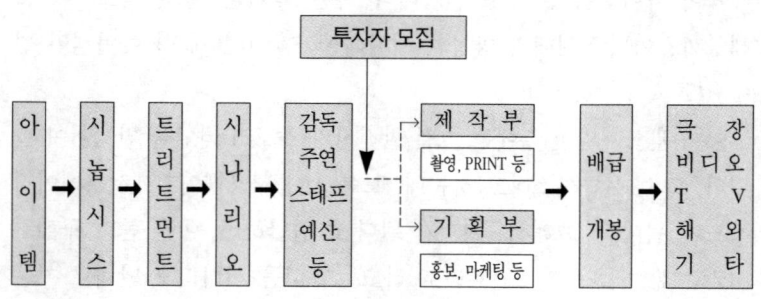

영화 기획 단계

그러면 모든 영화가 이렇게 되느냐, 그렇진 않습니다. 〈이재수의 난〉 같은 경우는 〈변방에 우짖는 새〉라는 원작을 박광수 감독이 직접 들고 찾아왔습니다. 박광수 감독의 작품 완성도는 이미 다 아는 일이고, 90년대를 정리하면서 관객들은 뭔가 새로운 걸 추구한다는 것을 염두에 두었죠. 로맨틱 코미디, 또는 코미디, 멜로…… 이런 영화들에 관객들이 식상했을 것이라는 판단을 내렸습니다. 더군다나 세기말이 코앞에 다가와 있기도 하구요. 이런 시기에 1백 년 전 역사극도 잘만 하면 새로울 거다, 흥행이 되겠다는 판단이 서더군요.

요즘 한국 영화들을 보면 좁은 실내에서 주연 배우만 따라가잖아요. 그럴 때 〈이재수의 난〉같이 탁 트이고, 인공물이 전혀 배제된(왜냐하면 1901년도는 전깃불이 없는 시대였으니까요), 토속적이면서도 이국적인 제주도의 아름다운 모습들이 젊은층에게 어필할 수 있겠다 싶었습니다. 이런 판단 아래 〈이재수의 난〉을 기획하게 된 거죠.

"난 그건 안 했을 것 같아, 돈이 보여도."

그러면 돈이 되겠다 안 되겠다, 재미없다 아니다 하는 판단만으로 모든 영화가 제작되느냐. 그건 아닙니다. 개인의 소신과 철학 같은 것이 작용하기도 합니다. 얼마 전 문성근 씨하고 많은 시나리오를 검토하면서 나누었던 얘기입니다. 제가 문성근 씨에게 물었어요.

"형, 〈쉬리〉 시나리오가 이쪽으로 왔으면 형은 제작했겠수?"

문성근 씨는 노코멘트였는데, 전 이렇게 대답했습니다.

"난 그건 안 했을 것 같아, 돈이 보이더라도."

제가 이쪽 영화계로 온 후, 많은 문화 운동권 후배들이 저를 굉장히 비판했다고 들었습니다. 그러나 저는 지금도 운동을 계속하고 있다고 생각합니다. 최소한 한국 영화의 생존과 존립 운동에 종사하고 있다고 생각합니다. 영화를 기획하는 차원에서는 남들이 안 하는 것, 돈은 안 되더라도 꼭 필요한 영화를 만들려고 노력합니다.

'변신'이라는 말에 우리는 늘 부정적인 반응을 보입니다. 그러나 저는 때에 따라서 변신, 변화가 필요하다고 봅니다. 그러면서도 중심을 잃지 않고 자기 세계관, 인생관을 지켜갈 수 있다면 말이죠. 그런 범위 내에서 할 수 있는 일은 얼마든지 있고, 그 안에서는 끊임없는 변신이 필요하다는 생각입니다.

한국 영화 살리기와 관련해 제가 지니고 있는 생각을 하나 첨부하겠습니다. 저는 한국 영화가 살 길은 해외 시장을 넓히는 것이라고 봅니다. 할리우드의 경우 미국의 2억 5천만 명의 내수 시장과 캐나다·영국·호주 등 영어권을 다 합쳐서 약 4억 명 정도의 시장을 보유하고 있습니다. 4억 명의 소비자를 대상으로 영화를 만드는 것과 4천5백만 명을 놓고 만드는 것, 그 차이입니다. 게다가 미국인의 1인당 연간 영화 관람 편수가 5편이고, 우리는 0.9편에 불과합니다. 그렇기 때문에 시장을 넓혀야 합니다.

제 영화 중 그런 의도로 만들었던 것이 〈현상수배〉라는 겁니다. 박중훈 씨가 주연한 영화인데, 호주에 가서 촬영하고 영어로 대사를 했죠. 완성도가 좀 떨어지는 상업 영화인데도 60만 달러어치 팔렸어요. 〈아름다운 청년 전태일〉이 얼마나 팔린 줄 아십니까? 아마 3천 달러밖에 못 팔았을 겁니다. 그런데 〈현상수배〉가 60만 달러에 팔렸다는 것은 산업적 접근에서 시사하는 바가 크다고 하겠습니다. 1999년 〈쉬리〉나 〈용가리〉는 매우 재미있는 케이스라고 봅니다.

그런 면에서 시장 확대를 위해서는 다각도로 노력을 해야 하는데 문화의 이질성 때문에 미국 시장을 넘보긴 좀처럼 쉽지 않을 것 같습니다. 일단은 예술 영화 시장이 잘 마련된, 그리고 문화 예술에 대한 기초가 탄탄한 유럽 시장으로의 진출을 모색해야 한다고 봅니다.

유럽의 경우, 하루 종일 이 방송 저 방송에서 전세계의 영화들을 소개하거든요. 국가에서 국민들에게 서비스를 한다는 차원에서 동양의 문화를 구매하기도 하는 거죠. 그렇다면 어떤 영화를 만들어야 하겠습니까. 문화적 차별성을 지닌 우리 영화 아니겠습니까? 〈이재수의 난〉 같은 경우도 그런 의도에서 만들어졌다고 보시면 됩니다.

"그럼 수업료 내고 나한테 배워야겠네."

젊은 사람들에게 해줄 말 없냐구요? 저도 꼰대가 되어가는지는 모르지만 요즘 대학생들을 보면 한편으로는 한심하고, 또 한편으로는 걱정이 되기도 합니다. 대부분의 대학생들은 핵가족 안에서, 엄마 아빠가 제공하는 환경에서 곱게 자랐죠. 그래서인지 약해요. 주체성도 없고……. 도전 의식, 실험 정신, 미지의 세계를 향한 돌파보다는 안전을 지향합니다. 편하게 살려고 그래요.

얼마 전에 사무실 식구들하고 야유회를 가서 번지점프를 할 기회가 생겼어요. 그런데 아무도 안 뛰어요. 그래서 제가 먼저 뛰었습니다. 아무 이상 없다는 걸 보여줬는데 그래도 안 뛰더라구요. 저와는 참 많이들 다른 것 같아요. 그런 예는 얼마든지 있습니다. 아까도 말씀드렸지만 영화계는 바닥부터 시작해요. 그땐 돈도 거의 안 줘요. 그런데 그걸 이해 못하고 포기하는 친구들이 많습니다. 내가 영화 기획하러 왔지, 대학까지 나와서 고작 커피 끓이고 짐이나 나르려고 여기 온 게 아니라는 생각들이에요. 또 "최소한 60만 원 안 주면 안 한다." 그래요. 보수라는 것은 남이 그 가치를 인정했을 때 주는 거거든요. 꾸준히 해서 실력을 인정받으면 되는 걸 못 기다려요. 안 하려고 그래요.

우리 부모 세대들이 맨날 일제시대 얘기하고 한국전쟁 얘기하듯, 제가 드리는 말씀이 오히려 옛날 얘기가 될 수도 있을 겁니다. 그러나 패러다임은 바뀌더라도 인류사회를 관통하는 보편적 가치나 미덕은 여전히 유효하지 않은가 생각합니다.

〈기획시대〉를 창립한 1993년도부터 신입사원 면접을 해봤습니다. 도대체 영화가 뭐길래, 한두 명 뽑으려고 할 때마다 늘 1~2백 명씩이나 오더군요. 제가 여태껏 면접을 해본 사람이 약 4~5백 명은 될 텐데, 면접을 거치면 지망생들이 하나같이 그냥 허물어집니다. "영어 할 줄 아나?"—해외 여행 할 수 있을 정도. "컴퓨터 할 줄 아나?"—워드 칠 정도. 물론 지금은 좀 나아졌겠지요. "운전할 줄 알아?"—이제 연습해서 면허 따려고 그래요. 그러면 "술은 좀 먹나?"—술은 잘 못해요. 그 다음에 "책은 좀 봤나?"—별로 없는데요. 마침내 "그럼 할 줄 아는 게 뭐 있나?" 하고 물으면 거기서부터 당황해하죠. 그러면 제가 그 친구들에게 인생의 선배로서 몇 가지 얘기를 해줍니다

"아는 것도 없고 할 줄 아는 것도 없고, 그럼 이제부터 수업료 내고 나한테 와서 배워야겠네." 나름대로 자기는 굉장히 잘났다고 생각하고 '난 할 수 있어. 시키는 건 뭐든지 할 수 있다'며 자신 있게 왔다가 거기서 많이들 당황해하고 충격을 받고 돌아갑니다. 그렇게 왕창 깨지고 돌아간 사람 중에 나중에 편지 보내는 친구들도 있었어요. 밤새 잠을 못 잤다, 울었다면서.

요즘 젊은 대학 출신자들, 도저히 이해가 안 가는 게 있습니다. 이 친구들이 기자들에게 보내는 보도 자료를 작성한 것을 보면 첫째, 문법이 안 되고 띄어쓰기, 철자법, 문단 나누기, 뭐 다 엉망이에요. 한자도 최소한 1800자는 알아야 하는데 그것도 모르고……. 아주 쉬운 고사성어도 모르더군요. 제가 보기엔 너무너무 무식해요. 그래도 대학까지 나왔다는 사람들이 도대체 무슨 공부를 했길래 보도 자료도 하나 못 쓰는지. 그게 PC통신에서는 통할지 모르겠지만 기자에게는 안 통합니다.

기자는 적어도 문법을 비롯해 글쓰는 법이 확실하고, 한자나 6하 원칙을 이용해서 글을 아주 논리적으로 쓰는 사람들이기 때문이죠.

다음엔 보도 자료에서 강조하고 싶은 내용이 뭔지를 정확하게 기자에게 입력시켜야 합니다. 예를 들면 〈이재수의 난〉에서 무엇을 부각시킬 것인가—이정재·심은하인가, 아니면 한불 합작 영화라는 사실인

가? 뭐가 있을 게 아니에요? 그걸 정확하게 표현해서 기자의 공감을
얻어내야 기사가 되고, 신문이나 방송을 통해서 대중들에게 전달되는
겁니다. 일단 기자에게서 차단당하면 대중들에게 알릴 수가 없게 되
죠.

소중한 대학 시절, 정말 학점도 중요하고 영어 · 컴퓨터, 이런 것도
좋지만, 책과 사람을 좀 많이 접하시기 바랍니다. 요즘 학생들은 자기
전공 분야만 공부해요. 지식을 쌓는 거죠. 하지만 세상을 살아가는 데
필요한 건 지식보다는 지혜라고 생각합니다. 지식은 자신이 공부한
분야만 알게 하지요. 그런데 지혜는 삶을 슬기롭게 대처해나가는 능
력이거든요. 지혜는 다양한 경험에서 나오는데 우리가 경험할 수 있
는 것에는 한계가 있습니다. 그래서 책을 읽어서 간접 경험을 쌓는 거
죠. 우리가 어느 분야에서 어떤 일을 하든지 가장 기본이 되는 일이라
고 생각합니다. 그건 가시적 성과로 드러나진 않지만, 여러분 삶의 매
순간을 소중히 채워 나갈 것입니다.

녹취/윤문 : 심상일 · 김진희 · 설인재

지방정부 수장의 낮과 밤

박원철(구로구청장)[*]

안녕하십니까! 구로구청장 박원철입니다. 저를 소개하는 다큐멘터리(기획팀이 만든 라디오 다큐멘터리 : 윤문자 주)를 들으니 코끝이 찡하군요. 글쎄요, 우선 제가 살아온 경험을 말씀드리면, 저는 1933년 12월 27일 전라북도 전주에서 출생해서, 거기서 초등학교 · 중학교 · 고등학교를 다녔습니다. 그때까지만 해도 제 앞길이 험난하고 고통스러울 것이라고는 생각하지 못했습니다. 그러나 고등학교 1학년 때, 제 아버지 박수진 씨가 한국전쟁 중 북한군의 학정에 못 이겨 자결하면서 제 인생의 행로가 확 바뀌었습니다. 그 뒤 온 재산을 약탈당했고, 형마저 행방불명이 되면서 장남 아닌 장남의 역할을 감당해야 하는 고통스러운 나날이 시작되었습니다. 저는 그때부터 뜻하지 않게 소년

---

[*] 1933년 전북 전주 출생. 전주고등학교를 거쳐 서울대학교 법과대학, 동대학 사법대학원 졸업. 제13회 고등고시 행정과 3부에 합격하여 외무부 방교국 조약과에서 근무. 제2회 사법시험에 합격하여 서울민사지방법원 및 형사지방법원 판사, 대전지방법원 서산지원장, 서울지방법원 영등포지원 판사 역임 후 변호사 개업. 현재 제2기 민선 구로구청장으로 재선되어 활동 중.

가장이 되어 다섯 가족을 부양하는 책임을 지게 되었습니다.

일인다역, 다종 직업, 다양한 어려움들

1952년 서울대학교 법대에 입학했지만 가족을 부양해야 한다는 책임 때문에 수습행정 주사 시험을 봤고, 여기에 합격해 공무원 생활을 시작했습니다. 그러고 나서는 1961년 제13회 고등고시 외교행정과에 합격해 외무부에 근무하게 되었죠. 내친김에 1964년에는 사법시험에 응시해 합격했으니, 10여 년 전 법대 들어가면서 품었던 꿈을 그제야 이루게 된 것입니다. 1965년, 서울대학교를 뒤늦게 졸업하고 외무부에 근무하면서 서울대학교 행정대학원과 사법대학원을 동시에 다녔습니다. 외무부 직원, 대학원생, 가장 등 일인다역의 생활이 시작된 것이죠.

1968년에는 호주의 한국대사관 부영사 겸 3등 서기관으로 임명되어 3년여 동안을 해외에서 지냈습니다. 그런데 가족을 내버려두고 외국에 나가 생활을 하자, 편모를 제대로 모시지 못하는 등 가족 관계를 위협하게 되어, 그 길을 포기하고 법관으로 전직하게 되었습니다. 1970년 귀국해 서울민사지방법원에서 판사 생활을 시작하면서, 가족은 어느 정도 안정적인 생활을 하게 되었습니다.

1980년에는 10년 동안 해오던 판사 생활을 그만두고 변호사를 개업했습니다. 그러다 1995년 초대 구로구 민선 구청장에 당선되어, 40만 구로구민의 발이 되었습니다. 그리고 지난해(1998년)에는 제2대 민선 구로구청장에 다시 도전해 재선되는 영광을 누렸습니다.

아마도 저만큼 많은 직업을 거치면서 변신한 사람도 없을 것입니다. 도청 주사도 하고, 도립도서관에도 있었고, 등기소에도 있어봤고, 선거관리위원회에도 다녔습니다. 또 외무부에도 있었고, 호주 수도인 캔버라의 한국대사관에도 나가 있었고, 민·형사법원 판사 등 열거를 못할 정도로 이리저리 옮겨다녔습니다. 크게는 외교관과 판사, 변호사, 민선 구청장 등으로 분류할 수 있겠죠.

저는 1962년 이화여자대학교 약학과를 졸업한 전이정 씨와 결혼해 현재 1남 2녀를 두고 있습니다. 장녀, 차녀는 70년생, 71년생으로 지금은 둘 다 시집갔습니다. 막내아들은 73년생으로 처음에는 고려대학교 금속공학과에 입학했지만 적성에 맞지 않아 연세대 전파공학과에 다시 입학했어요. 그러나 이것도 '자신의 길이 아니다'라고 생각했는지 작년에 가톨릭의대를 지원해 2년차 수업을 받고 있습니다. '부전자전'이라는 생각이 듭니다. 제가 그런 변신을 겪었기 때문에 아들이 선택한 길에 대해서는 아무 말 하지 않았습니다.

제 삶이 여러 가지 험난한 여정이었지만, 결혼 생활 20년이 되던 1981년, 제 처가 신경내과적인 문제로 하반신을 못 쓰게 되었을 때 가장 가슴이 아팠습니다. 맨 처음에는 대수롭지 않게 여겼던 눈병이 신경 조직을 파먹으면서, '다발성 신경염' 혹은 '전각운동 신경세포 타락증'이란 병명으로 갑자기 장애인이 되었던 겁니다. 며칠 지나면 나을 것이라고 생각하면서 18년의 세월을 보냈지만, 아직도 건강이 안 좋아 장애인으로 살아가고 있습니다.

저는 지금까지 67년을 살아오면서 과거의 어두운 뒷그림자를 벗삼아 꾸준히 노력했습니다. 이것이 지금의 저를 만들어놓은 요인이 되었다고 생각합니다. 제 개인에 관한 얘기도 좋지만, 지자체의 장으로서 구로구에서 제가 하는 일을 소개하고, 거기에 필요한 자질을 말씀드리기로 하겠습니다.

구로구에서 부딪치는 일들

구로구청장이 최종적으로 봉사해야 할 대상은 구민들입니다. 물론 어떤 때는 이권 문제로 주민들이 몰려와 우리 직원들의 멱살을 잡는 등의 사태가 발생하기도 하고, 그래서 저도 곤욕을 치르는 경우가 자주 있습니다. 그럼에도 구청장은 저를 선출한 구정의 주인으로 40만 구민의 복지와 편익 증진을 위해 노력해야 하는 것이 가장 큰 일입니다. 따라서 구청장은 구민의 뜻과 애로사항을 파악하기 위해 구민과 항상 접촉할 수 있는 각종 제도를 시행해야 합니다.

지역 주민의 요구를 보다 적극적으로 수용하려면, 구청장이 스스로 지역사회에서 실시 가능한 정책을 발견하고 제안하는 역할을 담당해야 합니다. 이런 정책 제안자의 역할은 저 같은 지자체장들에게 갈수록 더 필요한 능력이기도 합니다. 구청장은 단순히 주어진 문제를 해결하는 것을 넘어 새로운 문제를 찾아내어 이를 구정에 반영하는 역할을 해야 합니다.

그 한 사례로 저는 전국에서 처음으로 상설 무료 법률상담실을 설치 운영해 주민들이 많은 법률적 문제를 해결하는 데 도움을 주고 있습니다. 그런 일을 하게 된 것은 구로구가 법률적 갈등이 아주 심한 곳이라는 점을 파악한 이후였습니다. 지역민의 상황을 파악하기 위한 노력의 일환으로 저희 구로구는 직설 민원실을 개설해 운영하고 있으며, 구민 제안 제도와 민원 불편 신고함을 설치해 운영하고 있습니다. 또한 가끔 구민 여론 조사도 실시해 구정 파악에 힘쓰고 있습니다. 그러니까 기존 업무를 수행하는 데 그치는 지자체장과는 달리, 문제를 찾고 대안을 제시하는 노력을 기울여야 정책 추진자의 역할을 수행할 수 있습니다.

또 구청장에게 새롭게 요구되는 역할로 관리 · 집행자로서 자질을 들 수 있습니다. 자치 경영자로서 역할을 적극 수행해야 지역경제를 활성화하고 재정 기반을 강화할 수 있습니다. 그 한 사례로 저는 1998년 오리농장을 경영해 환경 보존 문제인 음식 쓰레기를 처리하면서, 오리고기를 통해 한 달에 1천여만 원의 이익금을 내기도 했습니다. 오리가 식당에서 나오는 음식 찌꺼기를 잘 먹고, 고기도 맛이 있다는 점에 착안해서 제안한 것입니다. 이런 경영적인 마인드가 민선 구청장에게 필요합니다. 과거와는 달리 경영 문제는 민선 구청장의 중요한 임무로 떠오르고 있습니다.

구로구의 경우 집단 민원이 가장 많고 이해 관계가 충돌하는 경향이 심한 지역입니다. 저는 여러 일 가운데 이해 관계의 조정자 역할이 가장 힘이 들었습니다만, 그럼에도 이 역할을 가장 잘 수행하고 있다고 자평합니다.

그러나 어떤 때는 자신의 이익을 위해 무리한 요구를 해오는 등 지역 이기주의, 개인 이기주의가 심해지는 현상을 보기도 합니다. 모두에게 꼭 필요한 도로 건설, 자원 회수 시설 설치 등의 사업이 그곳 주민의 비타협으로 지연되거나 추진되지 못한 사례는 지역 이기주의, 개인 이기주의와 무관하지 않다고 생각합니다. 자치가 발전하려면 결국은 구민 모두가 공공의 이익과 주민 전체의 공동 이익을 위해 양보하기도 하는 성숙한 공동체 의식이 필요합니다.

현재 구로구는 환경이 나쁜 지역으로 꼽히는 좋지 않은 이미지를 갖고 있습니다. 그러나 많은 사람들이 환경 공해의 주원인으로 꼽는 구로공단은 대부분 금천구에 속해 있습니다. 구로구에 속해 있는 구로공단 일부분은 대부분 아파트 지역으로 변경되고 있습니다. 신도림동 지역에 있는 삼영화학·조흥화약·종근당이 이전해 나가고, 이곳에 아파트를 건설할 예정입니다. 또한 한국타이어도 이전을 추진해 공원과 아파트, 지식산업 지역으로 변경할 예정이며, 그 옆의 대성연탄이 나가면 유통 시설로 가꾸어갈 예정입니다. 따라서 유해독소를 뿜어내는 공장 지대가 이전되면 산업 공해는 자연스럽게 해결될 것으로 봅니다.

그런데 신도림 뒤편에 있는 중소기업 문제는 시일이 좀 걸리겠지만, 앞으로 토지 규례에 따라 해결할 예정입니다. 남부순환도로변의 삼환·두산 아파트는 인근 지역에 한일레미콘이 있어서 분진과 소음 공해에 시달리고, 교통 소음과 철도 소음도 공존하고 있습니다. 현재 레미콘 지역의 분진, 소음에 관한 규제는 구청장의 권한이 미치지 못하는 것으로, 현행법상 제한이 있습니다. 그러나 구청장의 권한을 최대한 살려 이 지역 주민들의 권익을 보호하기 위해 최선의 노력을 기울이고 있습니다. 현재 한일레미콘에 시설 이전을 권고하고 있습니다.

제가 오늘 성공회대학교에 와서 강의를 하게 된 것도 지역 내 기관들과 협력하기 위해서입니다. 교육 기관만 예로 들면, 구로구청은 동양공업전문대와 관·학 협동을 체결해 Y2K 문제 해결에 동교가 참여토록 하고, 관의 사업에 학생들을 취업시키는 등 좋은 실적을 올리고 있습니다. 성공회대학교와는 지난해 관·학 협동 협약을 체결했지만, 실질적인 성과는 올리지 못하고 있는 실정입니다. 이런 문제를 넘어서기 위해 1차적으로 명예기자 제도를 두어 성공회대학교 신문방송학과 학생들과 〈구로뉴스〉를 공동으로 편집하는 등 여러 가지 일이 가능하리라 생각됩니다. 그리고 실질적인 관·학 협동을 위해서 앞으로 교수진들과 계속 상의해나가도록 하겠으며, 학생 여러분이 교수님께 구체적인 방안을 제안해주면 즉각 반영하도록 노력하겠습니다.

'구청장'이 아니라 '구장'

좀더 일반론적인 얘기를 하면서, 현재 구로구청장 같은 기초자치단체장이 지방자치 원래의 목적을 수행하기에 얼마나 힘든 상황에 있는지를 설명드리겠습니다.

우선 지방자치단체의 종류에는 광역자치단체와 기초자치단체가 있다는 것을 여러분도 알고 있으리라고 생각합니다. 광역자치단체는 서울특별시 · 광역시 · 도 등 16개가 있고, 기초자치단체는 232개의 시 · 군 · 구가 있으며, 구는 자치단체인 구와 그렇지 않은 구로 나뉩니다. 민선 구청장은 자치구의 수장으로서 과거 관선시대 행정구의 구청장과는 지위 · 권한 · 임무에서 완전히 다릅니다. 현행 제도상에도 자치구와 행정구가 있는데, 자치구는 기초자치단체로서 주민이 선거로 구청장을 선출하고, 행정구는 기초자치단체의 하부 행정 기관으로서 기초자치단체장이 산하 공무원 중에서 임명하도록 합니다.

기초자치단체장은 4년 임기로 주민의 직접 투표로 선출되며, 3기에 한해 연임할 수 있습니다. 다만, 초대 민선 구청장의 임기는 대통령, 국회의원 선거와 시기 조정 문제로 3년으로 하였습니다. 지방자치법 87조 1항에 기초단체장은 3번만 재임하고 그만두도록 되어 있는데, 위헌 소지가 있어 위헌 여부 판단이 남아 있는 부분입니다. 일본의 경우는 제한이 없습니다.

저는 '구청장'이라 불리는데, 이 이름은 마치 집행 기관인 구청의 장으로서 지위만 갖는 것으로 오인되고, 구로구 전체를 대표하지 않는 것처럼 인식되므로 '구장'으로 바꾸는 것이 바람직하다고 생각합니다. 일본이나 중국의 경우도 구장으로 부르고 있습니다. 이런 내용으로 명칭 변경을 제안했더니, 과거 우리 나라의 구장 제도에 대해 갖고 있는 부정적인 이미지가 있어 좋지 않다는 의견을 들었습니다. 그러나 제가 보기에 시는 시장으로 부르면서 구를 구청장으로 부르는 것은 바람직하지 못하다고 생각합니다. 일본과 중국처럼 구를 대표하는 인물이므로, 구청장보다는 구장으로 불러야 마땅하다고 생각합니다.

자치단체의 집행 기관으로서 구청장은 지방의회와 견제 · 균형의 관계를 유지하며, 이 견제 · 균형 관계는 국가 차원의 내각제와 비슷한 기능을 합니다. 한편 집행 기관으로서 구청장은 자치 사무와 위임 사무를 통합 · 관리 · 집행하고 있습니다.

자치 사무와 위임 사무라는 두 가지 성격의 사무를 수행하는 논리적 배경은 이렇습니다. 국가가 그 사무를 처리하기 위해 일선 지방 행정 기관을 따로 설치하지 않고 자치단체라는 기관을 통하는데, 그 결과 자치단체는 자치 사무와 국가 사무를 동시에 수행하고 있습니다.

그러니까 자치단체에 의한 중앙정부 사무의 수행은 대부분 '기관 위임'의 형식으로 수행되며, 구 내부의 독자적인 업무는 자치 사무로 구분됩니다.

통상 민선 구청장이면 모든 권한을 갖고 있는 것으로 생각합니다만, 많은 일들이 국가 기관의 위임 사무로 운영됩니다. 그러니 구청장이 갖고 있는 대부분의 권한이라는 것은 국가 및 서울시 업무의 지도 · 감독권 및 직무 이행 명령권에 의하여 제한받는 이외의 업무만 독립적으로 처리하는 정도에 불과합니다. 구청장의 고유 사무는 마을버스 노선 인정권, 폭 20m 이하의 도로 개설권 등 미미한 권한 이외에는 별로 없습니다. 실질적으로는 대부분의 권한이 서울시장에게 있습니다. 구청장의 실질적인 권한은 규칙 제정권이 있는데, 조례를 집행하기 위해 실시하는 일반 명령권입니다. 기타 자치단체의 사무를 관리 · 집행하는 권한과 소속 공무원의 임명권 및 지휘 · 감독권 등을 들 수 있습니다.

또한 재정적으로 제약이 심합니다. 우리 나라에서 국세와 지방세의 비율은 78:22입니다. 1998년도 일반회계 기준으로 보면 국가 예산과 지방정부 예산 비율이 64:36으로 되어 있습니다. 그런데 1999년도 국가 예산과 지방정부 예산 비율을 보면 70:30으로 오히려 국가 예산의 비중이 높아졌습니다. IMF시대를 맞이해 어쩔 수 없는 상황이지만, 국세와 지방세 비율이 예산 비율에 맞추어 반대로 64:36으로 조정되어야 민선 구청장의 권한이 강화될 수 있습니다. 현재의 비율로는 지방자치단체를 이끌 힘이 너무 미약합니다. 지방세의 비율을 높이는 문제가 곧 지방자치단체가 회생하는 관건입니다.

이론적으로 보면 국가 사무는 외교 · 국방 · 통일 · 과학 기술 등 전국적으로 일원화하여 처리하는 일들을 말하며, 나머지 사무는 전부가 자치 사무입니다. 그러니까 자치 사무에는 주민을 위한 복지 행정 등이 다 포함되는 것입니다. 그런데 우리 나라의 경우 외교 · 국방 · 통일 · 과학 기술 이외에도 세세한 부분까지 국가 사무로 분류해 사실상 중앙정부가 권력을 장악하고 있는 형국입니다.

자치 사무와 국가 사무의 구별 기준에 관하여는 지방자치법 제9조(지방자치단체의 사무 범위)와 제11조(국가 사무의 처리 제한)에 규정하고 있습니다. 그러나 현재 거의 모든 개별 행정법령은 지방자치법의 규정과 다르게 대부분의 사무를 국가 사무로 규정하고 위임의 형식으로 지방자치단체가 수행하도록 하고 있습니다. 국가 사무 중심의 현행 개별 행정법 체계 하에서 구청장이 행사할 수 있는 권한은 지극히 한정되어 있습니다. 사무를 지방자치법에 따라 분류한다면, 국가 사무의 많은 부분이 자치 사무로 이관되어야 합니다. 한국의 지방자치가 발전하려면 여기서 교통 정리를 먼저 해야 합니다.

관련된 기관들과의 관계

제가 관계하고 있는 기관들은 헤아릴 수 없이 많습니다. 그러나 공식적이고 직접적으로 관련되어 있는 기관만 들자면 구의회와 서울시, 기타 구청 직원들을 들 수 있습니다. 우선 구의회에 대해 설명하면 지방자치법 제35조에 의거, 구의회는 주민 대표 기관으로서 의결 기관입니다. 자치단체의 중요 사항을 의결하는데, 조례의 제정 및 개폐, 예산의 심의 · 확정, 결산의 승인, 기금의 설치 · 운용, 중요 재산의 취득 · 처분 등에 관한 의결권 및 재의요구권과 대법원 제소권 등이 있습니다. 또한 행정 사무 감사 및 조사권, 단체장 및 관계 공무원의 출석요구권 등의 권한이 있습니다. 단체장은 구의회에 대해 의안발의권, 재의요구원, 제소권, 선결처분권 등을 행사할 수 있습니다.

현재 구의원은 소선거구제로 각 동별 1인을 선출합니다. 구의원은 주민 전체의 대표성보다 동 대표성이 강해, 경우에 따라서는 예산의 나눠먹기식 배분으로 예산의 효율적 편성·집행을 막아 사업의 효율적인 추진을 저해한다는 문제가 제기되기도 합니다. 따라서 구의원 선거구를 중·대선거구제로 개정해야 합니다. 나아가 의원수 감축 및 유급제가 필요합니다. 유급제가 필요한 이유는 현행 무보수 명예직 제도 하에서 출마하기 어려운 인물들, 즉 재력은 없지만 젊고 유능한 인재가 지방의회에 진출하는 것을 촉진시킬 수 있다는 점 때문입니다. 현재는 이런 인재의 진출을 차단하고 있다고 할 수 있습니다.

서울시장과 민선 단체장의 관계는 자치 사무 처리에서는 동일한 지위를 갖습니다. 마치 국무회의의 의결권 행사에서 국무총리와 국무위원의 관계와 같은 것입니다. 위임 사무 처리에서는 상·하 관계도 국무총리와 행정 각부 장관의 관계와 같습니다.

구청 내 인사 업무를 수행하는 데도, 서울시장의 개입으로 부구청장 이하 직원에 대한 승진 및 임용권에 한계가 있어 인사 제도가 불합리합니다. 감사 업무에 대해서도 서울시와 관계에서 한계를 느낄 경우가 많습니다. 구청장은 위임 사무, 자치 사무의 구별 없이 전 분야에 걸쳐 감사를 받고 있는데, 위임 사무에서 위법·부당한 경우도 지도·감독받을 수 있지만, 반면 자치 사무는 위법한 경우만 지도·감독받도록 되어야 합니다.

도로 관리의 경우 관리권의 문제가 있습니다. 서울시는 노폭 20m 이상의 도로에 대해 소유 및 권리권을 주장하여 위법 주정차 단속권, 노상 주차장 설치 및 요금징수권을 주장하고 있습니다. 서울시가 도로 폭만 넓으면 권리권을 주장하는데 이는 잘못된 것입니다. 예를 들어 구로구 내 1개 동에만 연결되는 폐쇄된 도로가 신도림동 344∼312번지에 있는데, 길이 354m, 노폭이 26m입니다. 이것은 서울시 소유로 등기되어 있으나 누가 보아도 시도라 할 수 없습니다. 따라서 시 · 구간의 협의를 통하여 시도와 구도를 구별 선정하고 적법하게 정리하는 것이 도로에 관한 현안 문제를 해결하는 데 선행해야 할 과제입니다.

중앙정치가 지방에 파급되는 문제

구청장은 원하든 원치 않든 정치 지도자로서 지위를 갖게 됩니다. 정당의 추천을 받아 출마하는 경우, 구청장은 중앙당이나 지구당 또는 독자적인 정치 조직의 중요한 보직자가 될 수 있습니다. 그리고 정당에 관여하지 않는 경우에도, 지방 정치 세력 간의 이해 관계 조정 및 리더로서 역할을 수행할 수밖에 없습니다.

구청장은 구로구 전체를 하나의 선거구로 하는데, 국회의원의 경우 구로구에는 갑 · 을 2개의 선거구가 있습니다. 그러니까 선거 기반으로 보면 구청장은 국회의원보다 2배 이상의 선거구에서 뽑습니다. 그런데 구청장의 지위는 국회의원보다 못합니다.

구청장의 정당공천제 문제에서도 적지 않은 문제가 발생합니다. 원칙적으로 볼 때 정당추천제는 기초자치단체장의 업무 수행에 대해 좋은 점도 있고 나쁜 점도 있습니다. 그러나 우리 나라 정치 풍토에서는 지역 갈등에 따른 분열이 더 심화되고, 공천을 받을 때 비합리적인 부분이 많다는 점 등 정당공천제는 다시 한 번 검토해야 할 부분입니다. 순수 주민 중심으로 이루어져야 할 지방자치가 정당 중심 내지 정치 위주로 흘러 주민자치를 저해하고 있으며, 생활자치보다는 정당정치로 나아가 지방자치의 본래 취지를 훼손할 우려가 있습니다. 정당공천제도가 이렇게 지역주민의 화합을 저해하는 요소로 작용하고 있으므로, 일본처럼 여·야 연합추천제도로 개선되거나 국민 화합적 차원에서 폐지를 신중히 검토해야 합니다.

현재 당정협의회는 '지방자치정책협의회'라는 명칭으르 운영되고 있습니다. 당정협의회 구성은 구청장, 양 지구당 위원장 및 당직자 등 약 40여 명이며, 내용 면에서는 정책 개발, 구 현안 문제 및 주민 숙원 사업에 대한 해결 방안에 대해 토의합니다. 그러나 당정협의회 구성원 수가 너무 많아 실질적이고 생산적인 토론과 정책 개발 및 주민 의견수렴이 이루어지지 못하고 있는 실정입니다. 이를 극복하기 위해서는 구성원 수를 감축하여 실질적이고 생산적인 토론이 가능하도록 변화시켜야 합니다.

구청장에게 필요한 자질

구청장의 일을 제대로 수행하기 위해서는 여러 가지 자질이 필요하겠지만, 제가 느낀 대로 몇 가지를 정리해 말씀드리겠습니다.

우선 도덕성과 봉사 정신입니다. 주민에 대한 무한한 대정과 지역에 대한 철저한 봉사 정신이 없다면 지방자치단체장도 하나의 월급쟁이와 다를 바 없습니다. 지역 주민이 원하는 것을 끊임없이 찾아내고 그들이 불편해하고 고통스러워하는 것을 신속하게 해결해주지 못해 안타까워하는, 이런 헌신 봉사의 정신이 민선 구청장이 갖춰야 할 첫 번째 덕목입니다.

저는 민선 2기를 맞이해 구정 목표의 실천 원리로 '사랑의 행정'을 내걸고, IMF시대 구민들이 맞이한 고통을 조금이라도 덜어주기 위해 노력하고 있습니다. 이를 위해 사랑의 결연 운동을 전개하고 있습니다. 소년소녀 가장과 생활 보호 대상자 등 저소득 영세민들이 독지가나 교회 등과 자매 결연을 맺도록 도와주고 있습니다. 또한 구청 소속 직원들이 직접 봉사 활동을 할 수 있도록 하기 위해 '자원봉사 체험의 날'이라는 제도를 시행해, 각 부서별로 근무 시간 후 무의탁 노인의 말벗이 되어주거나 사회복지단체에서 자원봉사를 하도록 하고 있습니다. 그리고 실직자의 구직을 돕기 위해 취업정보은행을 설치하여 구직 알선에 노력, 구인 885건, 구직 4,188건을 이룩했습니다(1999년 3월 현재).

두 번째는 행정가의 자질입니다. 법치 행정에 대한 최소한의 지식은 자치단체장에게 필요한 기본적인 능력입니다. 법은 국회에서 제정하는 법률뿐만 아니라 시행령·시행 규칙·조례·규칙 등 다양한 형태로 존재하고 있습니다. 주민들의 생활을 규제하고 이익을 침해하는 행정이나 주민에게 복지 혜택을 주는 수익적 행정 역시 그 실질은 법의 집행입니다. 그러니 법을 제대로 모르고 법치 행정의 이념에 대한 명확한 비전이 없을 경우, 행정은 망망대해에서 표류하는 배와 같다고 할 것입니다. 또한 지방 행정 업무는 너무나 방대하여 조직의 인사 관행 및 행정 형태를 파악하는 데만도 상당한 기간이 소요될 수 있습니다. 그러니 조직 운영에 관한 풍부한 경륜과 탁월한 정치력은 꼭 필요한 자질 중의 하나라고 할 수 있습니다.

세 번째는 경영 능력이라고 하겠는데, 특히 지역경제 활성화와 재정 기반을 강화하기 위해 그런 능력이 필요합니다. 구로구청은 지역경제 활성화를 위해 중소기업 육성 자금을 관내 중소기업에 저리로 융자하고 있으며, 인력난 해소를 위해 공공근로자 가운데 기능 보유자를 선발해 지원하고 있습니다. 재정 기반을 강화하기 위해 알뜰 예산을 편성·집행하여 재정 자립도를 확립해야 하는데, 구로구의 재정 자립도는 51.3%로 작년과 비교해 15위에서 9위로 뛰어올랐습니다. 앞으로 그린벨트가 해제되면 재정 자립도는 지금보다 더 올라갈 것으로 예상됩니다.

네 번째는 정치적 조정 능력이라고 하겠습니다. 행정은 이해 다툼을 조정하는 장이기도 합니다. 이 지역에서 해결이 어려운 현안 문제치고 주민들의 이해가 엇갈리지 않는 문제가 없습니다. 정치적 조정 능력이 없으면 결국 제로섬 게임식의 조정으로 끝나고 말 것입니다.

지역의 현안 문제는 해당 자치단체의 능력과 권한만으로는 해결하기 곤란한 내용이 많습니다. 중앙정부나 서울시의 재정적 · 법적 · 행정적 지원이 반드시 필요한 문제들이죠. 특히 상급 단체의 재정적 지원을 많이 획득해 오는 자치단체장이야말로 능력 있는 단체장이라고 할 수 있습니다. 구로구의 경우 특히 집단 민원이 많아 이해 관계 조정 능력이 반드시 필요한 곳입니다. 그리고 지역 개발을 위해 많은 예산이 소요되나 재정 기반이 취약하므로 서울시의 재정 지원이 가장 많이 필요한 곳입니다.

마지막으로 세계화와 정보화의 변화에 대응하는 능력을 들 수 있겠습니다. 거대한 사회 변화의 흐름 속에서 지역 행정 역시 예외일 수 없습니다. 거대한 환경이 변할 때 지방 행정도 기민하게 변해야 그 지역이 생존할 수 있습니다. 세계화와 정보화는 지역 환경에도 커다란 압박을 주고 있습니다. 자치단체장은 그러한 변화의 흐름을 인지하고 정확한 비전을 제시할 수 있어야 합니다.

저는 취약한 재정 여건과 척박한 지방자치의 토양 위에서도 구민에 대한 투철한 봉사 정신과 애정을 갖고 구로구 지역 사회의 발전을 위해 여생을 바치려 합니다. 학생 여러분도 구로구청에 대해 애정과 관심을 가지고, 구로구의 발전에 도움이 될 수 있는 아이디어를 형식에 구애받지 말고 제안해주시면 큰 도움이 될 것입니다. 또 지방자치에 대해 관심을 갖고 지방자치 발전을 위해 연구 · 노력해주시기 바랍니다.

녹취/윤문 : 권만수 · 원지영 · 유혜정

인생을 바꿔버린 여섯 가지 에피소드

송덕호(〈39쇼핑〉 전무이사)[*]

　오늘 제가 할 말은 굉장히 평범한 얘깁니다. 너무 평범해서 혹시 여러분의 시간만 뺏는 건 아닐까, 미안할 뿐입니다. 또한 얘기하기 부끄러운 부분도 많이 있습니다. 그러나 여러분보다 조금 오래 산 선배로서 경험을 얘기하는 것이 여러분들에게 간접 경험을 줄 수도 있을 것 같아, 미안하고 부끄러운 마음에도 불구하고 말씀드리고자 합니다.

　저는 우선 세 가지 경험과 세 가지 관찰을 말씀드리겠습니다. 대단치 않은 얘기지만, 그것들이 오늘의 '나'라고 하는 사람을 형성하는 데 단초가 됐다고 생각하기 때문에 오늘 이 자리에서 굳이 말씀드리는 겁니다. 그 다음으로는 여러분이 자기 개발을 하는 데 도움이 될 만한 몇 가지 아이디어를 설명드리겠습니다. 어쨌든 가볍게 들어주시기 바랍니다.

* 1982년 서울대 경영학과 졸업. 1984년 공인회계사 시작(5년), 매킨지 컨설턴트 3년 근무(1년 반은 도쿄에서, 나머지 1년 반은 서울서 근무), 슈뢰더 증권에서 2년 근무. 다시 매킨지에서 3년 근무. 1997년 〈39쇼핑〉 입사. 현 〈39쇼핑〉 전무이사.

경험 하나. 열 번, 열다섯 번 반복하니까 결국은 알아지더라

첫 번째 얘기는 중학교 수학 선생님에 관한 이야기입니다. 성함이 김성철 선생님이셨는데요. 이분이 수업하는 방식은 좀 독특했습니다.

그 방식의 핵심은 자동 숙제였습니다. 오늘 38페이지까지 수업을 했다면, 그 다음 수업 시간까지는 41페이지까지 예습하는 것이 자동으로 숙제가 되었습니다. 41페이지까지 내용을 스스로 공부하고 문제가 나와 있다면 다 풀어야 했습니다. 그리고 수업 시간에는 선생님은 가만히 계시면서 학생들 번호를 부르셨습니다. 1번, 11번, 21번……. 그러면 1번 나가서 풀고, 그 다음 문제는 다음 번이 풀고, 이렇게 순서대로 앞에 나가서 문제를 풀고 설명하는 거였는데……. 답이 틀리면 한 대씩 맞고 들어가야 했습니다. 그것이 그 수업의 전부였습니다.

선생님은 간혹 매우 어려운 것만 설명하시고 번호만 불렀습니다. 사실은 때리는 것도 대단히 아픈 것은 아니었고 꿀밤을 하나씩 주는 정도였죠. 그런데 꿀밤을 줄 때 한쪽 귀를 잡고 눈을 뚫어지게 들여다보셨는데 그때 선생님의 눈빛이 너무 무서웠어요. 애들은 맞는 게 아파서가 아니라 선생님의 눈을 보는 것이 두려워서 벌벌 떨었어요. 그래서 다들 안 맞으려고 무진 애를 썼습니다. 저도 물론 그랬고요. 그 수학 선생님 때문에 스트레스가 굉장했지요.

하여튼 거의 매일 숙제를 해야 했는데 쉽지가 않았습니다. 만약 다음 시간에 피타고라스 정리를 배운다고 하면 그것을 미리 공부했다가 내 번호가 걸리면 앞에 나가서 증명을 해야 했습니다. 완전히 이해하지 않으면 앞에 나가서 설명하기가 쉽지 않았죠. 누구에게 설명을 듣는 것도 아니고 책만 보고 터득하는 것은 쉽지가 않았습니다. 알 수가 없으니까 별수없이 책을 읽고 또 읽고, 그래도 모르면 또 보고 할 수밖에 없었죠. 그런데 그 과정에서 처음엔 전혀 이해가 되지 않던 부분도 반복해서 자꾸 보다 보니 언젠가는 알 수 있게 되었지요. 그와 같은 훈련을 2년 동안 받고 나니까 어떤 일이든 끝까지 파고들면 언젠가는 될 수 있다는 믿음이 생겼습니다. 그리고 그 믿음은 어떤 일을 하든 중요한 역할을 했습니다.

사람들에게 경험은 매우 중요하지요. 특히 성공을 맛본 경험은 굉장히 중요합니다. 그래서 많은 분들이 '너무 큰 걸 얻으려 하지 말고 작은 성공 경험(success story)을 만들어라'라는 얘길 하나 봅니다. 작은 성공 경험담이 나중에 큰일을 할 때 밑천이 되는 거겠죠.

경험 둘. 명확한 목표와 구체적 계획을 세우니 효과적이더라

저는 부산에서 고등학교 1학년까지 학교를 다니고, 서울로 전학왔습니다. 서울로 전학온 후 성적이 형편없이 떨어졌습니다. 서울과 부산의 실력 차이일 수도 있고 교과 진도도 너무 차이가 많았습니다. 원하는 대학을 가기는커녕 대학 자체를 못 갈지도 모르는 수준이었습니다. 더군다나 수업 내용을 도저히 알 수가 없으니 시간이 지나도 개선되지 않았습니다. 진도가 한참 앞서 있어 도저히 따라갈 수가 없었어요. 특히 영어, 수학은 심했죠. 매일 매일이 너무 힘들었고 희망도 없었습니다.

뭔가 새로운 시도가 필요했습니다. 그래서 2학년 여름방학 때 새로운 계획을 세웠습니다. 본고사를 목표로 하고 마스터해야 할 책들을 사 모았습니다. 그리고 남은 일 년 반 동안의 학습 계획을 전과목에 걸쳐 세웠습니다. 그 후에는 그 계획대로만 공부했습니다. 수업 진도는 무시하고, 시험들도 거의 신경을 쓰지 않았습니다. 오직 제 계획대로만 공부했습니다. 중학교 수학 선생님께 받은 교훈이 이때 큰 힘이 되었습니다.

처음에는 효과가 없었지만 6개월 정도 지나니까 조금씩 성적이 올랐고, 결국은 재수를 하지 않고 대학에 합격할 수가 있었습니다. 결국

'나 공부 잘했다' 뭐 이런 자랑을 한 꼴이 되었습니다만, 저는 그 과정에서 얻은 것이 너무 크고, 또 그것이 오늘날에도 큰 역할을 하기에 부끄러움을 무릅쓰고 여러분께 말씀드립니다.

눈앞에 보이는 목표가 아니라 장기적 목표를 분명히 하고 모든 활동을 거기에 맞춰 면밀한 계획 하에 움직인다면, 성공 가능성은 훨씬 높아진다는 얘기지요. 조금 더 나아간다면 전략을 갖는 것이 중요하다는 교훈이라고나 할까요.

경험 셋. 해야만 할 일이 있을 때는 그 배(倍)를 해버리니까 오히려 편해지더라

세 번째 에피소드는 군대 시절 얘기입니다. 저는 군 생활을 편하게 한 편입니다. 카투사로 복무를 했습니다. 카투사 생활이 일반 군에 비하면 훨씬 편하다고 말할 수 있습니다만, 그래도 군대이기 때문에 마냥 편하고 재미있지만은 않았습니다. 특히 저는 신병 시절에 미군 하사관 한 명에게 매우 괴롭힘을 받은 적이 있었습니다. 군이고 상대가 상사이기 때문에 괴로운 상황에서 옴짝달싹할 수 없었습니다. 매일 청소하고 검사 받기, 군복 제대로 입기, 외출 금지 등등 미군식의 괴롭힘을 많이 받았죠. 더 괴로운 것은 한국인을 모욕하는 것이었습니다. 그런 상황이 한 달 동안 계속되었습니다. 물론 군에서 훨씬 고생한 분들에게는 아무것도 아닌 얘기이겠습니다만, 힘든 상황이었습니다. 그런 상황에서 생활은 엉망이 되었어요. 시간은 많은 편이었는데 아무것도 할 수가 없었어요. 마음에 분노가 가득하니 뭘 할 수가 있었겠습니까.

그런데 한 가지 생각이 떠올랐습니다. '내가 그 사람을 미워하고 그 마음이 괴로워서 아무것도 할 수 없는 이 상태가 지속되는 것이 나에게 도대체 무슨 의미가 있는가. 그 사람은 아무렇지도 않은데 나만 손해를 보는 것이 아닌가. 많은 시간을 이렇게 허비하는 것은 아깝지 않은가. 어떤 방법으로든 이 상황을 타개해야 하지 않겠는가' 이런 생각이 들었습니다.

방법을 생각하다가 이 상황을 정면 돌파하기로 결심하였습니다. 즉 내가 해야만 할 일이 있으면 그 배 이상을 해버리기로 한 것입니다. 예를 들어 군화를 닦으라면 그 지시를 받을 때뿐 아니라 매일 닦는 겁니다. 그것도 최고의 광택이 나도록. 방 청소도 지시와 관계없이 매일 하고, 야간 근무 때(실내였다) 남들은 체육복 입고 편하게 들어가는데 나는 군복을 칼같이 입고 들어갔습니다. 또 야간 근무 중엔 절대 자지 않았습니다(대개는 자면서 근무를 섰다). 매우 간단한 일입니다만, 한결같이 그리 하는 것은 쉬운 일만은 아니었습니다. 그런데 그런 기간이 길어지니까 그 하사관을 포함한 주위 사람들이 인식이 달라지기 시작하더군요. 누구 마음에 들려 한 것은 아니었지만, 어쨌든 그리 되니 아무도 나를 간섭하지 않게 되고 생활의 중심을 잡아갈 수 있었습니다. 자연스럽게 내 시간이 생기게 되었고, 학창 시절보다 더 많은 공부를 할 수 있었습니다.

또 자기 자랑을 한 꼴이 되었는데, 제가 말하고 싶은 것은 그 상황에서 그 사람을 미워하기만 했으면 계속 그 사람의 페이스에 말려들어갔을 거라는 사실입니다. 주어진 상황에서 해야만 하는 것보다 많은 일을 해버림으로써 내 페이스를 만들어가는 것은 매우 중요한 전술일 수 있습니다. 그리고 나중에 사회 생활을 하면서도 그것이 매우 효과적인 방법이라는 것을 몇 번 확인했었습니다.

관찰 하나. "저 사람이 미쳤나?"
네 번째는 몇 년 전 말레이시아에 갔을 때의 얘기입니다.

말레이시아는 영국 식민지였기 때문에 자동차가 좌측 통행을 합니다. 며칠 있는 동안 차를 렌트해서 운전을 하는데 굉장히 헷갈렸습니다. 그것도 오토가 아닌 스틱으로. 첫날은 깜박이를 켠다고 했는데 윈도브러시가 왔다갔다하기도 하고, 기어도 제대로 안 들어가고…….

그런데 하루는 말레이시아 시골길에서 큰길로 들어서는데 왼쪽으로 가야 했습니다. 지나가는 차가 없는 시골이라 자연스럽게 좌회전을 해서 돌았습니다. 그러고는 차를 몰고 조금 가는데 어떤 차가 맞은편에서 제가 가는 차선으로 달려오는 것이 아니겠습니까. 그대로 조금 더 달리면 정면 충돌하는 거였죠. 그 순간 제 첫마디가 뭐였는 줄 아세요? "저 사람 미쳤나?"였습니다. 순간적으로 저는 충격을 받았습니다. 잘못된 길을 간 쪽은 상대가 아니라 저 자신이었습니다. 차들이 없다보니 무의식 중에 좌회전한 후 우측으로 달렸던 겁니다. 그 상황에서 잘못된 쪽은 저였지요. 그런데 제 첫마디는 "저 사람이 미쳤나?"였습니다. 분명 제가 잘못한 건데 거기서 그렇게 말했다는 것이 엄청난 쇼크였습니다. 어떤 잘못된 상황에서 잘잘못이 판단되기 전에 상대가 잘못했다고 판단해버리는 나를 발견했던 겁니다.

관찰 둘. "지난번 온 손님이 그랬어요!"

그 경험과 비슷한 얘기인데 다섯 번째 에피소드를 들려드리겠습니다. 한 식당 아주머니 얘기입니다. 어떤 회전초밥집에 친구와 식사를 하러 갔었는데요, 단무지 그릇이 말이죠, 그릇 뚜껑이 아래쪽으로 들어가 있고 뚜껑에 손잡이가 붙어 있었어요. 열 때는 그 손잡이를 들어 올리는 방식의 그릇이었습니다. 그런데 우리 자리의 그릇에 손잡이가 없는 거예요. 그릇을 열려 하니 여간 불편하지가 않았어요. 그래서 주인 아주머니한테 "아주머니, 이거 뚜껑 손잡이가 없어서 불편한데요." 그랬더니, 그 아주머니가 우리한테 뭐라고 그랬는지 아세요?

"그거요? 지난번에 어떤 손님이 그랬어요."

이거 별로 대단한 얘기 아니죠? 그런 얘기 많이 들을 수 있습니다. 손님인 내가 "이거 뚜껑 손잡이가 없어서 불편해요."라고 얘기했더니 아주머니가 그렇게 대답하는 거예요. 거기서 저는 또 충격을 받았습니다. 손님은 불편함을 느꼈고, 주인 아주머니 입장에서는 고객의 불편함에 대해 사과를 하거나 해결하기 위해 고민해야 했습니다. 그런데도 이 아주머니의 본능적 반응은 "내 잘못이 아니에요."였습니다. 자기 보호 본능이 순간적으로 작용한 것이지요.

"저 산양은 구름 속에서 뭐하는 거야?"

재미있는 그림을 하나 보여드리겠습니다.

이 그림 보신 적 있습니까? 이 그림 설명해보실 분 계십니까? 어떤 상황인지 어떤 그림인지? 예, 비행기의 조종석이지요. 그 속에 기장과 부기장이 있습니다. 그리고 창 밖에 구름이 있고, 그 구름 속에 산양이 있습니다. 원본에 보면 대사가 있는데 "저 산양은 구름 속에서

뭐하고 있는 거야?"입니다.

이 만화를 처음 보았을 땐 대수롭지 않은 그림이라고 생각했는데, 나중에 그림의 뜻을 이해하고 나서는 촌철살인을 생각했습니다. 자~ 이 파일럿들은 어떻게 되었을까요. 아마 길지 않은 시간에 저 세상 사람이 되었겠지요.

이 파일럿도 그렇고 저 자신도 마찬가지인데, 어떤 일이 벌어졌을 때 사람들은 일단 상대방에게서 먼저 잘못을 찾습니다. 아마 대부분의 사람들이 그러할 겁니다. 대개의 사람들이 거기서 자유롭다고 말할 수 없지 않을까요.

관찰 셋. "도둑이라고 말하는 사람에게는 문을 열어주지 않을게요."

여섯 번째는 제 딸 얘기입니다. 제 큰딸이 다섯 살 때였습니다. 하루는 집에 퇴근해서 들어갔더니 제 처가 하는 말이 "오늘 낮에 딸아이가 이런 얘기를 하는데 도저히 어떻게 받아들여야 할지 모르겠다."라는 거예요. 그래서 무슨 얘기를 했기에 그러냐고 물었지요. 제 처가 쓰레기를 버리러 나가면서 아파트 문을 잠그며 아이에게 "집 잘 봐라." 했더니 다섯 살 먹은 딸이 "그래 알았어, 엄마. 누가 문을 똑똑 두드리면 '누구세요?' 물어서 그 사람이 '도둑이다' 하면 문 안 열어줄게요."라고 하더라는 거예요. 제 처가 그 얘기를 듣고 조금 황당했었답니다. 말이 되는 건지 안 되는 건지, 애가 좀 모자란 건지 똑똑한 건지……. 저도 처음에는 별 생각 없이 들었습니다.

그런데 다음날 그 말을 곰곰이 생각하니까 충격적인 내용이었습니다. 사실 딸아이는 말도 안 되는 소리를 했지요. 여러분은 금방 알지요? 그런데 왜 말이 안 되는지 분석해보면 두 가지 사실을 알 수 있습니다. 첫째는 도둑은 집에 들어올 때 노크를 하지 않는다는 것이고,

두 번째는 노크를 했다 해도 "누구세요?"라고 했을 때 도둑은 "도둑이다."라고 말하지 않는다는 것이지요. 그런데 다섯 살 딸아이는 어떤 사람이 우리 집을 방문할 때 노크를 하지 않는 경우를 본 적이 없었겠죠. 또 "누구세요?"라고 했을 때 자기 자신 아닌 다른 사람이라고 말한 경우를 한 번도 경험해본 적이 없었을 겁니다. 아빠가 들어올 때 "아빠다." 하고, 엄마가 들어올 때 "엄마다." 그랬지, 엄마가 "이모다."라고 하거나 "옆집 아줌마다." 하는 경우를 본 적이 없었다는 겁니다. 그러니까 우리 딸은 경험에 의해 도둑은 100% "도둑이다."라고 말할 거라 생각하는 것이지요.

딸아이보다 조금만 더 경험을 많이 한 사람이라도 알 수 있는 일을 그 아이는 알 수 없었던 거지요. 그런데 이 말을 일반화해보면, 평소에 나보다 한 수 높은 사람이 내 얘기를 들으면, 내 생각과 말이 말이 안 된다고 할 수도 있다는 겁니다. 물론 나는 그 사실을 모르고 천연덕스럽게 말하겠지요. 내 주위에 나보다 몇 수 높은 사람이 있을 텐데……. 그 생각을 하니 굉장히 두렵고 부끄러웠습니다.

우리는 사실은 모르면서 마치 아는 것처럼 판단하고 결정한 일들이 많았을 겁니다. 인간이 이러한 오류를 100% 피할 수는 없겠지만 내가 항상 모를 수 있다는 사실 하나만 인식한다 하더라도, 우리는 더욱 현명해지고 오류를 많이 줄일 수 있습니다.

여섯 가지 일화 중 앞의 세 이야기는 생활 속에서 큰 자산이 되었던 경험들이고, 뒤의 세 이야기는 인간의 속성을 생각하게 했던 경험들입니다.

지식(知識) · 지기(知技) · 지혜(知慧)
일을 하는 데 작용하는 자질은 크게 세 가지로 나눌 수 있습니다.

바로 지식과 지기와 지혜입니다(지기란 말은 자주 들어본 적이 없을 것입니다. 제가 잘 쓰는 말인데 영어로는 스킬(skill)입니다. 영어로 쓰기가 뭐해서 지기라고 했습니다. 서양 사람들은 스킬이라는 말을 많이 쓰는데, 우리말로 옮겨 '기술'이라고 해버리면 개념이 굉장히 이상해져버립니다).

지식은 '아는 것'이겠지요. 그러면 지기라는 것은 뭔가? '아는 것을 효과적으로 쓸 줄 아는 것, 혹은 모르는 것에 대한 답을 찾아가는 것'을 말합니다. 그렇다면 지혜라는 것은 뭔가? '그 지기와 지식을 어디에 써야 할 줄을 아는 것'이 아닐까 합니다.

우리 나라 학교에서는 지식을 위주로 가르친다고 볼 수 있겠지요. 물론 지혜나 지기를 가르치지 않는다는 말은 아니고요. 지식이 중심이 되는 거고, 지기와 지혜는 부분적으로 혹은 간접적으로 가르친다고 봐야겠지요.

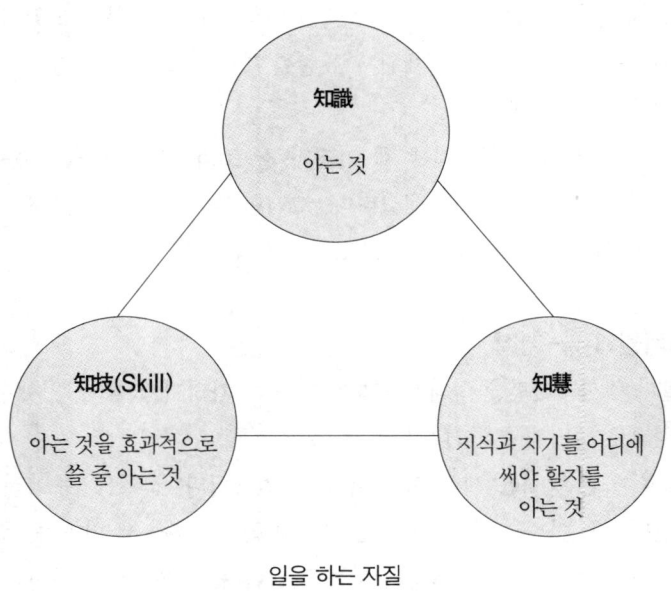

일을 하는 자질

그런데 회사에서는 지식보다는 지기가 더 많이 필요하지 않나 생각합니다. 그 다음으로 지혜가 필요합니다. 지식은 상대적으로 덜 필요합니다. 이것이 여러분에게 하고 싶은 얘기의 포인트입니다.

이 강의를 준비하면서 학생들이 저에게 와서 인터뷰도 하고 여러가지 준비 작업을 하는 것을 보았습니다. 이러한 수업 방식이 학생들에게는 굉장히 도움이 될 거라고 믿습니다. 그 과정에서 지기를 배울 수가 있거든요. 제가 학교에 다닐 때는 이러한 방식으로 수업하지 않았습니다. 그냥 강의 듣고, 암기하고, 시험 보고 그랬죠. 지식만 전수받았던 겁니다. 그런데 정형화되지 않은 문제를 정의하고 고민하고 토론하고 결과물을 만들어내는 과정은 지기를 키워줍니다.

물론 한 번 해본 것으로 지기를 이뤘다고 말할 수는 없겠지만, 그 과정에서 경험한 것들은 지기 영역의 존재를 알게 해줍니다. (대부분 명시적이지는 않지만) 미국 대학에서는 토론식 수업을 많이 한다고 하지요. 토론을 한다는 것은 그 과정에서 지식을 배우는 부분도 있지만, 아는 것을 어떻게 논리를 세워서 표현할 것인가 하는 지기를 키우는 효과가 더 크겠지요.

그래서 지식·지기·지혜 세 가지가 잘 조화되어야 일을 하는 데 좋은 자질이 되겠다 그런 얘깁니다. 그러면 '잘 조화된다'는 것은 무엇을 의미하는가? 좀더 들어가보도록 하겠습니다.

3차원의 일-자질

일이 뭘까? 이것을 정의하는 방식은 수백 가지가 있을 수 있겠지만 제 식으로 설명해보겠습니다.

일을 하는 방식은 세 가지로 나눌 수 있습니다. 첫째는 '주어진 일을 한다', 두 번째는 '주어진 일을 남에게 하게 한다', 세 번째는 '무슨 일을 해야 할 것인가를 결정한다'는 것입니다. 물론 이 세 가지는 일을 굉장히 단순화한 것이지요.

이와 관련된 축은 일하는 자질이라고 할 수 있는 지식·지기·지혜 부분입니다. 여러분은 대학을 졸업하면 전공에 따라 일을 하게 됩니다. 그러니까 전공은 전문 지식이라 할 수 있겠죠. 하지단 대학에서 배우는 것이 전문 지식이라고 하긴 어렵습니다. 대학에서 배우는 전공은 그 분야의 상식이라고 할 수 있습니다. 전문 지식이 결코 아니죠. 어차피 일을 하는 데 상식은 필요합니다. 그러니까 '그러한 상식을 가지고서' 처음에 주어진 일을 하는 것입니다. 그 다음에 주어진 일을 하게 된다면 한 단계 수준이 높아지게 되는데, 그때 필요한 지식이 '좀더 깊이 있는 지식'이 되겠습니다. 물론 그 깊이라는 것은 학문적인 깊이가 아닌 실무적인 깊이라고 할 수 있겠습니다. 그 다음이 무슨 일을 해야 할지를 결정하는 것인데, 이때 필요한 것이 좀더 '폭넓은 지식'입니다. 폭넓은 지식은 핵심을 알고서 폭넓게 이해한다는 것을 말합니다.

여러분은 졸업한 후 조직사회에 들어가면 일단은 주어진 일을 한다고 생각하실 것입니다. 여러분은 주어진 일을 하면서 한 걸음씩 나아간다고 생각하실 텐데, 제가 말하고 싶은 것은 세계는 결코 이 한 걸음이 전부가 아니란 사실입니다. 여러분의 한 걸음은 백 걸음, 천 걸음을 바라보는 한 걸음이 되어야 합니다. 그렇기 때문에 지금 여러분이 배우고 있는 것, 즉 상식이 중요합니다. 그런 것들이 모두 다 기본이 되기 때문이죠.

여러분이 욕심이 있다면 지금부터 세상에 대해서 마음의 문을 여는 것, 관심 있게 보는 것, 어떠한 사물을 받아들이는 자세…… 이런 것들을 개발해보십시오. 그러면 나중에 폭넓은 지식으로 무슨 일을 할 것인지를 결정할 때 많은 도움이 될 것입니다.

다음은 '지기'에 대해서 말씀드리겠습니다. 일단 주어진 일을 한다고 할 때 가장 중요한 지기는 '문제 해결 능력'이라고 할 수 있습니다. 실제로 일을 할 때면 '문제 해결 능력이 있느냐 없느냐' 하는 것이 결정적으로 중요합니다. 제가 6년 동안 근무한 어떤 컨설팅 회사의 예를 들어본다면, 그곳에서는 컨설턴트를 뽑을 때 네 가지 기준이 있습니다. 첫 번째가 바로 문제 해결 능력입니다. 나머지는 인간 관계 능력, 리더십, 추진력과 열정(aspiration)입니다. 거기서는 학점을 얼마나 받았는지는 그다지 중요하지 않습니다.

인터뷰를 할 때 정형화하기 힘든 케이스를 가지고 문제 해결 능력을 테스트합니다. 그 과정에서 후보자의 문제 해결 능력을 판단하지요. 지식 차원 이외에 문제 해결 능력이라는 지기를 중시하고, 그 지기 중심으로 사람을 선발합니다. 여러분도 문제 해결 능력이라는 영역이 존재하고, 그것이 앞으로 여러분이 일하는 데 굉장히 중요하다는 사실을 명심하시기 바랍니다.

사람들은 크든 작든 문제 해결 능력이 부족하다고 말할 수 있습니다. 초기 단계에서는, 물론 이 단계를 극복하는 것이 쉬운 일은 아닙니다만, 논리력·분석력 등이 필요하지요. 학생 여러분은 우선 논리적·분석적 문제 해결 능력을 키우기 위해 노력해야 합니다. 그것은 여러분의 미래에 피가 되고 살이 되리라는 것을 저는 확신합니다.

그리고 일의 수준이 높아지면서 다른 사람을 움직일 수 있는 '리더십'이 필요해집니다. 더 나아가면 중요한 결정을 내리는 데 필요한 것, 즉 세상과 미래를 조망할 수 있는 통찰력(perspective), 그리고 지혜가 점점 더 중요한 자질이 됩니다.

보는 것, 느끼는 것, 아는 것에서 자유롭기

그럼, '지혜'에 대해 말해보겠습니다.

첫 번째 주어진 일을 할 때는 '사람과 어울릴 수 있는 지혜', 즉 사회 생활을 할 수 있는 정도의 지혜가 필요합니다. 두 번째 단계의 일을 할 때는 '사람을 이해하고 움직일 수 있는 지혜'가 필요하죠. 세 번째 단계에서는 '사람의 본성을 뛰어넘을 수 있는 그러한 지혜'가 필요합니다.

어떤 단계든 지혜에서 가장 중요한 요소는 '사람에 대한 이해'라고 볼 수 있습니다. 사람을 이해하면 할수록 문제를 풀어가기가 수월하겠지요. 무리하게 다른 사람을 바꾸려고 하기보다는 사람의 본성을 타고 헤엄치는 느낌이라고나 할까요? 저는 큰 지혜라는 것은 자유로움이라고 생각합니다. "진리가 너희를 자유롭게 하리라."는 성경의 말씀은 지혜로우면 자유롭게 된다는 뜻이 아닐까 합니다. 그러면 또 '자유는 뭐냐?' 하는 의문이 생기게 됩니다.

자유란 것은 또다시 세 가지로 나뉠 수 있다고 봅니다. '보이는 것에서 자유롭기', '느껴지는 것에서 자유롭기', '아는 것에서 자유롭기'가 그것입니다.

보이는 것에서 자유롭다는 건 이런 겁니다. 사람은 누구나 자기 눈으로 세상을 봅니다. 자기에게 보이는 것만을 믿기에 실수를 하게 되죠. 어떤 의사 결정을 할 때면 흔히 자기가 본 것만을 가지고 그것이 전체라고 생각하는 오류를 범하게 마련입니다.

느끼는 것에서 자유롭다는 건 내가 접하는 대상이 좋다고 느낀다거나 싫다고 느낄 때, 어떤 감정이 생길 때 그 느낌, 그 감정에 속지 말라는 것입니다. 그 느낌은 우리가 행동을 결정할 때 크게 작용하긴 하지만, 우리를 그 느끼는 대상에 예속시키기 때문에 바른 결정을 방해합니다.

아는 것에서 자유롭다는 것은 알고 있다고 분명히 믿는 것, 분명 옳다고 생각하는 것이 그렇지 않을 수도 있다는 겁니다. 즉 내가 모르는 것, 나와 반대된 의견도 받아들일 여지를 가지라는 것이죠. 앞서 저의 에피소드를 통해서 웬만큼 말씀드렸다고 생각합니다.

문제에 대해서, 질문 세 가지

어떻게 그런 자질들을 향상하고 지혜를 얻을 수 있을까요? 아마도 왕도는 없을 것입니다. 다만 저는 제가 일하는 과정에서 배운 '세 가지 질문 방식'이 여러분의 자질을 향상하는 데 도움이 될 것이라고 생각하기에 그것을 소개하면서 마치고자 합니다.

어떤 문제에 부딪쳤을 때 이 질문이 여러분의 입에서 자연스럽게 나온다면 여러분은 자질을 끊임없이 향상하는 지름길에 들어설 수 있게 될 것입니다. 이 질문을 자주 하십시오.

① 이즈 잇 소?(Is it so?) : 정말 그러냐?

사람들은 흔히 논리적 타당성이 없는 말을 많이 합니다. 그래서 사실이 아닌 것을 사실로 믿게 되는 경우가 많죠. 이 질문은 근거 없이 사람들을 붙잡고 있는 얘기들에 대해 고민하는 시간 낭비를 줄여줄 것입니다. 이 질문은 그것이 사실에 입각하고 있느냐, 그리고 타당하냐를 묻는 것이겠지요.

② 소 왓?(So What?) : 그래서 어떻다는 말인가?

여러분이 훗날 직장을 갖게 될 때, 회사 생활에서 많이 나오는 말입니다. 보는 것, 느끼는 것, 아는 것에서 자유롭기 위해서도 이 질문이 필요합니다. 이 질문을 통해 통념에서 벗어나면 내가 행동을 취할 필요가 있는가 없는가를 바르게 결정하도록 도와줄 것입니다. 진실이라 해도 타당하다 해도 거기에 시간을 쓸 필요가 있는가의 실용적 판단을 해야 하는 것이지요.

③ 와이 이즈 잇 소?(Why is it so?) : 왜 그런가?

근본적으로 다시 점검하는 수단입니다. 나의 눈과 느낌과 지식을 다시 닦고 자유로운 도구가 되도록 하는 것입니다. 상황의 구조, 문제의 본질을 생각하게 하는 질문이지요.

저는 이러한 질문들이 여러분이 성장하는 과정에서 나침반과 같은 역할을 할 것이라고 생각합니다. 현재 여러분에게 닥친 바로 그 문제에 대해 질문해보십시오. 이즈 잇 소? 소 왓? 와이 이즈 잇 소? 그 질문들이 여러분을 키우고 밝게 하고 현명하게 할 것입니다.

녹취/윤문 : 홍승원 · 홍지현 · 민운준

정답은 없다

방금 전에 음악이 나올 때, 뒤에서 막 뛰어나왔어야 하는데 그렇게 못해서 미안합니다.

저도 같이 들었습니다만 듣고 보니까 무슨 엄청난 사람이 오늘 특강자가 된 것 같습니다(7분짜리 라디오 다큐멘터리 〈청년의 얼굴을 지닌 사람 정회선〉과 〈(주)언어과학〉을 소개하는 슬라이드를 보고 난 후 : 윤문자 주). 저기 소개된 인물하고 여기 나와 있는 사람하고 다른 점은 나와 있는 사람이 훨씬 더 잘생겼다는 것이 아닌가 싶습니다. 이런 것이 현장 차이라는 걸까요?

이 특강을 제안받은 것은 4월쯤이었습니다. 제가 몇 년 간 강단에

---

* 서울대학교 언어학과 졸업. 〈컴퓨터 처리를 위한 한국어 소리말 형태소 분석기에 관한 연구〉로 동대학 박사학위 취득. 1990년 〈(주)언어과학〉의 모체가 되는 연구개발 단체 '언어공학연구실' 설립. 1996년 영한번역기 Tranni 96을 출시하면서 관련 분야 및 일반의 시선을 집중시켰다. 1997년 〈(주)언어과학〉을 설립했으며 1999년 실시간 증권정보시스템인 '스톡캐스터' 발표. 현재 〈(주)언어과학〉과 〈(주)스톡캐스터〉 대표이사로 재직 중.

섰던 일이 있기 때문에 특강 잠깐 하는 것이라면 '날짜 되면 가서 하지' 하는 식으로 생각했습니다. 그런데 어느 날 갑자기 이메일이 날아와서 보니, 인터뷰를 하러 오겠다는 겁니다. 의아한 생각이 들었어요. 무슨 특강 한두 시간 하는데 인터뷰까지 하나, 생각했습니다. 그런데 담당한 학생들이 와서 미리 준비한 질문지로 인터뷰를 하는데 아차 하는 생각이 들었습니다. 내가 너무 쉽게 생각했구나 하는 거지요. 철저하게 준비들 해오셨더군요. 전담 홍보팀 세 분을 만났는데, 오셔서 준비하고 진행하는 모습이 포스트 3김 시대가 도래하는구나 하는 생각이 들었어요. 모두 최씨들이었거든요.

프로그램의 내용을 보니까 제목이 '일과 자질'이고, 목표가 현장 이해를 돕고 실무를 익히기 위해서, 정·관계 인사, 기업체 임직원, 전문 지식을 가진 이웃을 초청 강사로 한다고 하는데, 주제도 생소하고 저한테 해당이 안 되는 것 같기도 하고…… 선뜻 승낙한 것이 후회될 정도였습니다. 지나가는 이웃 주민을 불렀다고 생각한다면 말이 안 되는 것은 아니지만…….

전 오늘 계속 이렇게 농담만 할 겁니다. 홍보팀이 오기 전에는 이것 저것 물어보려고 했습니다. 선제 공격을 하려던 거였죠. 그런데 워낙 쉴 새 없이 질문을 하시는 바람에 저는 거의 물어보지도 못하고 답변하느라고 쩔쩔맸습니다. 그러면서 요샛말로 '장난 아니구나' 하는 생각이 절로 들었습니다. 어떤가요? 저 지금 떨고 있습니까? 네, 떨고 있습니다.

그때 질문받은 내용들을 그 이후에 저 나름대로 꽤 고민을 해서 정리를 해봤습니다. 그 당시 답변은 까맣게 잊어버렸고 그냥 새로 정리를 해왔는데, 당혹스럽더군요. 세상에 그때 인터뷰한 내용들을 다 정리해서 나눠드렸더군요. 아, 이러면 뭘 얘기하라는 겁니까, 도대체.

사람이 항상 녹음기같이 처음과 똑같이 생각하고 말하는 것은 아니니까 들으시면서 나눠드린 것과 앞뒤를 대조해보도록 하시죠. 특히 말 바꾼 것 없는지 잘 보세요.

순수학문으로 장사를

박사 과정 중에 창업을 했는데 뭐 그게 특별한 건가요? 언어학 공부하다가 이대로는 좀 문제가 있겠구나 싶었어요. 순수 분야만으로 살아남을 수 있는 학문이 도대체 몇 개나 될까? 바꿔 생각해 보면, 순수 분야가 살아남을 수 있다면, 그 순수 분야 사람들을 먹여 살릴 수 있는 사회 체계가 되어 있어야 합니다. 그렇다면 한 사회가 언어학과 같은 순수 분야를 전공한 연구자를 얼마나 많이 감당해야 하는가? 존재 가치가 인정된 어떤 학문이 사회의 바닥을 이루는 한 축으로 유지되는 데 이 사회는 얼마를 지출해야 하는가? 그걸 생각했을 때 한 해에 한국 사회가 이 언어학이라는 학문, 그야말로 순수하게 '언어란 도대체 뭐냐?' 이렇게 탐구하는 사람을 연간 1000명은커녕 기껏해야 100명, 200명쯤 감당하면 많이 감당하는 것이 현 실정입니다. 그 100~200명도 대체로 연구 인력으로 가게 되겠죠. 그렇다면 이 사회에 그 순수분야에 대한 짝으로 직접 응용 분야가 존재하지 않는다면, 그 분야가 제대로 클 수 있겠습니까?

지금부터 10년 전인 1989년, 1990년 그때 상황은 어땠을까요? 제가 다니던 언어학과에서 교수로 취업하는 사람은 한 해에 많아야 서너 명 정도였습니다. 언어학을 공부했기 때문에 취업이 된 숫자이지요. 그 외의 사람들은 언어학을 했기 때문에 취업한 것이 아니지요. 대학을 나왔기 때문에 취업을 했다고 할까요?

언어학이라는 학문을 가지고 무엇을 '만들 수 있다'고 제시할 만한 것이 없었기 때문이지요. 언어학을 했기 때문에, 그 이유로 밥 먹고 살 수 있는 길. 어느 대학교를 나왔든 그런 것이 우리 사회에는 없었던 겁니다. 언어학을 했다는 것이 좀 득이 되는 사회 분야가 있으면 좋겠다, 아니, 직접적으로 언어학으로 밥 먹고 산다는 분야가 있어야 하지 않겠느냐는 생각을 했습니다.

다행히 컴퓨터라는 것이 등장해서 어느 정도 자리를 잡고 있던 때 였기 때문에, 당시까지 무형의 것이라고 인식되던 '언어'를 가지고 뭘 만들어 장사를 할 수 있지 않을까, 그런 생각을 한 겁니다. 그 결과로 〈(주)언어과학〉을 창립하게 된 겁니다.

자신 있게 산다

제가 자랑할 만한 능력이 뭐냐고 물으시는 것 같은데……. 능력은 별로 없습니다. 장점이라면 좀 잘생긴 것, 하하하. 단점은 이런 쓸데 없는 말을 한다는 것이지요.

저는 이런 제 모습이 장점이 아닌가 생각합니다. 전 자신 있게 살거든요. 그 외에는 단점투성이기 때문에 별로 드릴 말씀이 없습니다. 그러나 확실한 것은 그런 단점들이 제 자신의 인생을 결정하도록 할 이유는 없지 않겠어요?

내세울 만한 장점이자 단점이기도 한 것이 '의사 표현이 확실하다'는 겁니다. 자신의 의사를 확실하게 표현할 수 있다는 점이 사업을 하는 데 많은 도움이 됐습니다. 의사 표현을 확실하게 하는 것이 사업을 해나가는 데 친구와 남을 쉽게 구별할 수 있게 해주는 최선의, 그리고 가장 깔끔한 방법입니다.

정리해서 한마디로 말한다면 제 장점은 자기 자랑을 잘한다는 겁니다. 농담이었어요(웃음).

안 되는 일은 하지 말자

아직 인생을 돌아볼 나이는 아니지만 굳이 돌아본다면, 현재까지 삶을 대체로 3단계로 나눌 수 있지 않을까 싶습니다. 군대 가기 전까지는 정말 잘 놀기 위해서 열심히 노력했습니다. 정말 잘 놀고 싶었어요. 멋있게. 그런데 환경이 잘 안 받쳐주더군요. 그래서 혼자 놀았습니다. 혼자서라도 어떻게 해서든지 멋있게 놀아야겠다 싶어서 군대 갔습니다. 사실은 학교에서 "자네 같은 학생은 필요 없다."고 했기 때문이지만. 학교를 그만두고 바로 군대에 갔습니다. 거기까지가 첫 번째 단계인 것 같아요. 그때까지는 주위에서 능력으로 인정받은 것이 거의 없었습니다. 그냥 '나름대로 잘 노는 애' 그렇게 찍혀 있는데 무슨 인정받을 일이 있었겠어요?

군대 갔더니 이거 해라 저거 해라 하는 것이 많더군요. 그때 제일 먼저 했던 일이 밴드 조직이었습니다. 주임상사님이 어느 날 저를 부르더니만 "야, 너 밴드 같은 거 한번 조직해볼래?" 그러더군요. 그래서 애들을 모아 밴드를 조직했습니다. 아까 제 출신에서도 나왔지만(라디오 다큐멘터리 〈청년의 얼굴을 지닌 사람 정회선〉 : 윤문자 주) 제가 메아리과(서울대 노래패 메아리를 지칭 : 윤문자 주) 나왔다는 얘길 잠깐 들으셨을 겁니다. 그러면 여러분은 저 사람 노래는 한 곡조 하겠지, 악기는 한두 개 다루겠지 생각하시겠지요. 사실과 전혀 다릅니다. 저 노래 못 해요. 기타 전혀 못 쳐요.

제가 할 수 있는 것은 '조직'이었어요. 제가 노래 잘 부를 필요 있습니까? 노래 잘 부르는 사람 데려오고 기타 잘 치는 사람, 그 다음에 베이스 잘 치는 사람 구해서 하면 되는 거지요.

그렇게 해서 밴드를 조직했습니다. 드럼이 없었는데 드럼 칠 줄 안다고 주장하는 친구를 주임상사와 의논해서 집에 보냈습니다. 3박 4일 휴가 나가더니 올 때는 드럼이 같이 오더군요. 그런 식으로 했습니다. 곡 선정도 제가 하고. 띄울 때는 어떻게 띄운다, 그런 부분 있지 않습니까? 주로 박자 맞추기 쉬운 팝송 편곡해서 대대에서 행사 같은 것이 있으면 연주해서 호평을 받았습니다.

그렇게 군대 생활을 하면서 좀 자신감이 생겼습니다. 사회에서도 인정받을 수 있겠구나, 그런 생각이 들어서 군대 갔다 온 뒤로는 상당히 적극적으로 생활했습니다.

어느 날 저 자신을 파악해봤습니다. '이 사회에서 어떻게 살 것인가?' 나 자신을 돌아보니까 성격은 보아하니 괴팍한 데다가 잠은 하루에 8시간 이상 안 자면 버티질 못합니다. 특별히 몸이 약해서가 아니고 잠이 많아서 그래요. 열심히 공부하는 것도 안 좋아합니다. 우연히 열심히 공부하게 되면 하기는 하지만, 전 저 좋은 일밖엔 안 하는 성격입니다. 사실 큰 결점이지요. 그래서 뭔가 대책이 없을까 고민했습니다. 이런 큰 결점을 보완하려면, 방법은 미래를 예측하는 수밖에는 없다고 판단했습니다. 미래를 예상해서 다른 사람들보다 먼저 준비하는 겁니다. 그렇다고 역술을 배운 것은 아니고…….

1985년 어느 날 곰곰이 생각했습니다. 지금의 러시아인 그 당시 소련하고 수교가 될 것 같은 분위기더군요. 언어학과를 졸업할 때가 1989년 정돈데 그때쯤이면 88올림픽과 관련해서 수교가 되지 않을까. 그렇다면 난 군대를 갔다 왔으니 러시아어를 공부해서 러시아에 갔다가 학위를 따 오면 어떻게 좀 분필 가지고 먹고 살 수 있지 않겠느냐, 그런 생각을 했습니다. 그리고 저는 공부는 잘 못해도 노는 건 자신 있으니까, 예를 들어서 나타샤하고도 놀고 세르게이도 친구로 두고, 뭐 그런 식으로 하면 회화는 좀 되지 않겠어요? 그 당시로서는 미수교 관계이기 때문에 미국, 프랑스, 독일에서 공부한 사람들이 대다수였습니다. 러시아어를 현지에서 배웠는데 교수로 써주지 않겠는가 하는 생각이었습니다. 세상을 만만히 본 탓이지요. 그래서 나름대로 불순한 계획을 세우고 제 게으름을 보충하기 위해서 아주 얄팍한 수로 유학 준비를 했는데 1989년, 1990년 2년에 걸쳐 모든 것에 실패했습니다. 언제나 99퍼센트까지 준비됐는데 1퍼센트에서 실패하는 일들이 있지 않습니까? 꼭 마지막 단계에서 뭔가 사건이 생겨서 가는 것이 차단되었습니다. 어느 날 결정했습니다. '이건 아니다. 지금 러시아 가면 죽는다는 신의 계시다'라고 받아들였습니다. 운명에 순종한 겁니다. 〈(주)언어과학〉은 그 후에 시작한 일입니다. 그래서 인생의 전환을 그 이후로 또다시 나누죠. 1990년 이후로.

교과서에 내가 만든 답을 넣자

지금 제가 하는 사업에 관심이 있는 학생들에게 어떤 말을 해주고 싶냐는 질문입니까?

엊그저께도 우리가 어디 하청을 줄 일이 있어서 그 회사 담당자와 만났습니다. 구체적인 것을 알려달라고 하더군요. 구체적으로 어떻게 할 건지를 알려달라는 얘기였습니다. 그런데 생각해봅시다. 이 일은 누가 제일 잘 알까요? 당연히 일은 그 일을 하는 사람이 제일 잘 압니다.

특히 소프트웨어라는 것이 일을 해나가는 와중에 계속 변동이 생기는 거지 미리 밑그림이 다 나와서 완성되는 그런 소프트웨어 개발은 거의 없습니다. 만약에 그런 유형의 개발이 있다면 그 개발은 적어도 창조적인 개발은 아닐지 모릅니다. 그런 개발은 중소기업에서는 하면 안 됩니다. 예를 들어서 대기업은 식이 빤히 나와 있고 전례가 있는 일을 주로 하지 않겠습니까? 그런 일들을 튼튼한 재력으로 추진하는 겁니다. 그러나 중소기업의 입장은 어떻습니까? 계산이 안 나와 있는 사업, 어느 누구도 어떻게 하는지 모르는 일, 처음 해보는 일, 이런 일을 하게 됩니다. 대체로 그래야 말이 되거든요. 그래야 도전을 해볼 수 있는 그런 상황인데, 이분이 와서 구체적으로 어떻게 해야 하는지를 계속 물어보는 겁니다. 그래서 말하다 말고 그랬습니다. 그때 상황을 그대로 옮기면, "일의 취지는 이러하다. 방금 전까지 구체적으로 어떠하다고 지금까지 계속 설명했던 것은 예에 불과하다. 사실 그걸 하려는 건 아니었다. 해볼 수 있겠느냐." 잠깐 생각하더니 "예스." 하더군요. 더 이상 묻지도 않았습니다.

마찬가지입니다. 사업과 관련해서 얘기한다면 소위 벤처기업이라고 얘기하는, 혹은 뭔가 도전적인 일을 해보고 싶다 생각하는 분들은 그림이 안 그려져 있으면 아주 행복해하십시오. 이 말 아시겠습니까? 그림이 안 나와 있잖아요? 아무리 찾아봐도 답이 없습니까? 그러면 굉장히 즐거워하십시오. 만약에 그럴 자신이 없으면 아예 하지 마십시오.

이런 얘기를 들은 적이 있습니다. 어떤 학생이 비탄에 빠져 있었어요. 언어 처리 소프트웨어 개발을 하는 친군데, 좌절하고 있는 이유가 뭐냐 하면 우리 나라는 언어와 관련해서 이것도 안 돼 있고 저것도 안 돼 있고 백 가지 천 가지가 다 자료 준비가 안 돼 있어서 만들 수 있는 게 없다는 것입니다. 게다가 한자를 노출시켜서 쓰면 분석하기 정말 편하고, 한영기계번역기 같은 것도 금세 만들 수도 있을 텐데, 한글 전용을 하고 있어서 분석하기도 너무 힘들다는 것이었습니다. 도대체 힘들어서 못 해먹겠다고 한탄을 하더군요.

저하고 상황 인식은 유사한데 결론이 좀 다르더군요. 저는 이렇습니다. "그래서 철 밥그릇이라는 것 아니냐. 어려우니 남들이 쉽게 못 할거 아니냐." 정말로 그렇게 생각합니다. 어려워서 남들도 잘 못합니다. 그리고 도전도 잘 하지 않지요. 어려우니까.

어떻습니까? 그런 상황이면 저같이 좀 게으른 사람도 지속적으로 해나가면 먹고 살 수 있다는 얘기 아니겠습니까?

뭔가 밑그림이 안 나와 있고 찾아봐도 해답을 잘 알 수 없는 일이 있는데, 마침 그게 적성에 맞는다면 그걸 잡아서 그림을 처음으로 그려보는 겁니다. 그 그림이 틀렸으면 좀 어떻습니까? 무조건 그려보는 겁니다.

답! 지금 여러분이 아무것도 그려져 있지 않은 데다가 어떤 것을 그려 넣으려고 하십니까? 그러면 또 다수의 사람들은 그게 답인 줄 알고 얼마 동안 추종할지도 모릅니다.

하늘이 무너질 걸 걱정해?

사업을 하는 도중에 실패감을 느낀 적 있느냐, 그 위기를 어떻게 극복했느냐는 질문이군요. 실패감 같은 것은 사실 잘 느끼지 못합니다. 제가 워낙 무감한 사람입니다.

실패. 저는 성공했다는 생각도 지금까지 한 번도 해본 적 없습니다. 사실 인생에서 여러 개의 프로젝트 중에 어떤 단위 프로젝트는 성공했다 혹은 실패했다, 평가는 하지요. 그런데 무슨 프로젝트 하나 실패했다고 해서 모두 끝납니까? 하나 실패했다고 해서 실패감 느끼고 혹은 하나 성공했다고 해서 성공감 느끼겠습니까? 전 그런 느낌이 없습니다. 단지 이런 건 있습니다.

먼저 위기 상황 속에서 앞으로 회사의 상황이 어떻게 변할지 생각합니다. 어떻게든 해결할 방법은 생긴다고 믿습니다. 최악의 경우가 뭘까요? "답이 없다."입니다. 저는 이 상황이라면 아예 생각하지도 않습니다. 답이 없는 경우는 아무리 생각해도 답이 없습니다. 답이 없는 상황까지 생각하느라 의욕까지 잃어버리는 대신 긍정적인 생각을 하려고 노력하는 겁니다.

예를 들어볼까요? 저희 회사와 거래하는 업체에서 돈을 주지 않는 상황을 생각해봅시다. 5개 거래처가 있는데 모두 돈을 줄 수 없다고 합니다. 그러면 은행에서 돈을 대출받을 수도 있습니다. 대출할 만한 은행이 3개 있다고 칩시다. 그 은행마저도 대출해주지 않을 거라고 생각하는 것이 답이 없는 경우겠죠. 그때는 '만약 저 은행들이 대출해주지 않으면 회사 망하는 거구나' 이렇게 생각하지 말자는 겁니다. '5개 거래처 중 하나는 주겠지……. 또 3개 은행 중 하나는 주겠지'라고 생각하면서 신나게 일하는 겁니다. 최악의 경우라도 그나마 좋은 경우를 생각하는 겁니다.

위기가 닥치면 최악의 경우만 생각하고 최악의 상황에만 대처하려고 아등바등하는 경우가 많은데, 그렇게 되면 그 상황을 극복하기 더 힘들어집니다. 그나마 좋은 경우를 생각하면서, 그 방향으로 일을 추진해 나가는 겁니다. 이게 제 원칙입니다. 최악의 경우만 생각하는 것은 사실 하늘이 무너질 걸 걱정하는 것과 다를 바 없습니다. 하늘이 무너지면 솟아날 구멍이 있을지는 모르겠는데, 어쨌든 그것까지 계산할 수는 없는 것 아닙니까? 저는 솟아날 구멍에 대한 계산은 안 합니다. 그런데도 불구하고 만약 실패했다면? 그때는 툭 털고 일어날 수 있어야겠지요.

여러분! 위기에 직면하게 되면, 다시 한 번 자신과 자신의 일을 돌아보는 계기를 가지십시오. 자기 인생의 단위 프로젝트를 평가해보는 겁니다. 어떤 위기가 와도, 전체가 무너지지는 않습니다. 수많은 단위 프로젝트 중에 한 가지가 무너지는 것이지요. 프로젝트 하나의 성패를 가지고 성공이니, 실패니 하면서 논하는 건 사업에 별 도움이 되지 않습니다.

굉장히 재미있는 일만 생각하기에도 시간이 모자란다

현재 가장 곤란한 점이 무엇이냐구요? 사업상 혹은 개인적으로 곤란한 점이 있는가, 묻는 것 같은데 사실 곤란한 점을 모르겠습니다. 곤란한 점은 맨날 생각하려고 해도 잘 생각이 안 납니다. 하하. 제가 지나치게 낙천적인 사람인지 모르는데, 뭔가 곤란할 것 같은 일이 있으면 잊어버립니다. 그리고 제가 꽤 바쁩니다. 곤란한 것말고 굉장히 재미있는 일 있지 않습니까? 굉장히 재미있는 일만 생각하기도 시간이 모자라는데, 곤란한 일까지 생각하겠습니까?

이런 식으로 곤란한 일들을 회피하기 위해서 노력합니다. 사실 곤란한 일이 왜 없겠어요? 생각하면 할수록 짜증나는 일투성이지요. 아무리 생각해봐도 답이 없는 일들이 많은데, 그땐 차라리 아무 생각 안하는 것이 낫습니다.

굉장히 곤란한 일이 가끔 생기기도 합니다. 그런 경우에는 '이건 당연한 것이었다' 이렇게 생각합니다. 곤란한 일은 생각하면 할수록 굉장히 많습니다. 제가 재벌 2세로 안 태어났지요? 저 굉장히 곤란하더군요. 제가 천재로 태어나지 않았거든요. 아, 그것도 때로는 상당히 곤란하다는 생각을 합니다. 그렇지 않습니까? 우연치 않게 제가 19살 때쯤 수도권 지역 땅값이 아직 쌀 때, 그 당시 한 달에 5만 원쯤 받고 아르바이트를 했었는데, 그 돈 모아서 몇 평 사두었으면 좋았겠지요? 사놓은 것이 없어요. 사실 곤란한 일은 생각할수록 이런 식으로 많이 생겨서 여러 가지로 곤란해집니다. 농담인 거 다 아시지요?

다시 말씀드리면 자신의 사기를 유지하기 위해서 최대한 노력한다는 얘깁니다.

아는 것만 한다

앞으로 사업 확장 계획에 대해서 물어보셨는데, 사업 확장의 원칙은 이렇습니다. 아는 일만 하고 모르는 일은 안 한다. 모르는 일에 뛰어드는 것은 대단히 위험한 일입니다.

참 이상하죠? 제가 방금 전에 했던 얘기랑 딴판으로 다른 얘기를 하고 있지요. 그런데 잘 생각해보십시오. 전의 이야기는 자기가 모르는 일이 아니고 남들이 모르는 것으로 판명된 겁니다. 그러면 여러분들, 어떻게 해야 합니까? 이게 남들이 다 모르는 일이라고 확인이 됐잖아요? 그러면 그걸 철저하게 준비해서 자기 자신은 알아야 합니다. 틀린 답이 됐더라도 괜찮습니다. 무슨 상관입니까? 아무도 모르는 일을 그릴 수 있는 사람은 자기 자신인데요.

물론 이것을 궤변이라고 볼 수도 있겠지만, 저희 회사를 예를 들어 보겠습니다. 저희 회사는 언어 처리를 합니다. 그것이 말이든 텍스트든 간에, 그쪽 일이면 다 합니다. 왜냐, 지금은 아무것도 모르더라도 시작할 때쯤이면 저희는 분명히 알고 있을 겁니다. 적어드 일을 시작할 만큼은 알고 있을 것입니다. 우리 일이기 때문에 우리가 잘 알고 있을 가능성이 제일 높고, 그리고 쉽게 알게 될 겁니다. 결국 잘할 수 있을 것이라고 확신하는 일을 하겠다는 것입니다.

벤처기업? NO!

저희 〈(주)언어과학〉은 아주 작은 회사입니다. 그래서인지 많은 사람들이 벤처기업이라고 하는데, 솔직히 저는 〈(주)언어과학〉을 벤처기업이라고 부르는 걸 싫어합니다. 왜냐하면 저희는 모험을 하지 않기 때문입니다. 어떠한 일을 추진하기 전에 먼저 철저한 즌비를 하고, 가능성을 철저히 타진해보고 시작합니다.

우리 나라 소프트웨어 시장은 아주 작습니다. 워드프로세서는 300억 원이 안 되어 보이는 시장이고, 언어 처리는 아직 시장 형성조차 안 되어 있습니다. 나중에 그 시장이 형성되었을 때, 시장 규모가 문헌 처리 1천억 원, 그리고 음성 분야가 약 5천억 원 정도 되지 않을까 보고 있습니다. 그다지 큰 시장이 아니지요. 그러나 〈(주)언어과학〉은 우리 나라 시장만 보고 있지 않습니다. 최소한 일본과 중국 시장 진출은 고려하고 있습니다. 일본은 시장 규모가 우리 나라의 10배일 것으로 봅니다. 중국은 잘 파악하지 못하고 있습니다.

물론, 저희도 사업을 확장할 것입니다. 그런데 정해놓은 목표점은 없습니다. 이유는 이렇습니다. 발전 속도가 느린 사회에서는 불변에 가까운 법칙이 있을 수 있습니다. 즉, 심한 변동이 없으면 "10년 후에는 이렇게 성장하자." "올 1년은 이것을 달성하자." 이런 목표점을 설정할 수 있겠지만, 최근의 사회는 지나칠 정도로 빠르게 변하고 있습니다. 고정된 목표를 설정하는 것이 때로는 상당히 부담스러울 수 있습니다. 따라서 저희는 구체적인 목표점을 설정하지 않습니다.

그러나 사업의 원칙은 있습니다. 저희가 사업을 하는 것은 언어 문제를 풀기 위한 것이지 대기업이 되려는 것은 아닙니다. 사회 환경이 변화해감에 따라 언어 처리 관련 연구를 그때그때 신속히 대처해 나가기 위해 최대한 노력할 것입니다. 즉, 언어 처리 분야에 전념한다는 얘깁니다. 언어 처리에도 많은 것이 있죠. 다른 기업들이 언어 처리 분야 중 사업이 될 만한 방향으로 줄기를 잡는다면, 우리는 언어 처리 전반을 보고 있는 것이지요. 다른 기업들이 하는 일이 아무리 사업성이 있어 보여도 함부로 뛰어들거나 하지는 않을 겁니다.

그리고 사업 확장과 관련된 매출 목표 같은 것을 세우지 않습니다. 아직은 현재의 인원을 유지하고 기본 설비 투자를 강화하는 데 주력할 계획입니다.

〈데몰리션 맨〉과 미래사회

흔히들 컴퓨터가 말을 하게 된다고 합니다. 사실 정확하게 말하면 소프트웨어가 말을 하는 것이겠지요. 세간에 일컫는 대화형 컴퓨터 시스템은 2005년은 되어야 가능하지 않을까 봅니다. 어떻게 2005년에 그것이 가능할 것이라고 보느냐고요? 간단합니다. 저희 〈(주)언어과학〉에서 만들 것이기 때문이지요.

〈데몰리션 맨〉이라는 영화 보셨습니까? 그 영화를 보면 사회에서

금기시하는 단어를 말할 때마다 컴퓨터가 벌금을 부과하는 장면이 나옵니다. 결국, 언어 처리 기술이 일반인의 일상 언어 사용, 저작 활동 등을 분석해서, 그가 집단에 피해를 주는 세력인가를 파악하는 수준으로 발전한다는 겁니다. 이 영화는 새로운 정보 기술을 통해 권력이 완전 집중될 수 있다는 것을 시사해줍니다. 사회가 극단적으로 통제될 가능성을 보여주는 예입니다. 그런데 그런 정도는 현재의 기술력 발전 추이로 보아 그다지 멀지 않은 미래에 구현할 수 있을 것으로 보입니다. 걱정스럽지요? 그러니 기술이 이런 통제에 쓰여지는 것은 막아야 할 것입니다. 그러나 법률의 경우는 자동화하는 것에 대해서 찬성합니다. 법률 시스템을 자동화하면, 많은 사람들이 대화형으로 법률에 쉽게 접근할 수 있습니다. 그래야 유전무죄라는 말이 없어질 수 있지 않을까요?

기술의 발전은 사회의 발전 방향에 상당한 영향을 미칠 수 있습니다. 저희는 항상 그 점을 잊지 않고 있습니다(이때 한 학생이 "〈(주)언어과학〉의 개발 방향이 마이크로소프트 사의 반대 진영에 있는 것이 아니냐?"는 질문을 던졌다. : 윤문자 주).

아니라고 할 수 없습니다. 위에서 말한 바와 같이 저희는 사회가 극단적인 통제로 흐를까 우려하고 있습니다. 그것이 전세계적인 단위라면 더 문제가 크겠지요. 따라서 어떤 특정한 기업에 대해 탄대편에 있다기보다는 전세계적인 통합·통제로 이행시킬 수 있는 요소들을 거부합니다. 현재 특정 회사에서 추진 중인 전세계 언어의 통합 움직임은 그 회사 혹은 영어 사용자들을 위한 것이지 적어도 우리 사회를 위한 것은 아닙니다. 우리에게는 우리를 위한 기술이 필요합니다.

또한 저희는 대중들을 선도하려고 하는 집단에 대해 찬성하지 않습니다. 대중과 같이 가야지요. 함께 손잡고 가면서 하나씩 문제 의식을 공유하고 풀어 나가는 것 아니겠습니까? 따라서 특정 집단이 전세계

시민들을 어떤 방향으로 끌고 나가려 하는 것은 바람직하지 않다고 봅니다.

지나치게 열심히 일하지는 말자

대학생들이 사회 진출을 위해 어떤 일을 해야 할 것인가? 이런 말씀을 드리고 싶습니다.

무슨 일을 하든지 주어진 정답이 원래 있는 것은 아니라는 사실을 기억하십시오. 그러면 여러분도 몇 년 후에 이런 강연을 할 수 있습니다.

실리콘밸리 아시지요? 미국의 벤처 요람으로 유명해진 지 꽤 됐군요. 많은 사람들이 벤처 산업에 대해 배우고자 그곳을 방문합니다. 다녀온 분들이 그러시더군요. "그 사람들이 일하는 방식을 배워야 한다." 그곳의 일꾼들이 일주일에 110시간 정도 일을 한다던가? 게다가 한 3~4일 정도는 꼬박 앉아서 잠도 안 자고 밥도 그 자리에서 햄버거로 때우며 일한다는 겁니다. 얼마나 사실적인 이야기인지는 몰라도, 그러니까 우리도 그만큼 해야 한다는 식이지요. 참 안타까운 일입니다. 결국 또다시 '대망의 80년대를 보고 허리띠 졸라매고 죽도록 일하자'는 얘기와 다를 게 있나요?

저는 적당히 일하자는 생각입니다. 우리 나라 사람은 미국 사람들과 신체적인 조건이 달라서 그렇게 잠 안 자고 일하면 죽기 딱 알맞습니다. 어릴 때부터 고기 먹고, 운동으로 다져진 미국 사람들처럼 일하면 안 됩니다. 그렇다고 벤처기업이 단 한 번의 도전으로 성공할 수 있다고 보는 것은 아닙니다. 즉 3~4회의 도전을 전제로 하지요. 일단 뛰어들었으면 서너 번은 도전해볼 수 있어야 합니다. 첫 번째 도전에 실패한 후, 그 다음 도전을 할 정신적·체력적인 힘이 남아 있지 않다면 어떻게 합니까? 결과를 볼 수만 있다면, 주당 50~60시간 일하면 대단히 많이 일하는 것이다 싶습니다. 이만한 시간도 사실 지나치지요. 모두들 실리콘밸리의 노동자처럼 일해야 한다고 입을 모으는 건 바람직하지 않습니다. 여러분도 혹시 기자가 되시면 "오늘도 그들은 하얗게 밤을 지새우고 부연 새벽을 맞았다."와 같은 벤처기업 탐방 기사는 자제해주십시오. 감사합니다.

녹취/윤문 : 최신혜 · 최가영 · 최윤수

기획 전략, 인간 전략

흰머리가 늘어날수록 사람은 남들에게 교훈적인 말을 해주려는 경향이 있습니다. 자신의 경험을 젊은 사람들에게 얘기하면서 은근히 뻐기고, 그러는 사이에 더욱 늙어가는 것이죠. 그래서 늙지 않으려면 멋있는 말, 교훈적인 말을 굳이 하려고 하는 습관을 버려야 한다고 생각해왔습니다.

하지만 저도 예외는 아닌지 40대 중반이 된 현재, 후배들에게 뭔가 교훈적이고 멋있는 말을 해줘야 된다는 생각이 은근슬쩍 들어와 자리 잡는 것을 발견하게 됩니다. 그래도 저는 여전히 그런 말을 하지 않으려고 애씁니다. 교훈적인 말을 자꾸 하려는 것은 다른 사람들의 생각을 자기의 고정 관념에 맞추어 디자인하려는 것이죠. 위험한 일이라고 생각합니다.

---

* 1956년 전주 출생. 고려대 졸업. KBS-TV 프로듀서. (주)서울컴 대표이사. 조순 서울시장후보 홍보실장. 통합민주당 지구당 위원장. 문화전략연구소장. 현재 〈(주)문화전략 21〉 부사장. 편저로는 《지역감정연구》, 역서로는 《이벤트의 마술》이 있음.

그래서 오늘은 제가 살아온 얘기를 솔직하게 정리하면서, 주로 실패담 중심으로 말씀드리려 합니다.

공감을 창조하는 일

저는 지금까지 직업적으로, 혹은 자원봉사로 다양한 경험들을 했습니다. 방송국 프로듀서로서 방송 프로그램 만드는 일, 10년 정도 해본 선거 기획 홍보 일, 글쓰기 작업, 그리고 지금까지 하고 있는 문화 행사와 문화 프로그램 만드는 일, 회사 경영 등입니다. 한 우물을 파지 않았다고 하실지 모르지만, 이러한 다양한 경험들은 인생을 살아가는 데 많은 도움을 주었을 뿐만 아니라, 창조적인 사고의 밑바탕이 되었습니다.

그런 다양한 일들은 본질적으로 어떠한 일이었을까, 어떠한 공통점이 있을까 생각해보았습니다. 제가 경험한 일들의 공통점은, 사람들 마음속의 공감대를 형성하고, 그 공감을 바탕으로 새로운 일들을 창조해내는 작업이었습니다. 선거 홍보 전략을 세우고, 방송 프로그램을 제작하는 일들은 사람들의 마음속으로 들어가서 그들이 원하는 것을 찾고 형상화해내는 일이기 때문에 보다 전략적인 사고와 창조적인 능력을 필요로 합니다.

특히 가장 기억에 남는 일은 선거 홍보 전략을 세우는 일입니다. 선거 홍보 일을 하면서 저는, 사람들 마음속에 있는 희로애락에 얽힌 얘기들을 귀담아 듣고, 구체적인 표현으로 다듬어서, 강한 이미지로 전달해야 마음의 변화를 유도해낼 수 있다는 것을 알았어요. 이 일은 '이 사회에서 함께 살고 있는 사람들의 마음을 내가 생각하는 좋은 방향으로 이끌기 위해서는 무엇을 어떻게 해야 하는가'를 가르쳐주었죠. 그리고 사람들이 무엇을 원하며, 어떻게 하면 공감할까를 고민한 시기이기도 했습니다.

선거 기획은 이 나라에서 함께 살아가는 사람들의 마음의 흐름을 알고 내가 생각하는 좋은 방향으로 이끌어내는 일입니다. 사람들 마음속에 있는 갈망·안타까움·답답함, '이런 얘기를 좀 들려주었으면' 하는 것을 찾아서, 그것을 좋은 이야기로 다듬어 강하게 전달함으로써 많은 사람들의 태도를 변화시키는 것입니다. 대중이 무엇을 원하며 어떻게 하면 대중과 함께 공감할까를 생각하고, 사람의 마음을 이끌기 위해서는 어떤 프로그램을 만들어야 할까를 생각하는…… 그런 일이죠. 선거는 사람들의 마음속에 들어가서 그 마음을 끌어안는 일입니다. '그렇게 생각하지 말고 이렇게 생각해야 한다'고 설득하는 일이기도 하구요. 텔레비전도 마찬가지고, 공연 프로그램을 만드는 일도 비슷하다고 생각합니다. 기본적으로 공감을 창조하는 일이죠.

어떤 일이든 '내가 중심이다'

물론 일을 수행하는 과정에서 실수도 많이 했지요. 반면 일을 짧은 시간 안에 해낸다고 선배들로부터 칭찬도 많이 받았습니다. 초반부터 자랑이 될지는 모르겠습니다만, 제가 '왜 일을 잘할 수 있었나' 생각해보면 남달리 욕심이 많았기 때문인 것 같습니다. 예를 들어 선거를 치를 때는 많은 인원이 동원되죠. 조직하는 사람, 행정적인 일을 하는 사람 등등이 함께 일을 하는데, 그 중에서도 제가 핵심부에서 중요한 일을 맡을 수 있었던 것은 능력이 많아서라기보다는 '이 선거는 내가 가장 중요하다. 내가 중요한 판단을 내려야 한다'는 자세로 임했기 때문이라고 봅니다.

어떻게 끌고가야 할 것인가에 대해서 전체적인 전략을 세우고 기획하는 일을 '내가 책임져야 한다'고 스스로 생각했습니다. 손님처럼 멀리 바라보는 것이 아니고, '내가 가장 중요한 사람이다'라고 생각하면서 '내가 중심이 되어서 한다면 어떻게 판단할 것인가'를 꾸준히 고민한 것 같습니다. 그렇다고 오만하고 스스로 자만에 빠진 것은 아닙니다. 남보다 더 많이 그 일에 대해서 생각하고 더 많은 것을 스스로 요구했기 때문에, 그 결과 자연스럽게 '저 친구가 하는 얘기가 중요하다. 저 친구는 상당한 역할을 맡아 할 수 있다'는 인정을 주변에서 받을 수 있었습니다. 변방에서 적당히 헤매는 것이 아니고 중심에서 어떤 역할과 책임감을 갖고 추진한 것이죠.

처음 큰 사업 치른 것이 1987년 대통령 선거입니다. '노란색 전략'을 추진하는 팀의 일원으로 활동하면서, 연설문 쓰고, 홍보 팸플릿 만들고, 다큐멘터리 비디오 만들고 이것저것 해댔는데, 대부분의 일을 누가 시키지 않았는데도 밤을 새면서 열심히 했어요. 다른 모든 것을 떠나서 그런 일들을 운명적으로 받아들였습니다. '이 일을 내가 안 하면 누가 할 것인가?' 30대 초반의 어린 나이였는데도 굉장히 열심히 일했습니다. 일 자체에 남보다 훨씬 더 욕심을 낸 것 같아요.

대학 졸업 후 처음 시작한 일은 방송국 프로듀서인데, 거기서부터 저의 그런 특성이 드러난 것 같습니다. 어느 회사든 그렇지만 저도 입사 후 한 달 간은 합숙 연수를 받았어요. 대부분 교육은 따분하게 마련인데 그때에도 저는 '한 달이라는 시간을 의미 없이 보낼 게 아니라 초년생 PD로서 첫 작품을 만든다면 어떤 것을 만들까?'를 생각했습니다. 그때 생각했던 것이 '아리랑에 관한 다큐멘터리'였어요. 아리랑에 대한 작품을 구상했던 이유는 '아리랑이 한국인의 한(恨)이라는 정서를 대표하고 있다'는 이미지 때문이었습니다. 그런데 저는 아리랑이 한국인의 정서적 특질로 이야기되는 '한의 미학'을 대표하고 있다는 관점을 못마땅하게 생각했습니다. 왜 아리랑은 한의 노래여야만 하는가? 아리랑은 한만이 아니라 다른 것도 노래하고 있지 않은가? 그런 의문이었죠.

민중의 삶의 원형이 민요라면 우리 민요의 원형이 아리랑인데, 아리랑에 대한 총체적인 규명이라고 할까 재해석을 통해서 '우리 문화의 특질이 한의 미학이 아닐 수 있다는 것을 설명할 수 있지 않을까?' 했던 거지요. 다큐멘터리는 사실 속에서 진실을 밝히는 작업인데, 아리랑에 대한 새로운 해석은 방송 다큐멘터리가 도전해볼 만한 중요한 테마라고 생각했고, 임동권 선생 등 여러 학자의 논문과 책을 찾아보면서 그런 확신을 굳혔습니다. 조사해보니까 '경복궁 아리랑', '광복군 아리랑' 등 무수히 많은 아리랑이 있고, '아리 아리랑 스리 스리랑'을 음양 철학으로 푸는 양주동 박사의 설도 있었어요. 굉장히 재미있었죠.

제가 발견한 것은 아리랑은 민중의 삶을 담는 큰 질그릇과 같다는 것입니다. 거기에 시대의 구름이 흘러가고 민중의 꿈과 한이 녹아들어 여러 형태의 아리랑이 만들어진 것이라는 판단에 도달했죠. 야나기 무네요시라는 일본인이 조선의 백자와 한옥 추녀의 선을 보고 한의 미학이라고 했지만, 그 사람의 시선도 어떤 면에서는 식민 모국 지식인의 눈일 수 있다! 이렇게 생각했던 것입니다. 아리랑은 한의 미학이 아니라 민중의 꿈과 갈망을 녹여서 아주 다양한 형태의 노래로 표현한 것이라고 생각했습니다. 다큐멘터리를 통해서 아리랑의 문화적 역동성 같은 것을 재해석할 수 있다는 생각에 도달했지요.

같이 연수를 받던 동기들 중에서 첫 프로그램을 무엇으로 만들 것인가를 한 달 동안 고민한 사람은 아마도 많지 않았을 것입니다. 연수는 수동적으로 교육받는 시간이니까요. 아마 그때부터 저는 동기들보다 욕심이 좀더 많았던 것 같습니다. 한국 문화의 원형을 새롭게 해석할 수 있는 다큐멘터리를 언젠가 만들겠다는 생각을 입사하면서부터 했으니까요.

나의 기질에 맞는 일을 찾아서

방송 연수를 마치고 프로그램 제작 실무에 참여하면서 다큐멘터리에 관한 열정은 식어갔습니다. 시간이 지나면서 방송국 생활에 회의를 느꼈고 여러 가지로 고통스러웠습니다. '일 잘한다'는 소리는 들었지만, 그때가 바로 전두환 정권 때였거든요. 제가 맡은 프로그램들이 점점 정책 프로그램으로 변질되다보니 점차로 정권의 나팔수 역할을 하는 최선봉에 서 있는 형세였기 때문이죠. 회사를 계속 다니려면 그런 프로그램을 제작할 수밖에 없었고, 그런 프로그램을 제작하자면 결국 정권의 나팔수가 될 수밖에 없었죠. 의식의 분열 같은 것이 다가왔습니다. '이런 일을 하면서 밥을 먹고 살아야 하나' 하는 일종의 '존재론적 회의'를 느껴 고통스러웠습니다.

이러한 회의감이 깊어가면서 다큐멘터리 프로듀서로서 일가를 이루려는 저의 욕망이 점점 식어갔습니다. 그런 개인적, 정치적 측면의 고통도 있었으나 또 한 가지, '내 적성에 안 맞는다'는 생각도 했습니다. 평생 한 편의 다큐멘터리를 위해서 자신의 인생을 바치는 것이 진정한 다큐멘터리 연출자의 자세인데, 그러한 점이 내 천성과 기질에 맞지 않을 수도 있다고 생각하게 되었죠. 물론 방송국을 떠나고 싶었기 때문에 이런저런 생각을 끼워맞춘 것일 수도 있습니다.

그러나 지금에 와서 곰곰이 생각해보면, 다큐멘터리 PD는 장인 기질이 중요합니다. 1초를 편집하기 위해 몇 날 며칠 밤을 세우는 장인 기질이 있어야 하는데, 내 스스로를 들여다보니까 장인 기질보다는 뭔가 기획하고 판을 벌이는 일에 적합했던 것 같습니다. 장인 정신이 필요한 연출자, 디렉터보다는 여러 가지 자원을 동원해서 일을 만들고 뚫고 나가는 기획자, 즉 프로듀서 쪽이 더 적합하다는 판단이 들었어요. 현재 방송국에서는 모두 PD라고 부르면서, 프로듀서와 디렉터의 개념을 혼동해서 쓰고 있는데, 이를 구분하는 것이 업무의 합리화나 전략적 조직 운영을 위해서 대단히 중요합니다.

물론 하자고 마음먹으면 남들만큼 할 수는 있겠지만, 평생 하나의 다큐멘터리를 위해서, 한국의 무슨 나비, 나비 한 마리를 철저히 파고드는 다큐멘터리를 위해서 평생을 바칠 수도 있는 것이 진정한 다큐멘터리 연출자의 자세인데…… 그런 점은 내 천성과 기질에 잘 부합되는 것이 아니지 않은가, 이렇게 생각했습니다. 어쨌든 시대적 고통과 접하는 과정에서 방송국을 그만둘 명분을 스스로 만들었고, 결국 새로운 진로를 선택했습니다.

그 후에, 지금은 집권당의 실세가 되어 있는 대학 선배의 권유로 국회에 가서 야당 국회의원 보좌관 생활을 했습니다. 서기관급의 대우를 받았으니까, 나이에 비해서는 높은 공무원이었던 셈이지요. 이때는 법률안이 만들어지는 과정에서 국가와 사회 기구가 어떻게 움직이는가를 들여다볼 수 있는 시간이었습니다. 예산안도 들여다보고, 정치판의 한심한 작태를 현장에서 체험해보기도 하고, 아무튼 '압축적으로' 많은 것을 경험한 시간이었습니다.

그런데 1년 반쯤 지나자 그걸 오래 하면 안 되겠다는 생각이 들었습니다. '보좌관 일을 오래 하면 일종의 비서 근성이 몸에 배겠구나' 하는 걱정이 생겼던 겁니다. 국회에서 일하다보면 자칫 자기가 모시고 있는 국회의원의 권세가 자기에게 있는 것 같은 착각을 하게 됩니다. '비서 오래 하면 비서 냄새가 난다' 이런 측면이 있는 것이지요.

그때 생각했던 게 '방송 일을 일찌감치 경험했고, 정치 돌아가는 것 또한 일찍 봤으니까, 이 두 분야를 통합하면 내가 앞으로 할 일의 방향이 나오겠다'는 것이었습니다. 미디어 정치 시대, 텔레비전 정치의 시대가 필연적으로 다가올 것이라고 생각했어요. 10여 년 전 정치 광고라는 용어가 처음 나왔을 때의 일입니다. 텔레비전을 중심으로 한 미디어 정치의 전략을 세우는 그런 일을 한다면, 방송국 프로듀서의 노하우와 국회의원 보좌관 경험을 제대로 결합해서 나름대로 입지를 확보할 수 있겠다고 판단한 것이죠. 내 나이가 마흔이 됐을 때 대한민국에서 아무도 따라올 수 없는, 정치 커뮤니케이션 분야의 전문가가 될 수 있겠다는 나름대로의 전략을 세운 것입니다. 지금 생각하면 오만하기도 했고, 어떻게 보면 정확히 본 것이기도 하죠.

저는 30대 초반에 '내가 40이 되면 무엇을 하고 있을까'를 굉장히 고민했었어요. 그래서 정치 커뮤니케이션 분야를 해나가면 나이 40이 됐을 때, 남들이 쉽사리 뛰어들지 못하는 분야니까 벽돌과 벽돌 사이의 틈새 같은 영역이 나의 것이 되리라고 생각했습니다. 누구든지 잘하는 사람이 많은 분야는 크게 차별화가 안 되지 않겠어요? 그래서 틈새를 빠져나가는 작전이 전개되었습니다. 그런 분야가 있는지 사람들이 잘 모를 때, 미디어 정치 시대라는 말이 전혀 나오지 않을 때, 개인 사무실을 내고 독립했습니다. 사무실 이름을 주식회사 〈열린사회〉라고 지었습니다. 그러고는 1987년 대통령 선거 때 홍보 캠프에서 여러 가지 다양한 일을 경험했습니다.

어릴 적 꿈이 다른 형태로 살아나다

그때 일을 하면서, 제가 잘할 수 있는 분야는 사람들의 마음을 움직이는 일이라는 사실을 발견했습니다.

어려서부터 저는 원래 문학을 하려고, 시인이 되려고 시집을 많이 봤습니다. 지금도 시집을 자주 보는데, 제가 지금 쓰는 문장이 건조하지 않고, 낭만적이랄까, 정서적인 접근을 하는 스타일이 된 이유도 그때문입니다. 김대중 후보의 연설문은 건조한 편이었어요. 그분은 거의 완벽한 논리력을 구사하시는 분입니다. 2시간 분량의 연설 녹음 테이프를 풀어놓으면 그 자체가 논문입니다. 논리적 완벽성에서는 따라갈 사람이 없는 분입니다. 하지만 저는 논리적이고 드라이한 말보다는 사람의 정서에 다가가는 표현과 연설이 더 중요하다고 주장해, 그런 각도에서 쓴 광고 카피와 연설문으로 건조한 문장을 상당 부분 보완하려고 노력했습니다. 그때 쓴 정치 연설문이나 선전 문구들은 사람의 마음을 격동시키는 스타일이었는데, 이는 아마도 어릴 때 시집을 많이 읽었던 것이 도움이 되지 않았나 생각됩니다.

광고 카피나 연설문, 정치 평론 등을 쓰는 데 제일 기초가 되는 것은 역시 시적 상상력, 문학적 상상력입니다. 저는 고등학교 때 많은 시간을 들여 도스토예프스키의 전집 10권을 독파했습니다. 가방에 교과서는 안 넣고, 도스토예프스키 책만 넣어 갖고 다니며 수업 시간에도 열심히 읽었습니다. 세계문학전집도 열심히 읽었는데 이것이 나중에 제 글쓰기에 적지 않은 영향을 미쳤어요. 제가 보기엔 인문 분야에서 일하려면 세계문학전집 30~40권은 읽어야 합니다.

저에게는 활자병이 있는 것 같아요. 화장실에 갈 때도 신문이 없으면 안 되죠. 과학 분야에 무지하다는 생각이 들면 관련 분야 책도 읽습니다. 작년에는 문화인류학에 대해 읽은 책이 별로 없는 게 부끄럽다는 생각이 들어 인류학 분야의 고전인 프레이저의 《황금가지》를 읽었습니다. 꼭 실용적인 목적 때문에 읽는 건 아니고 남독을 하는 편이죠. 그런 활자병이 새로운 일을 기획하거나 글을 쓸 때 어떠한 형태로든 필요한, 종합적인 사고나 안목을 세우는 데 도움이 됐다고 생각합니다.

문학말고 다른 예를 들어보죠. 선거를 치르는 과정에서 도움을 받았던 것은 '전략적 사고'에 대한 훈련입니다. 전략이라는 것은 무엇보다 '일의 우선 순위를 정하는 것'입니다. 자원은 대개 유한합니다. 시간도 사람도 부족하게 마련입니다. 그렇기 때문에 자원을 쓸 때는 먼저 자원 배치의 우선 순위를 정하는 것과, 일을 목표와 전략에 맞게 집중시켜가는 것이 대단히 중요합니다.

그런 전략적 사고를 세우는 데 가장 기본적으로 도움을 받았던 것은 마케팅 관련 서적들입니다. 마케팅과 광고의 상관 관계를 정립하고 그 과정을 풀어놓은 상당수의 책들은 큰 도움이 되었습니다. 주로 선전 홍보 분야의 일을 했지만, 생각을 논리화하고 유한한 자원을 어떻게 집중시킬 것인가에 대해 사고 훈련을 하도록 도와준 것은 경영학 분야의 마케팅 이론이었습니다. 정치 광고의 메시지를 전달하는 문안은 시인의 시구와는 분명히 틀려야 합니다. 정치 광고 카피를 쓸 경우, 시인이 즐겨 쓰는 문장과 표현은 자칫하면 선거 자체를 '초점이 명확하지 않은' 선거로 만들어버릴 수도 있어요. 그 글이 정확하게 표적을 향해 날아가서 사람의 감성을 자극하면서 태도를 변화시키려면 철저하게 마케팅적인 접근이 필요합니다. 정당 쪽에서 일하는 다른 사람과 달리 마케팅을 공부하고, 광고회사에서 만들어내는 전략기획서 같은 것을 많이 연구한 것이 큰 도움이 되었습니다.

기획 전략은 인간 전략이다

제가 참여했던 또 하나의 중요한 선거는 조순 후보를 서울시장으로 당선시키는 일이었습니다. 이 선거에서 제가 배운 것은 '상상력의 벽을 깨는 것이 얼마나 중요한가' 하는 점입니다. 조순 후보의 이미지 메이킹을 위해 나름대로는 열심히 고민했습니다. 물론 제가 한 일은 한 부분에 불과하고 선거본부장을 중심으로 많은 사람들이 팀 플레이를 한 것이죠. 예를 들어서 '포청천' 아이디어는 이화여대생들이 우연히 한 이야기를 김민석 당시 대변인이 들고 온 것입니다.

당시 선거를 치르면서 기억에 남은 일이 하나 있어요. 포스터로 확정되었던 조순 씨 사진이 성에 차지 않아서 고민하고 있었는데, 마침 공항에서 갓 들어온 사진가가 '자신이 포스터 사진을 찍어보겠다'고 했습니다. 시간은 매우 촉박했습니다. 다음날까지는 필름을 인쇄소에 넘겨야 할 그런 상황이었죠. 그런데도 한번 맡겨 보자! 이 급박한 시간에 여기까지 이분이 오셨다면 이것도 하나의 운명 아닌가! 이런 생각이었습니다. 숨돌릴 틈도 없이 빡빡한 일정에 쫓기는 조순 후보께 급히 전화해서 "잠깐 들어오셔서 사진 좀 찍으시죠." 했고, 사진을 다시 찍었습니다. 인화 작업을 서둘러 새벽에 나온 사진은 기대 이상이었고, 우리는 즉각 그 사진을 포스터용으로 채택하였습니다.

결국 마지막까지 최선을 다한 후 선택한 결정이었습니다. 여기에서 제가 얻은 교훈은 '마지막까지 온 힘을 쏟아 부으면 좋은 결과가 나온다'는 겁니다.

주로 자원봉사로 정치 광고와 홍보에 관한 일을 하면서도, 별도로 독자적인 사업체를 설립했습니다. '어떤 사업을 할까' 생각하다 기업체 사내 방송 쪽을 생각했습니다. 방송(broadcasting)이라는 것은 많은 사람 머리 위로 융단 폭격을 하는 것인데, 기업체에서 사원들이 듣는 라디오 방송 같은 것은 세대가 변화해갈수록 좀더 중요해지지 않을까 생각했어요. 기업은 직원들의 '마음'을 모아야 미래를 향해 갈 수 있는데, 결집력을 높이는 데에는 사원들 사이에서 듣고 보는 방송만큼 좋은 매체가 없다고 판단했습니다. 말하자면 협송(narrowcasting)의 가능성을 주목했습니다.

저는 국내에서 그 분야를 본격적으로 시작한 개척자인 셈입니다. 일단 고객을 확보하려면 프로모션이 중요하다고 생각했습니다. 저는 언론을 적극 활용했어요. 기업체 담당자들과 협의해서 세미나를 했죠. 교수들도 참석하는 세미나에서 '기업 문화와 사내 방송'이라는 제목으로 발표를 하면서, 기업 문화를 위해서 사내 방송이 중요하다는 것을 매스컴에 알렸습니다. 매스컴에서 그것을 박스 기사로 크게 취급해주자 기업체들로부터 전화가 왔습니다. 쌍용 · 대우 · 금호 · 기아 등의 라디오 사내 방송과 CATV 사내 방송에까지 분야를 넓혀 나갔어요. 말하자면 세미나와 매스컴 홍보를 통해서 사내 방송 사업 분야를 개척했죠.

그 과정에서 여러 어른들의 관심과 배려가 큰 도움이 되었습니다. 〈매일경제〉의 배병휴 주필, 그 밖의 신문사, 방송사 선배들에게 적지 않은 도움을 받았지요.

저는 이상하게 어른들과 빨리 친해집니다. 어른들이 이뻐하고 마음을 열어줍니다. 왜 그랬을까 생각해보면, 제가 먼저 그 어른들을 좋아했어요. 어떤 분을 보면 제 마음을 먼저 열어놓아요. 어떤 선배는 제 장점이자 단점이 '남의 장점만을 보는 습관'이라고 합니다. 누구를 만나면 천성적으로 그 사람의 장점부터 보이기 시작해요. 이제 나이가 들어가니까 하나 둘씩 단점도 보이는데 예전에는 무턱대고 사람을 좋아해서 여러 번 배신을 당하기도 했죠. 사람의 마음은 마음으로 전달됩니다. 감추려고 해도 안 돼요. '이 사람이 나를 좋아한다'는 느낌이 오면 상대도 마음을 여는 겁니다.

앞서 말씀드린 내용을 정리하자면 정치 커뮤니케이션이나 텔레비전 프로그램이나 공통점은 '사람들의 마음속에 들어가서 그 마음을 움직이는 일'입니다. 여기서 제일 중요한 것이 공감대를 형성하는 일이죠. 그런 일을 하려면 나 자신이 먼저 마음을 소통하는 능력이 있어야 합니다. 그건 인위적으로 노력한다고 해서 되는 것이 아닙니다.

인간은 목적이 되어야지 수단이 되어서는 안 됩니다. '인간 전략'이라는 표현은 인간을 전략적 관점에서 활용한다는 뜻으로 잘못 이해될 수도 있어서 적절한 표현이 아닐지 모르지만, 그 내용으로 들어가면 '손해 보는 것이 저축하는 것이다', '인간 관계는 저축이다' 그런 뜻입니다. 어떤 사람한테 몇 년 간 전화 한 통 안 하다가 어떤 일을 부탁하면 괘씸하게 생각하겠죠? 가끔 안부라도 전하는 관계여야 일에서도 자연스럽게 도움을 받을 수 있습니다.

그런 관계가 축적되려면 세월이 필요하겠죠. 많은 저축이 필요합니다. 저는 사업을 키워가는 과정에서 주변 선배들의 도움을 많이 받았어요. 1,500만 원 빚 얻어 시작한 회사니까 돈을 가지고 사업을 한 것은 아닙니다. 한때 직원이 몇십 명까지 되는 회사로 키워갔던 것은 거의 전적으로 다른 사람들한테 도움을 받을 수 있었기 때문이에요.

노는 데도 철학이 있다

저는 천성적으로 게으른 사람입니다. 술 마시는 것도 좋아하고 놀기를 매우 좋아하죠. 사실은 잘 노는 사람이 일도 잘합니다. 노는 일에도 나름대로 철학이 있다고 보는데, 여러분은 어떻게 생각할지 모르나, 어쨌든 저는 그렇게 생각합니다.

저는 열심히 참가하는 모임이 몇 개 있습니다. 대부분 회원들과 만나서 유익한 토론도 하지만 재미있게 놀기도 하는 모임이죠. 이 모임을 잘 만들기 위해 저는 상당한 정성을 쏟았던 것 같습니다. 그런 과정에서 만나게 된 사람들과 인간 관계를 맺으면 서로에게 좋은 도움이 되었죠. 한마디로 함께 모여서 즐겁게 지내는 기획을 잘했다고 생각합니다.

어느 날인가 신문을 보았죠. 어떤 작은 기사가 눈앞을 번쩍하며 스쳐갔습니다. 협궤열차가 덤프트럭과 측면 충돌을 하였다는 내용이었습니다. 그런데 기사의 내용인즉 트럭은 그대로 있는데 협궤열차가 넘어졌다는 거예요. '기차가 얼마나 작으면 넘어질까' 하고 속으로 재미있어했어요. 그리고 내가 한번 타봐야겠다고 생각했습니다. '윤후명의 《협궤열차에 관한 보고서》라는 소설도 참 좋았는데⋯⋯'라는 생각으로요. 그때는 회사가 비교적 잘 운영되어, 넉넉하지는 않지만 약간의 운영 자금은 돌릴 수 있었죠. 이 생각, 저 생각 하다가 협궤열차에 관한 20분짜리 16mm 단편 영화를 만들겠다고 생각했어요. 여류

감독을 내세워 페데리코 펠리니 풍으로 모노톤의 아주 이쁜 영화를 만들어보고 싶었습니다

몇 년 후에는 협궤열차가 없어진다는 소식이 들리고 하여, 저는 '협궤열차를 기억하는 모임'을 만들었습니다. 모임에 참석하는 인원은 대략 50명 정도였는데, 이들이 협궤열차 여행을 하기 위해서는 철저한 준비가 필요했습니다. 분위기를 물씬 내려면 삶은 계란은 꼭 그물망에 넣어야 하고, 칠성사이다는 병으로 된 것이어야 하고, 소금은 약간 굵은 것이어야 하며, 그것을 싼 신문지에 소금기가 배어나와야 했습니다. 이런 것들은 어머니가 기차 타고 갈 때 먹으라고 삶아주시던 옛 추억을 반추하기 위해서였는데, 삶은 계란을 담을 그물망을 구하는 것이 무척 힘들더군요.

6월 말, 드디어 출발하는 날이 왔습니다. 출발 지점은 수원역이고 종착역은 소래 포구입니다. 날씨도 매우 좋았습니다. 열차가 출발하자 회원들은 흐뭇한 표정을 지었고 초저녁이 되어서 소래 포구에 도착했습니다. 노을이 지고 바다에는 통통배들이 먼바다에서 포구로 돌아오고 있었습니다. 소래 포구를 회원들과 함께 걸어가면서 생선도 사고, 지금은 국립극장장이 된 김명곤 형이 판소리도 하며 술을 먹었습니다.

지금도 사람들을 만나면 그때 얘기를 합니다. 참 즐거웠다고……. 추억을 공유하니까 몇 년 간 못 만나도 항상 보고 싶은 얼굴이 되는 것 같습니다. 만약 그때 룸살롱에 모여서 여자들하고 질탕하게 술을 마셨다면 분명히 지저분한 추억만 남았을 것입니다. 추억을 공유하는 것이 얼마나 중요한가를 새삼 느꼈습니다.

노는 데도 연구가 필요합니다. 상대방이 싫증나지 않도록 하는 것, 불쾌감을 주지 않는 방안이 가장 우선되어야 합니다. 인간 관계에서 제일 중요한 것은 '그 사람을 만나면 뭔가 재미있는 얘기를 들려준

다', '인생에 도움이 되는 얘기를 들을 수 있다', '그 사람을 만나면 자장면 한 끼를 먹어도 맛있다', '그 사람하고 놀러가면 재미있다', '그 사람을 생각하면 기분이 좋아진다', 뭐 그런 것들입니다.

제가 제 안에 있는 온갖 모순과 악덕에도 불구하고 많은 사람의 도움을 받게 된 것은 사람들과 함께 지내기를 좋아하는 천성에서 비롯되었다고 생각합니다. 게다가 저는 혼자 놀려고 하지 않고 여럿이 모여서 노는 것을 무척 좋아하거든요.

인간 관계를 저축하는 데는 상대방과 재미있게 노는 게 중요합니다. 비즈니스를 하다 보면 접대가 필요하죠. 대개 룸살롱을 가거나 하는데, 저는 그럴 돈이 없기도 하지만, 룸살롱 가면 알게 모르게 풍기는 찜찜한 맛이 싫었습니다. 그래서 생각해낸 것이 접대할 상대방에게 연극을 보여주는 것이었어요. 제가 후원회원으로 가입한 극단이 몇 개 있는데, 후원금은 못 내더라도 쫑파티를 할 때 소주값 내주는 것이 제 담당이었습니다. 소주값 내는 후원회원 일을 몇 년 동안 계속해왔으니까, 저로서는 접대 손님께 연극을 보여주는 게 자연스러운 일이었죠. 접대할 사람들과 함께 연극 공연을 본 후 연극 배우들, 스태프들과 함께 뒤풀이 자리를 마련해 생맥주 집에서 맥주를 마시며 즐겁게 놉니다. 모두들 너무나 재미있어 합니다. 그리고 접대받은 사람들은 연극 배우들과 술 한잔했다는 사실을 집에 가서 부인과 아이한테 자랑합니다. 나중에는 '또 갈 수 없느냐'는 전화까지 옵니다.

최근에는 신세를 진 사람들에게 보답을 못했다는 생각이 들어 좋은 책을 보내드리려 생각하고 있습니다. 그동안 연락을 못해서 죄송하다는 내용의 편지와 함께 말입니다. 다 상대방에게 작은 즐거움을 줄 수 있는 계기를 마련하려는 생각에서입니다.

"알고보면 다 불쌍한 사람들이다."

실패담을 얘기한다고 해놓고는 또다시 나이 든 티를 낸 것 같습니다. 사업 얘기는 했죠? 사업을 하는 게 점점 심심해져서 보다 더 재미있는 게임을 직접 하기 위해(저는 저같이 부족한 사람이 거창한 정치 철학을 펼쳐보이는 게 좀 과장되어 보이고 해서, 누가 왜 선거에 출마했냐고 물으면 농반 진반으로 이렇게 말하곤 합니다) 선거를 치르러 갔는데, 그때 회사를 중역들에게 넘겨주고 경영에서는 손을 뗐습니다. 민주당 후보로 3김 청산 깃발을 들고 나섰다가 깨끗이 고배를 마셨습니다. 민주당은 향우회 표가 없다보니 영 어렵더라구요. 어쨌든 현실 정치에서 아직까지는 실패한 편입니다. 그러고보니 결과적으로 보면 다른 사람들한테 도움은 많이 받았는데도 사업가로도, 정치가로도, 글쟁이로도 성공하지 못한 셈입니다. 뭐든지 꽤 하긴 하는데 확실하게 칸 것이 없어요. 한마디로 말하면 나이 40이 넘어서도 '나는 어떤 사람이다'라고 정의 내리지 못한 것은 좀 가슴 아픈 일입니다. 지난 세월을 썩 잘 살아오지 않았다는 얘기이기도 하죠.

그것은 대체적으로 '술' 때문이었던 것 같습니다. 술을 너무 많이 먹어 할 일을 제때 제때 못한 것이 장애 요소가 됐어요. 그 때문에 자기 관리에 문제가 있었다고 생각합니다. 사람은 두 가지 다 잘하기가 어렵지 않습니까? 술 마시기 좋아하는 사람은 대체로 자기 관리에 문제가 있어요. 스스로 반성해보면 저는 남들 고생고생 일할 때 열심히 일하기보다는 슬렁슬렁 많이 놀았다고 생각해요. 요즘 반성 많이 하고 있습니다.

모든 사람들은 누구나 한 가지씩은 고민을 가지고 있다고 생각합니다. 사람이라는 게 다 고민거리 하나씩은 껴안고 살아가고 있으니, 알고보면 참 불쌍한 것이 인간이죠. 불쌍하기는 결국 다 마찬가지인 셈입니다. 아무리 잘난 사람도 알고보면 불쌍한 사람들입니다. 대통령도 마찬가지죠. 저는 상대방을 볼 때 대단하게 보지도 않고, 업신여기거나 무시하지도 않습니다. 당신이나 나나 알고보면 불쌍한 인간들일 뿐이라는 생각이 들기 때문이지요. 나는 이런 화두를 오랫동안 달고 다녔습니다.

'21C 프론티어'라는 PC통신 모임을 같이 하고 있는 회원들한테 "알고보면 불쌍한 사람들이다."라고 말해서 그 말이 유행어처럼 된 적이 있습니다. 그런데 어느 날 보니까 나보다 공자님이 먼저 그 말을 썼더라구요. 제자가 "인(仁)이란 무엇입니까?" 하고 묻자, 공자가 말하기를 "그것은 용서할 서(恕)다."라고 했습니다. 이것은 "알고보면 불쌍한 사람들이다."라는 뜻과 상통하는 것 아니겠어요?

저에게 "너는 놀기 좋아하는 펑퍼짐한 성품인데 일에 관해서는 전략적 사고를 얘기하니 서로 맞지 않는 것 아니냐?"고 말하는 분들이 있습니다. 네, 그래요. 일을 전략적으로 접근하여 방향을 잡는 것과 놀기 좋아하는 호인이 되고 싶은 기질은 상호 모순되면서 충돌합니다. 그럼에도 불구하고 두 가지 기질이 어느 정도 통합되어 제가 이 세상을 웬만큼 살고 있는 것은 '세상에서 하고 싶은 일을 하기 때문'이라고 봅니다. 사실은 돈에도 큰 욕심이 없고, 대체적으로 내가 높은 사람이 되고 싶다기보다는 '내가 멋진 일을 하고 싶다'는 것이 더 근본적인 충동입니다. 이것은 제 욕구이기도 하고, 또한 자존심이기도 하지요.

근본적으로는 자기 자신에 대한 사랑이 중요하다고 생각합니다. 자기 사랑이 지나치면 교만에 빠지기 쉬운데, 이럴 때 교만으로부터 나를 지켜주는 것이 '알고보면 불쌍한 사람들이다'입니다. 나도 남도 다 '알고보면 불쌍한 사람들'이 인간이라는 한계 속에서 여러 가지 애를 쓰는 것이다! 그런 생각 때문에 자기 반성을 할 수 있고, 남에 대한 관용도 생기는 것이지요.

제 삶의 목표 중 하나는 '진짜 멋진 것을 세상에 몇 개 남기고 싶다'는 것입니다. '내가 하는 일은 공연물이든 박물관이든 쓰레기 같은 것이 되어서는 안 된다'는 것이지요. 오만에 빠지진 않지만 목표 자체는 높이 둡니다. 인생의 목표를 돈이나 지위에 두지 않는 것도 '멋지고 좋은 일을 할 수 있는 자기 자신'에 대한 사랑과 나름대로의 가치관 때문이라고 봅니다. 그러다보면 놀기 좋아하는 기질과 너무 일 속에서만 있으려고 하는 기질이 적당히 균형을 맞추는 것 같아요. 사실은 노는 쪽의 기질이 강해서 성공을 못하고 있지만 말입니다.

전유성의 '이두엽처럼 하기'

일에서도 그렇지만 좋은 인간 관계를 맺기 위해서도 상상력의 묵은 때를 벗겨내는 작업이 중요합니다. 저는 일요일이면 반바지같이 편한 차림으로 동네 만화방에 가는데, 만화책에 몰두하면 나를 이완시킬 수 있습니다. 또 나이에 비해 비교적 젊게 산다고 생각하는데, 그 이유는 젊은 사람들과 만나서 얘기하는 훈련이 되어 있어서 그런 것 같습니다. 제가 선배라고 가르치려고 하지 않고 같이 놀려고 하기 때문에 부담을 덜 느끼는 것 같아요.

상상력의 벽을 깨려면 사고의 훈련이 필요하지 않나 생각합니다. 기획 회사는 머리를 빌려주는 곳인데, 내 생각이 진부해지고 고루해지면 남이 안 사주기 때문에 사고의 사각형을 탈출해야 합니다. 사각형 속에 갇혀 있으면 생각하는 게 남들과 비슷해지죠. 그런 사람의 머리를 왜 돈을 주고 사겠습니까? 살 이유가 없지요. 남들이 자기의 기획을 사게 하려면, 문화 기획 분야에서 버티기 위해서는 피나는 노력이 필요합니다. 고민을 많이 해야 하죠.

제가 전유성 씨하고 친한데, 그분이 쓴 《하지 말라는 것은 다 재미있다》라는 책에 제 얘기가 나옵니다. 거기에는 '아이디어를 내려고 애

쓰지 말고 이두엽처럼 하라'는 대목이 나옵니다. 어느 자리에서 저를 소개하는데, '재미있는 것을 수첩에 적어 가지고 다니는 사람'으로 소개했습니다.

전유성 씨의 아이디어는 현실화할 수 있는 것도 있고, 현실화하는 데 맞지 않는 것도 있지만, 주목할 것은 추억, 향수, 사라져 가는 것들의 정겨움, 사람들이 옹기종기 모여 사는 그런 소박한 아름다움에 대한 추구에서 아이디어가 많이 생긴다는 것입니다. '학교 종이 땡땡땡' 카페나, 마포 어디에 가면 한강을 바라다보는 곳에 이발소 의자가 몇 개 놓여져 있는 재미있는 카페가 있다거나, 작년에 마차를 타고 우리나라 해안선을 누비는 여행……. 이런 대부분의 아이디어를 내는 것을 보면 '잃어버린 소박한 아름다움을 쓸쓸한 표정으로 바라보고 있는 사람'인 것 같아요, 전유성 씨는요. 그런 아이디어가 사람들의 마음속에 있는 어떤 갈망 같은 것을 끄집어내는 것이죠. 그는 아이디어를 주변에 다 줘버려요. 아이디어는 주고 계산적인 셈은 절대로 하지 않죠. 이런 점 때문에 주변에 사람들이 많습니다. 자기 것에 집착하지 않는 사람이죠.

제가 기획한 이벤트 중에 재미있었던 것 하나를 소개하라면, 전유성, 진미령의 결혼식 기획입니다. 야외 결혼식인데 주례를 없애고 신랑 입장에 포인트를 준 것이었죠. 신랑이 노란색 붕붕카를 타고 입장하고, 그 뒤를 꼬마 아이들이 따르는 거예요. 효과 음악은 '붕붕붕 꽃향기를 맡으며 꼬마 자동차가 나간다……"였죠. 결과는 아주 성공적이었습니다. 그런데 그런 기획의 핵심은 어찌 보면 동심입니다. 포인트를 동심에서 찾았기 때문에 어른도 좋아하는 것이죠. 꾸미려고 하는 것보다 발상을 어린애처럼 하는 것, 스스로의 마음을 해방시키는 것이 중요합니다.

저희 회사는 전문적인 문화 기획사입니다. 이벤트 회사는 아니죠.

대개 이벤트 회사라고 하면 현장에서 연출하는 현장 중심의 이벤트를 하는 곳입니다. '이벤트월드'나 '연하나로' 같은 회사가 대표적인 곳인데, 현장에서 이루어지는 일들은 그런 회사들에 맡기고, 저희는 전체적인 기획을 잡아나가는 일을 하고 있습니다. 테마 공간의 개발 전략을 세우거나, 인터넷 방송 등의 사업을 하는 게 주력 아이템입니다.

제가 앞으로 하려고 꿈꾸는 일 중의 하나는 서울 시민의 날에 수십만의 시민이 모여 춤을 추는 것입니다. 강강수월래라면 풀 수 있을 것 같아요. 강강수월래는 국난 극복이고, 동참이고, 원운동이고…… 함께 어울리기에 쉬워서 좋습니다. 강강수월래를 가지고 서울 시민의 춤을 만들고 싶은데, 제가 가지고 있는 꿈 중의 하나입니다.

주변에 많은 아이디어가 편재할 수 있습니다. 문제는 아이디어가 없어서가 아니라 그 아이디어를 사람들이 중요하게 생각하지 않기 때문입니다. 전유성 씨는 노력하는 사람이지 아이디어 자동판매기가 아닙니다. '어렸을 때의 교실로 돌아가고 싶다. 그런 것을 만들어보면 어떨까' 그런 추억을 아름답게 생각했기 때문에 '학교 종이 땡땡땡' 같은 까페가 나오는 것입니다. 세상의 현상에 대해서 애정을 갖고 바라보는 훈련이 필요합니다. 전유성 씨는 그런 것을 대단히 중요하게 생각하기 때문에 아이디어가 많이 나오는 것입니다. 이런 분야에서 기획하는 사람은 동심을 가져야 합니다. 아이디어의 문제는 본질적으로 가치의 문제이고 철학의 문제입니다.

세상을 아름답게 만드는 이벤트가 많이 있을 수 있습니다. 우리 회사 사장님이셨던 표재순 세종문화회관 이사장님이 연출한, 88서울올림픽 개회식 때 굴렁쇠 굴리는 소년은 큰 감동을 주었습니다. 그런 아이디어, 심플하고 소박한 아이디어가 나오는 것은 결코 쉬운 일이 아닙니다. 생각을 어린아이처럼 단순하게 하면 아이디어가 나올 수 있습니다. 중요한 것은 꿈을 꾸고, 꿈을 현실로 만들겠다는 의지가 있고, 할 수 있다는 목표 의식을 갖는 것, 사람을 저축하고 시집을 읽는 등 자기 감수성과 '마음'의 능력을 한 걸음 전진시키려는 노력이 아닌가 싶습니다. 이런 분야에서 일하는 사람들은 꿈을 꾸는 사람들입니다. 꿈만 꾸면서 밥도 굶고 건달처럼 사는가 하면, 꿈을 현실로 만들기 위해 마케팅 책도 많이 읽고, 기획서도 잘 쓰기 위해 숱한 노력을 하고……

마흔 살에 무엇이 되어 있을까……

젊은 분들이 여기에 많은데, '나이 40이 됐을 때 내가 어떠한 일을 하고 있을까' 하는 생각을 많이 했으면 좋겠습니다. 제가 회사를 경영할 때 공채 5기까지 뽑았는데, 입사 첫날 신입사원들에게 이런 말을 했습니다.

기대를 너무 크게 하지 말라. 사장인 나에 대해서 크게 기대하지 말라. 회사에 대해서도 크게 기대하지 말라. 알고보면 다 불쌍한 사람들이다. 내가 기대하라고 한 것도 아닌데, 사장에 대해서 거창하게 생각해놓고 나중에 가서 '알고보니 별볼일 없는 사람'이라고 생각하면 나는 억울하지 않은가! 대부분의 경우 인간 관계에서 배신감을 느끼는 것은 기대가 너무 크기 때문이다. '10을 기대했는데 5밖에 안 되더라' 하는 데서 배신감을 느끼는 것이다. 있는 것만 현실로 인정하라. 평생 동지가 어디 있나? 사람 인연은 만났다 헤어지는 거다. 마치 죽을 때까지 같이 가는 것으로 생각하지 말라! 이 회사에서 일할 때 '나이 40에 나는 무엇이 되어 있을 것인가'를 생각하고 그때를 위해 준비하는 기간으로 회사에서 일한다면 자신에게도 좋고 회사에도 좋다. 나이 40에 아주 뛰어난 감독, 연출자가 되고 싶다고 생각하면 좋은 프로그램을 열심히 만들면 되니, 회사도 좋고 자신도 좋다. 40에 사장이 되겠다고 하면 사장이 되기 위해 시간을 투자할 것이다. 그 과정에서 서로 기본적인 신뢰를 지키면 되는 것이다. 사장을 위해서, 회사를 위해서 봉사했다고 말하지 말라. '나이 마흔에 나는 무엇이 돼 있을까?' 그런 자기 의식을 갖고 사는 것이 중요하다. 나하고 함께 일한 사람이 훗날 회사 밖에 나가서 무능하다고 평가받으면 나는 대단히 자존심이 상할 것이다.

저희 회사 직원들은 예전에 혹독하게 훈련을 받았습니다. 다른 데서는 제가 자유롭게 해주지만, 문서의 오자가 눈에 들어오거나, 외부로 나가는 기획서에 문법이 틀린 문장이 발견될 때에는 용납을 안 했습니다. 문서를 적당적당히 만드는 것은 불성실하고 창피한 일입니다. 그때 직원들에겐 기획서 작성 능력만큼은 확실하게 훈련시켰다고 자부합니다.

여러분은 문장에 대한 훈련이 필요합니다. 자기소개서를 보면 이 사람이 상투적인 사고를 갖고 있는지 창조적인 사고를 갖고 있는지를 대번에 알 수 있어요. 자기소개서를 '보고서' 작성하듯이 정형화된 틀로 쓴 것을 보면 그 사람의 창조적인 능력에 대해서 신뢰가 안 가게 됩니다. 사고 자체가 상투적이라고 생각되기 때문입니다. 저는 문법이 틀린 문장을 읽으면 짜증이 납니다. 일을 못 맡기겠다는 생각이 듭니다.

이런 분야에서 글쓰기 훈련은 중요합니다. 앞으로의 세상에 저희 같은 회사에서는 기획하는 사람만 데리고 있게 됩니다. 나머지는 다 아웃소싱하지요. 이런 분야에서 살아 남을 수 있는 사람은 탁월한 기획서를 써낼 수 있는 사람입니다. 방향을 잡고 전략적인 사고가 들어 있어야 하고, 시계열별로 정리해서 모든 일정을 한눈에 볼 수 있게 하는 사람입니다. 그리고 목표 달성 과정과 투입 예산 등을 수치화할 수 있어야 하지요. 글은 그 사람의 사고가 가장 잘 드러나는 매체입니다.

큰 승부는 결국 철학의 싸움이다

얼마 전에 어느 도시에서 박람회가 열렸는데, 모 방송사의 자회사가 일을 맡았다가 계약이 파기됐습니다. 진행을 못 시키는 사이에 긴급 구원투수로 우리 팀이 들어갔죠. 우리 일은 주제 영상관을 만드는 거였습니다. 기본 기획서를 작성하는 데에 주어진 시간은 4일. 4일 동안에 아이디어를 3D 비주얼로 보여주고, 전체 공간 개념에 시나리오를 첨부하는 것인데……. 사실 말이 안 되는 일이죠. 두 달은 해야 되는 일인데……. 약속도 죄다 취소하고 야근을 했습니다.

주제 영상을 만들어야 하는데 시간도 없고, 또 예산이 있어야죠. 큰 화면이기 때문에 전면 투사 방식으로 하면 필름으로 만드는 수밖에 없는데, 시간도 없고 돈도 없고……. 저희는 앞을 보지 않고 밑을 보게 하자고 제안했습니다. 고정 관념의 사각형을 확 부숴버린 거죠. 칼레이도스코프라고, 세비아 엑스포 때 프랑스관이 성공한 모델을 우리는 참고했습니다.

'4면에 깊은 우물 같은 스크린이 파여 있고, 위에서 영상을 쏘는데 전후좌우에 거울을 놓으면, 영상이 무한 반복되어 거대한 영상의 바다에 떠 있는 느낌을 갖는다! 굉장히 충격적인 장면이 나올 수 있을 것이다. 예산 부족과 시간 제약상 필름으로는 안 되니 비디오와 슬라이드로 간다. 현실적으로, 정직하게 말해서 그것 외에는 방법이 없다. 필름으로는 만들 시간이 없다. 지금 장담하여 일단 통과시켜 놓고, 나중에 안 된다고 하는 건 말이 안 된다. 슬라이드와 비디오를 가지고 이미지를 이야기해야 하니까, 내레이션도 필요 없고 멀리서 들리는 시(詩)와 음악과 환상적인 영상으로 생명의 벅찬 감동을 주

자. 정선된 슬라이드와 비디오를 가지고 하면 좋은 작품을 만들 수 있다'

문제를 해결하는 방법은 정직하게 가는 수밖에 없었습니다. 적당히 꾸며서 폼잡는 게 바로 망치는 겁니다. 사실 다른 회사에서는 몇 달씩 로비했지만, 우리가 정직하게 제안한 해법이 인정을 받았습니다. 돈과 시간이 없다면, 영상을 위에서 밑으로 쏘는 형식 파괴를 통해서 돌파하자! 이런 역발상이 먹혔던 것이죠. 길은 험하지만 직진해서 가면 바른 길은 있어요. 큰 승부는 결국 정직성과 문제를 보는 철학의 싸움입니다.

여러분은 취직에 관심이 많은데, 어떤 자격증이 필요하고, 토익 점수가 어느 정도 되어야 하고…… 그러저러한 것들을 생각할 것입니다. 그런 것도 중요하지만 기획하고 연출하는 일을 자기 평생의 업으로 삼으려면, 나름대로 철학을 가지고 세상 돌아가는 것을 차분하고 길게 바라보는 안목이 중요합니다. '천천히 서둘러라!' 이것은 서양 중세 연금술사들의 금언(金言)입니다. 저는 사람들에게 기획 일을 맡길 때 능력이 뛰어난 사람보다는 안전한 사람에게 맡깁니다. 시간 약속 잘 지키고 자기가 한 말에 약속을 지키는 사람에게 70% 정도는 맡깁니다. 바로 그 토대 위에서 능력이 중요한 겁니다. 신뢰할 수 없을 때는 일이 주어지지 않습니다. 그런 점에서 이것저것 잔거리를 쓰지 않고 자기 이미지를 당당하고 차분하게 만들어가는 겁니다. 제일 중요한 것은 길게 보는 것이에요.

여러 가지 말씀드렸지만, 요약하자면 자신을 스스로 소중하게 생각하기, 자신의 체질에 맞는 일을 선택하기, 모두가 '알고보면 불쌍한 사람들'이기 때문에 스스로 먼저 마음의 문(門)을 열기, 사람 저축하기, 철학을 가지고 놀기, 동심으로 돌아가기……. 대체로 이런 것들을 말씀드린 것 같습니다.

제 실패담을 솔직하게 말씀드리려고 했는데, 저도 자꾸 나이가 들어가는지 쓸데없이 '교훈적인' 이야기도 많이 섞인 것 같습니다. 이해해주시기 바랍니다. 감사합니다.

녹취 : 안성희 / 윤문 : 박현태

'저 아랫것들'의 부상

손용석(《(주)인컴기획》 대표)*

만약 어떠한 큰 사건이나 이슈가 일어났다면, 그 정보원을 어디에서 얻겠습니까? 예를 들어 비행기 사고가 났다면 그 사건의 전말에 대해 어디에서 정보를 구하겠습니까? 아마 항공사에 전화를 걸어서 물어보는 것이 가장 빠를 것입니다. 또 다른 방법은 통신사 · 병원 · 경찰서 · 유관 단체에 물어보는 것입니다. 그러나 의외로 그 회사에 직접 물어보는 것보다는 그 주변에 물어보는 것이 빠를 수도 있습니다. 왜냐하면, 그 항공사는 사건의 진상을 감추거나 은폐를 기도할 수 있기 때문입니다.

그러면 기자들은 사건의 진상을 알기 위해 어떠한 방식을 택하겠습니까? 위와 같은 방법도 당연히 취하겠죠. 그런데 의외로 웹 페이지나 인터넷을 뒤지면서 정보를 찾거나 물어보는 경우가 많습니다. 우리는 일상 생활에서 이미 인터넷과 연관을 지어 활동하는데도 불구하

---

* 1957년생. 한국외대 중국어과 졸업. 삼성물산(주) 기획실 과장, (주)나라기획 프로모션 부장. 현재 (주)인컴기획 대표이사로 재직 중.

고, 우리 자신도 그 사실을 인식하지 못하는 경우가 많습니다. 미국에서 최근(1999년 3월 현재)에 '기자들이 정보를 얻는 방식'에 대해 조사한 결과, 1위는 '당사에 직접 물어본다', 2위는 '유관 단체에 물어본다', 그리고 3위로 '인터넷에서 찾는다'는 답변이 나왔습니다.

커뮤니케이션이 다변화하고 있다

오늘의 주제는 '다변화하고 있는 커뮤니케이션(Diversified Communication)'입니다. 이는 커뮤니케이션 전문 영역에 한정된 얘기가 아니라, '변화된 사회에서 커뮤니케이션의 방향은 어디로 흘러갈 것인가'라는 보다 포괄적인 시각을 전제하고 있습니다.

기업이 수행하는 기존의 커뮤니케이션 방식 중 크게 부각된 것은 광고입니다. 우리 나라 기업의 커뮤니케이션 활동 중 광고 비율은 80%나 됩니다. 하지만 미국의 경우는 단지 40%만이 광고이며, 기타 60%는 매우 다양화한 형태를 보입니다. '기업의 커뮤니케이션 활동'이라 하면 먼저 광고를 연상해왔습니다. 그런데 광고 외에 다양한 커뮤니케이션 방식이 부상하고 있다는 점을 인식하기 위해서는 고정된 시각을 크게 바꾸지 않으면 안 됩니다.

앞으로 우리 사회 전반에 다양한 변화가 오게 될 것입니다. 그 중에서 '비즈니스 부분의 변화'를 그림을 통해 설명드리겠습니다. 비즈니스는 고정되어 있는 기업이나 시장이 아닙니다. 수많은 변화가 안팎으로 발생하며, 그 변화가 발생하는 범위는 엄청나게 커지고 속도도 엄청나게 빨라지고 있습니다.

자, 비즈니스는 어떤 영향을 받으며 그 변화는 어디서 올까요? 다음 페이지 그림은 저 자신의 개인 창작품이 아니라, 미국 인텔사의 앤디 그로브 회장이 쓴《편집광만이 살아 남는다》라는 책에서 인용한 것입니다.

곱하기 10의 변화 폭풍이 분다

첫째, 변화는 경쟁자에게서 옵니다. 저희 〈(주)인컴기획〉을 예로 들면 경쟁사들이 있는데 경쟁사의 세력이 강해지면 우리의 비즈니스가 영향을 받게 됩니다.

둘째, 변화는 공급처에서 옵니다. 〈(주)인컴기획〉의 비즈니스는 서비스를 고객에게 파는 것입니다. 그런데 서비스를 하는 데 다른 회사의 서비스를 받아야 할 경우가 있습니다. 호텔을 사용하여 전시회를 열고, 장비를 빌려서 이벤트를 할 경우 연예인과 도우미 등을 공급해주는 서비스를 받습니다. 이들 공급 회사들의 변화가 우리의 변화를 요구하기도 합니다.

셋째, 변화는 보완자에게서 옵니다. 예를 들면 우리 회사 고객 중에 어떤 특정한 업체가 경영 컨설팅 회사와 제휴를 맺고 있는데, 경영 컨설팅 회사에서 컨설팅의 일환으로 홍보 분야에 대해 저희 회사와 상의할 수 있습니다. 그 회사는 경영과 커뮤니케이션 배경은 가지고 있지만 전문화되어 있지 않아서 홍보에 관한 한 우리 회사의 학문적·전문적 식견에 의지할 수 있겠죠. 우리 같은 홍보 회사가 그 회사의 경영 컨설팅에 영향을 줄 수도 있습니다.

넷째, 변화는 고객에게서 옵니다. 만약 고객이 우리 회사가 현재 수

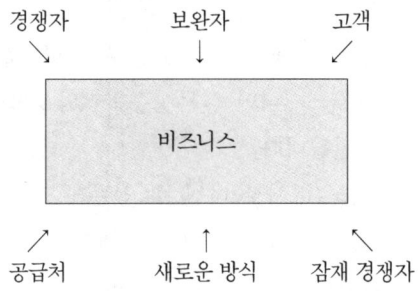

행하지 않는 영역을 요구한다면, 우리는 그것에 발맞추어 새로운 변화를 할 수 있습니다.

다섯째, 잠재 경쟁자에게서 변화가 옵니다. 인터넷의 정보 제공자들이 웹 사이트를 만들며 활동을 하다보면 접속자가 늘어 광고가 붙고, 광고에 관련된 정보와 노하우를 흡수하게 되면서 '우리가 직접 광고를 해야겠다'라고 생각하고서는 광고 비즈니스 시장으로 들어올 수도 있습니다. 처음에는 경쟁자 리스트에 없었지만 차츰 경쟁자 자리를 차지할 수도 있습니다.

여섯째, 새로운 방식을 채용하는 데서 변화가 옵니다. 아이러니컬하게 들릴지 모르지만, 홍보를 하는 데 광고 같은 방식은 더 이상 커뮤니케이션으로서 필요하지 않을 수도 있습니다. 커뮤니케이션 방식이 구식이거나, 새로운 커뮤니케이션 기술이 도입되면 기존의 커뮤니케이션 방식이 필요 없어집니다. 이런 변화들이 오면 앤디 그로브 회장이 말했듯이, 곱하기 10의 변화가 폭풍처럼 몰려올 수 있습니다. 가령 보완자에서 50% 변화가 왔다면 그 영향력은 150% 정도라고 생각하는데, 사실은 1000%의 영향이 옵니다.

위로 올라서는 '저 아랫것들'

이 자리에서는 다양한 커뮤니케이션 중에서도 광고 이외의 부문에 관해 이야기하겠습니다. 여러분은 신문방송학과에서 기업의 커뮤니케이션과 관련해서 주로 광고에 관해 공부하셨을 겁니다. 제가 오늘 말씀드릴 내용은 '조금 지나면 신문방송학과의 커리큘럼이 바뀔 것'이라는 예상과도 연관됩니다.

기업체는 크게 여러 부서로 나뉠 수 있는데 인사계, 재무계, 기획 부분, 마케팅 부서가 그것입니다. 그 중 마케팅은 4P라는 부분으로 다시 나뉩니다. Product, Price, Place, Promotion이 4P인데, 이를 합하여 '마케팅 믹스'라 합니다. 기업체에서는 마케팅 매니저들이 관장하고 있는 영역입니다. 마케팅을 하기 위해서 제품 기획(Product)—휴지를 생산하려고 하는데 요새 사람들은 부드러운 것을 좋아한다고 가정하는 것, 가격에 대한 고려(Price), 어떻게 유통시킬 것인지에 대한 고려(Place), 어떤 커뮤니케이션을 통해 판매를 높일 것인가를 고려하는 촉진(Promotion)이 필요합니다.

촉진 방법 중에는 광고, 판매 촉진(Sales Promotion), PR, 데이터베이스 마케팅(DBM), 온라인 마케팅 등이 있으며, 이들을 '프로모션 믹스(Promotion Mix)'라 합니다. 이러한 여러 프로모션 일은 제품에 대해 사람들에게 널리 알리고 사도록 유도하는 일련의 활동들입니다.

이 프로모션 활동을 하는 데 필요한 여러 가지 수단들이 있습니다. 마케팅 부서에서 실제로 돈을 쓰는 행위는, 이 수단들 중 가장 적절하다고 간주되는 하나의 수단, 혹은 몇 가지 수단들의 조합을 선택하여

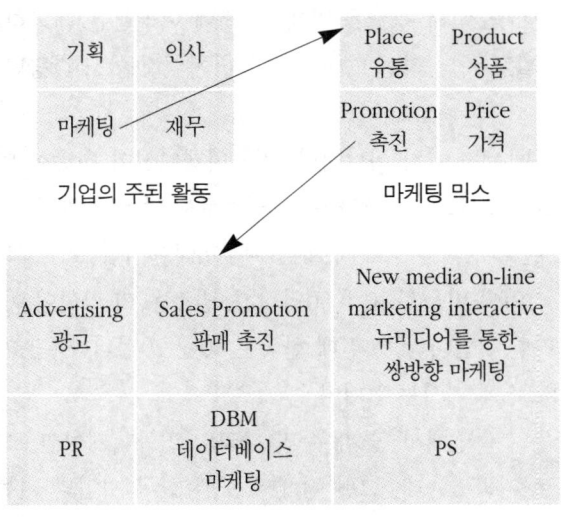

기업의 주된 활동   마케팅 믹스

프로모션 믹스

비용을 지불하는 것입니다. 돈을 쓰려면, 여러 방향으로 고려하고 안배한 뒤 결정해야 합니다.

프로모션 활동의 수단들이 어떻게 변화되고 있는지를 알려주는 말이 있습니다. 현업에서 쓰는 용어로 '빌로우 더 라인(Below the line)'이 있는데, 말 그대로는 '금 아래'를 얘기하죠. 우리 말로는 '기타 수단'인데, 중요한 점은 이 용어가 비하하는 말이라는 점입니다. 그러니까 우리말로는 '저 아랫것들'이라고 하면 좋을지 모르겠습니다. 그 상대 개념은 '어보브 더 라인(Above the line)'인데 말 그대로는 '금 위'를 얘기하죠. 대비하자면 '저 높은 데 있는 것'이라고 할 수 있을 것입니다.

어보브 더 라인은 광고를 가리킵니다. 그 밖의 것들, 그러니까 판촉, 뉴미디어 쌍방향 마케팅, PR, 데이터베이스 마케팅 등은 다 빌로우 더 라인입니다. 이와 같은 광고 이외의 수단들은 '저 아랫것들'로 불렸다는 것이죠. 이렇게 아랫것들로 천시되던 프로모션 수단들이 세월이 변하면서 오히려 각광을 받게 된 점에 여러분은 대단히 주목해야 합니다. 빌로우 더 라인, 그러니까 '저 아랫것들'도 각광받는 말이 된 것이죠.

우리 나라에서는 아직 아니지만, 커뮤니케이션이 발달한 미국에서 각광을 받고 있는 것은 광고가 아니라 빌로우 더 라인에 속하는 수단들입니다. 현재 경제적인 수치로 볼 때, 미국에서 어보브 더 라인과 빌로우 더 라인의 비율은 40대 60입니다. 빌로우 더 라인이 어보브 더 라인을 능가한 것입니다. 그런데 한국은 80대 20입니다. 광고가 아직도 '저 높은 곳'에 계시는 겁니다.

경제 활동의 측면에서 볼 때 우리 나라의 커뮤니케이션 모델은 미국을 그대로 따라왔는데, 그런 점에서 보면 한국 기업의 커뮤니케이션 구조는 결국 바뀌리라고 예측할 수 있습니다. 광고가 아닌 부분에,

즉 저 아랫것들에 사람들의 관심이 쏠리니까 기업체들은 광고에 대한 씀씀이를 줄이고, 광고 인력들은 빠져나가고 있는 추세입니다.

한국의 경우 1997년도 총광고비는 5조 4천억 원 정도인데, 4대 매체 광고비가 약 4조 2천억 원 정도입니다. 나머지가 기타 매체, 즉 빌로우 더 라인 쪽입니다. 이 말은 거꾸로 보면 그만큼 한국에서 빌로우 더 라인의 잠재적 가능성이 크다는 것을 의미합니다. 기업의 프로모션을 위한 커뮤니케이션에 엄청난 변화가 예상되는 것입니다.

'아랫것들'을 몰고 오는 고객

현재 우리 나라 기업들은 그런 변화들이 오지 못하도록 꽉 막는 보수적 성향을 보이고 있어요. 변화의 물결이 몰려올 때, 새로운 비즈니스 환경을 받아들이고 대처하는 사람들이 있는 반면, 변화를 거부하면서 자기들끼리 담합하는 등 과거의 자기 것을 지키려 하는 사람들도 있습니다. 대부분이 후자에 속하겠죠. 특히 우리 기업들은 그런 관행을 뚜렷하게 보이고 있어요.

경제가 건강하려면 자유롭게 경쟁하면서 지킬 선들을 지키는 풍토가 있어야겠지요. 우리 나라 IMF 사태의 원인은 경쟁 이외에 권력이라든가 다른 요소를 강조함으로써 비즈니스 구조를 왜곡시켰다는 데 있습니다. 따라서 최선의 해결책을 내지 않고 이상한 방향을 지향합니다. 제시되는 해결책들이 특정 집단이나 개인의 이익 등을 대변하는 경우가 많다보니, 그 해결책이라는 것도 변화를 어떻게든 막으려고 고민하는 흔적이 역력합니다.

그러나 막는 게 쉽지는 않을 겁니다. 그네들이 아무리 막으려고 애를 써도, 변화는 어느 한두 군데서만 일어나는 게 아닙니다. 아까 예로 든 것만으로도 6가지 분야에서 혼란스럽게 거친 변화가 오고 있으므로, 어느 하나를 틀어막는다고 해서 변화를 막지는 못합니다.

어보브 더 라인에서 빌로우 더 라인으로 바뀔 수밖에 없다고 예상하는 가장 큰 요인은 고객입니다. 고객들은 이제 더 이상 호락호락하지 않습니다. 물건을 하나 사더라도 꼼꼼히 따지고 확인하면서 삽니다. 옛날에는 주로 생산자 위주의 시장 구조였기 때문에 생산자들이 고객에 대한 서비스를 게을리했지만, 오늘날 소비자는 생산자에는 관계없이 다양화된 상품을 선호합니다. 그러니 광고에서 일방적으로 주는 메시지보다는 다양한 관심에 따라 접근할 수 있는 인터넷 구매가 급속히 늘어가는 것입니다. 데이터베이스 마케팅이 선진 기법으로 꼽히는 이유도 고객들의 다양화에 접근할 수 있는 수단이기 때문입니다. 다른 여러 이유가 있지만, 무엇보다 고객의 변화를 통해 광고가 상대적으로 쇠퇴하고 빌로우 더 라인이 부상하리라고 예측하는 것입니다.

대세는 그쪽으로 가는데…… 제가 우려하는 것은 이런 변화에 대응하는 커뮤니케이션 종사자가 별로 없다는 것입니다. 기업이든 취업을 준비하는 대학생들이든 새로운 변화에 대응하는 준비가 되어 있지를 않습니다. 남들이 준비되어 있지 않다는 점이 미래에 바뀐 구도 속에서 일하게 될 여러분에게는 기회가 될 수 있습니다.

처음에는 한 사람, 두 사람이겠지만, 그들이 조금씩 세를 형성하면서 사람들의 인식을 바꾸어나가면 곱하기 10의 변화가 올 수 있습니다. 지금 현재로선 그런 식의 변화가 일어나고 있지 않기 때문에 오히려 엄청난 잠재 가능성이 있고, 여러분에게는 아주 커다란 기회가 될 것입니다. 기득권을 가진 사람들이 변화를 인정하지 않고 지키려고 하기 때문에, 혹은 덩치가 커져서 변화를 두려워하기 때문에, 새로운 시대를 살 여러분에게는 빌로우 더 라인의 분야가 그만큼 도전해볼 가치가 있습니다.

커다란 기회가 있는 곳들

그러면 변화의 방향을 앞서가려는 사람들이 도전할 분야, 즉 '저 아랫것들'에 대해 좀더 구체적으로 살펴보도록 하죠.

우선 PR을 살펴볼까요? 전통적으로 PR 회사들은 고객의 요구에 따라 매체에 보도 자료를 보내고 그것이 실렸는지를 체크하는 등 아주 정형적인 일들을 했습니다. 그런 일들이라면 홍보 심부름이라고도 할 수 있습니다. 그런 심부름들을 충실히 하면 좋은 PR 회사라고 했던 것입니다. 그런데 생각해보세요. 어떤 PR 회사에 있던 사람들이 나가서 다른 PR 회사를 차렸습니다. 그런데 새 회사의 사람들은 기존 회사와 경쟁해야 하는데, 가장 손쉽게 접근할 수 있는 방법이 값을 낮추는 겁니다. 또 다른 사람들이 PR 회사를 차렸고, 또 값을 낮추면 가격 경쟁에 휘말리겠죠?

이런 경쟁이 새로운 변화를 몰고 오는 과정을 보면 이렇습니다. 어떤 기업은 가격 경쟁 대열에 참여하지 않고 새로운 부가가치를 창출하는 방향으로 전략을 잡습니다. 다른 회사에서는 전혀 나올 수 없는 가치를 주는 차별화 전략입니다. 다른 회사와 차별성을 부각시키는 일은 고객인 기업들에 새로운 부가가치를 줄 수 있기 때문입니다. 새로운 부가가치란 무엇인가? 홍보 심부름 이외에 직원들의 질을 높여 PR에 관한 컨설팅을 제공한다든가, IMC(Intergrated Marketing Communicaiton)에 대한 노하우를 개발하여 제공하는 것 등입니다. 이 때문에 새로운 서비스와 수단이 개발되고, 그것들이 뭉쳐 전반적인 변화를 몰고 오는 데 기여합니다.

다음으로 데이터베이스 마케팅(DBM)에 대해 말씀드릴까요? 여러분은 데이터베이스 마케팅 분야를 눈여겨볼 필요가 있습니다. 특히 우리 나라에서는 이 분야가 굉장히 낙후돼 있어서 잠재력이 무한합니다. 소비자들은 광고를 보고 움직이지 않습니다. 소비자들은 생산자와 1대 1 커뮤니케이션을 하고 싶어합니다. 수없이 다양한 소비자들과 1대 1 커뮤니케이션하기 위한 수단이 바로 데이터베이스 마케팅입니다.

데이터베이스 마케팅은 고객에 대한 성향 분석, 예를 들면 개인의 프로필 파악, 신용카드 작성시 들어가는 모든 데이터 분석, 물건을 사는 경향에 대한 분석 등이 포함됩니다. 여기서 중요시하는 데이터가 FRM(Frequency 빈도, Recency 최신도, Money 금액)입니다. 얼마나 자주 구매를 하느냐, 최근에 구매를 한 실적이 있느냐, 얼마나 많은 돈을 쓰면서 구매하느냐 하는 정보입니다. 데이터베이스 마케팅은 이같이 고객들의 다양한 성향이나 데이터를 수집, 분석, 관리하는 것이고, 정확한 소프트웨어 프로그램을 짜서 사람들이 원하는 다양한 요구에 부응해 커뮤니케이션을 할 수 있으니 1대 1 커뮤니케이션에 근접하는 겁니다.

과거에도 물론 주소 리스트 같은 것들이 있었지만 일방적인 형태였지요. 최근에는 데이터베이스 마케팅이 떠오르면서 쌍방향적인 커뮤니케이션이 가능할 뿐 아니라, 다양성을 획기적으로 소화하고 있습니다. 이러한 새로운 방식이 가능하게 된 직접적 계기는 컴퓨터의 발전과 보급입니다. 컴퓨터의 발달은 데이터베이스 마케팅의 발전으로 이어졌고, 그에 따라 시장의 저변이 확대되었습니다.

일례를 들면, 앞으로는 마니아를 위한 광고 시대가 열릴 것입니다. 사람들은 광고를 보고 구매를 결정하기보다는 제품을 사용한 주변 사람들의 얘기를 듣고 구매를 결정하는 경향이 있습니다. 따라서 마니아를 대상으로 커뮤니케이션을 잘하면, 구매에 대한 결정을 확산하는 중요한 거점을 확보하게 될 것입니다.

마니아는 수용자(Receiver)의 성격을 갖고 있으면서 또 게이트 키퍼(Gatekeeper)의 성격도 갖고 있습니다. 수용자의 측면에서 보면 마니

아는 헤비 유저(heavy user)라고 할 수 있습니다. 우선 '이 광고에 관한 한 다른 사람들은 필요 없고 헤비 유저만 잡으면 된다'라고 판단하겠지요. 그렇다면 마니아를 대상으로 한 메시지는 '일반적인 것이 아니라 마니아들이 원하는 내용으로 해야 한다'고 결정합니다. 헤비 유저들에게는 보다 확실한 인센티브를 준다든지, 보다 깊이 있는 내용을 전달한다든지 하는 것들입니다. 또 마니아가 메시지의 전달을 차단하거나 선택하는 게이트 키퍼의 성격을 갖는다면, 이들의 신뢰를 얻기 위해 어떻게 해야 할 것인가를 판단해야겠지요.

이처럼 마니아를 대상으로 광고하려면 특정 분야의 마니아층을 분석해야 할 것이고, 어떤 마니아에 맞추어 나갈지를 결정해야 되겠고, 어떤 미디어가 마니아에 대한 커뮤니케이션을 지원해줄 수 있는가를 판단해야 할 것입니다. 그것을 뒷받침할 수 있는 것도 데이터베이스 마케팅입니다. 데이터베이스에 있는 마니아에 대한 정보를 활용하는 것이지요. 거기에서는 쌍방향 커뮤니케이션도 가능하니, 마니아들의 의견 수렴도 어렵지 않게 가능합니다. 그런 상황에서는 데이터베이스 마케팅, 쌍방향 커뮤니케이션으로 가야지 매스 마케팅(Mass Marketing) 쪽으로 가서는 안 됩니다.

그 다음으로 인터넷 커뮤니케이션 분야에 대해 말씀드릴게요. 인터넷 하면 우선 커뮤니케이션의 속도에서 일어난 변화를 볼 수 있습니다. 예전에는 해외와 커뮤니케이션을 텔렉스로 했습니다. 제가 삼성에 근무할 때 텔렉스가 있는 방이 따로 있었는데, 거기에 들어가기도 쉽지 않았습니다. 그리고 담당자에게 부탁해서 어렵게 커뮤니케이션을 한 겁니다.

그 다음 나타난 수단이 팩시밀리입니다. 텔렉스는 반응이 오는 데 이틀에서 닷새 정도 걸렸지만 팩스는 하루 정도가 줄어듭니다. 그러나 요즘은 어때요? 채팅하듯이 비즈니스를 합니다. 이메일로 금방금

방 대화를 하니까요.

복제에 관해서도 인터넷은 놀라운 수준입니다. 정보 저장에서도 가공할 능력을 갖고 있습니다. 복제에 관해서 놀라운 변화를 야기한 것이 디지털 출판(digital publication)입니다. 지금까지의 복제 패러다임은 프린트를 한 다음에 분배를 한다는 거였죠? 책이 대표적입니다만……. 미래의 패러다임은 먼저 이메일로 디지털 파일을 분배하고 난 다음 현지에서 필요한 사람만 프린팅하는 것입니다. 복사할 부분을 관련된 사람에게 이메일로 보내는 것이죠. 인터넷 브로셔, 인터넷책, 인터넷 방송이 그런 형태를 띱니다.

인터넷의 중요한 측면은 쌍방향으로 상호 작용한다는 겁니다. 광고나 PR은 메시지를 일방적으로 발송하고 나서 나중에 피드백을 받습니다. 그러나 인터넷은 커뮤니케이션 과정에서 즉시즉시 피드백을 받습니다. 얼굴을 맞대는 대화형으로 커뮤니케이션이 바뀌는 것이죠.

그런 성격을 바탕으로 할 때 인터넷 광고는 단순히 배너 광고 같은 것을 말하는 게 아닙니다. 인터넷 배너 광고는 말 그대로 광고입니다. 웹 페이지상에 나타난 광고 아이콘을 클릭해서 들어가는 것을 말합니다. 그렇다면 스팸 메일처럼 남의 이메일에 쳐들어가는 것을 말할까요? 글쎄요. 그것도 일부 포함될지는 모르겠지만, 그건 마케팅이라고 할 수는 없겠죠. 말하자면 원하지 않는 디엠(direct mail : 광고물 등을 담은 편지)을 받은 것이겠죠. 그러나 인터넷 마케팅은 데이터베이스 마케팅과 결합하여, 인터넷상에서 커뮤니케이션이 이루어질 때 가장 이상적인 형태가 될 것이라고 생각합니다.

이렇게 해서 앞으로 활발해질 기업의 커뮤니케이션 활동 분야에 대해서 말씀드렸고, 이를 통해 도전적인 여러분이 접근해 들어갈 수 있는 길을 제시했다고 생각합니다. 그런 분야에 대한 도전은 여러분이 판단할 몫입니다. 그러면 마지막으로 여러분이 사회에 진출하는 데 필요한 자질에 대해 말씀드리면서 제 얘기를 정리하겠습니다.

꿈꿀 수 있다면 할 수 있다

제가 사회 생활을 하면서 느낀 것이기 때문에 편견이 있을 수 있겠습니다만, 저는 다음 네 가지를 강조하고 싶습니다.

우선 가장 중요한 것이 지식 처리 능력입니다. 여러 소스를 통해 자료를 축적하고 정리하고, 그 정보에 대해 판단하는 능력이 중요합니다. 그런 능력을 갖추고 있지 못한 사람은 변화에 기민하게 대처할 수 없습니다.

두 번째로 들 수 있는 것은 대인 관계를 맺고 유지하고 향상하는 능력입니다. 평상시에 상대방에 대해 겸허한 자세를 갖출 수 있는 것도 능력입니다. 공급업체나 고객들과 원활한 관계를 맺으면서도 자기 의사를 분명히 전달할 수 있는 커뮤니케이션 능력, 그것이 핵심이겠죠. 다시 말하면 좋은 관계를 맺을 수 있는 커뮤니케이션 능력이 필요하다는 말입니다. 말 잘하라는 게 아니라, 말 속에 신뢰감이 들어 있어야 한다는 것입니다.

세 번째로 어학 능력인데, 특히 영어 커뮤니케이션 능력이 굉장히 중요합니다. 저희 회사의 경우, 빌로우 더 라인 분야의 수요는 대부분 외국 회사에서 요구하고 있습니다. 또 저희 회사는 고객이 대부분 외국업체이므로 영어를 매우 중시합니다. 영어 커뮤니케이션이 되지 않으면 새로운 사회에서 자신의 능력 발휘를 크게 제한받을 수 있기 때문입니다.

그리고 마지막으로 꿈이 굉장히 중요합니다. 우리 회사 고객 중에 소프트웨어 회사인 〈어도비〉사가 있는데, 그 회사의 슬로건 중에 다음과 같은 말이 있습니다.

If yon can dream it, you can do it.

'꿈을 꿀 수만 있다면 분명히 그것을 이룰 수 있다'는 것입니다. 어떠한 꿈을 가지느냐는 중요합니다. 자기가 낮은 꿈을 꾸면 낮은 환경에 머무를 테고, 진취적이고 미래지향적인 꿈을 꾸게 되면 그쪽으로 가게 될 것입니다.

오늘 변화에 대해서 말씀드린 것도 사실은 꿈을 꾸기 위해서입니다. '미래의 어떤 상이 다가올 것이고, 미래는 이런 환경에서 이런 모습을 하게 될 것이다'라고 꿈을 꾸면 됩니다. 능력이 많음에도 불구하고 꿈을 꾸지 못해서 뭔가를 못하는 사람들이 있습니다. 꿈을 꾸도록 하십시오.

녹취/윤문 : 이승용 · 안정선 · 홍상표

'지금, 여기'에 꿈을 심어라

박성주(〈파워비전〉 프로듀서/대표)[*]

제가 초등학교 5학년이던 1968년, 에티오피아의 마라톤 선수인 아베베가 맨발로 제물포역에서 서울역까지 42.195km를 달린 적이 있었습니다. 그때 아베베 선수를 보기 위해 많은 사람들이 경인국도에 나와 있었는데, 대구에서 살다가 소사(지금의 부천)로 올라왔던 저도 경인국도변에 서 있었습니다.

다른 사람들처럼 아베베 선수를 보기 위해서냐구요? 아닙니다. 저는 아베베 선수의 뒤를 따르며 중계 방송을 하고 있던, 당시 라디오 방송 시대 최고의 스타인 이광재 아나운서를 직접 보기 위해서 경인국도에 나와 있었습니다(당시 동양방송 TBC에서 라디오와 텔레비전으로 동시 생중계 방송을 했었다).

---

* 1955년 출생. 중앙대 연극영화과 졸업. 동대학 신문방송대학원 방송 전공. 1984년 한국방송공사 입사, 〈맛자랑 멋자랑〉, 〈연예가 중계〉, 〈TV데이트〉, 〈행복채널〉 등 연출. 1997년 KBS 〈TV데이트〉로 외주 제작사 우수 프로그램 수상, 1999년 〈2000년 치매 대기획〉으로 방송위원회 선정 프로그램 기획 부문 대상 수상. 현재 〈파워비전〉 대표.

나의 우상, '이광재 아나운서'

초등학생 시절 제 꿈은 방송국 아나운서가 되는 것이었습니다. 텔레비전은 꿈도 못 꾸고 라디오도 귀하디 귀하던 시절이었죠.

그 시절, 라디오를 통해 듣던 〈어린이 노래 자랑〉이라든가, 〈전설 따라 삼천리〉와 같은 프로그램은 어린 저에게 '꿈'이라는 것을 심어주었습니다. 대구 촌놈이었던 저는 라디오를 통해 나오는 온갖 소리에 신기해했고 그것은 마치 마법처럼 제게 주문을 걸었습니다. 그 중에서도 스포츠 중계를 도맡아 하던 이광재 아나운서는 제 우상이 되어버렸죠.

당시 라디오는 신기한 오락거리였고 세상과의 유일한 통로였습니다. 라디오를 통해 나오던 남인수 씨의 〈이 강산 낙화유수〉는 제 아버님의 애창곡이기도 했죠. 하지만 뭐니뭐니 해도 제일은 박신자, 신동파 선수의 농구 경기나 김기수 선수의 권투 시합을 생생하게 중계하던 이광재 아나운서였습니다.

"이역만리 고국에 계신 동포 여러분 안녕하십니까……. 라이트 혹, 레프트 어퍼컷 치는 김기수……."로 시작하는 그의 목소리는 거의 신의 음성처럼 들릴 정도였으니까요. 그렇게 마음속으로 갈망하고 존경하던 분을 만날 수 있는 기회가 드디어 찾아왔습니다. 맨발의 마라토너 아베베가 출전한 국제 마라톤을 중계하러 이광재 아나운서가 제가 살던 소사를 지난다는 것이었죠.

전 이른 아침부터 경인국도변에 나가 이광재 아나운서를 기다리고 있었습니다. 근 1시간이 지났을까요. 드디어 마라톤 선수들이 보였습니다..

"부평을 지나서 소사로 접어든 마라토너들……. 맨발의 아베베 선수, 에티오피아의 아베베 선수가 선두로 달리고 있습니다."

누군가가 가지고 나온 라디오를 통해 들리는 이광재 아나운서의 목소리. 사람들의 입에서는 환호성이 터져 나오고 선두를 달리던 아베베 선수는 제 앞을 순식간에 지나쳐 갔습니다. 그리고 그 뒤를 따라가는 검정색 지프차.

저는 지금도 그 장면을 잊을 수가 없습니다. 지프차에는 이광재 아나운서가 타고 있었습니다. 흰색 와이셔츠 차림에 마이크를 들고 열심히 중계 방송을 하던 이광재 아나운서.

"에티오피아의 아베베, 지금 막 소사역을 지나 오류동을 향하고 있습니다……!!"

그의 모습은 제가 늘 꿈속에서 그리던 것보다도 훨씬 더 멋있었습니다. 저는 그를 조금이라도 더 보기 위해 지프차의 뒤를 좇아 한참이나 달렸던 기억이 지금도 생생합니다.

그때부터였나요. 저는 틈만 나면 성주산(부천 소사 소재)에 올라 서울 남산 야외음악당이 보이는 송신탑을 바라보곤 했습니다. 그래, 저곳이 바로 라디오가 나오는 곳이구나 하면서 말입니다.

호랑이를 잡으려면 호랑이 굴에 들어가야 한다

대학을 졸업하기 전 저는 방송국 입사 시험을 두 번 보았습니다. 처음에는 MBC의 PD직을 지원했고, 두 번째는 학과장의 추천을 받아 부산 MBC의 기자 시험을 봤었습니다. 그 당시 KBS는 사원을 채용하지 않았습니다.

두 번의 시험은 모두 실패로 끝났습니다. 예나 지금이나 방송국 입사 시험의 경쟁률은 대단했습니다. 부산 MBC의 경우 기자 한 명을 뽑는데 500여 명이나 지원했을 정도니까요. 이른바 언론고시라 불리는 통과하기 어려운 시험. 능력 부족과 실력 부족을 동시어 느껴야 했던 암담한 때였죠. 그래도 저는 방송의 꿈을 버릴 수 없었습니다. 시험에 재도전하기로 마음먹고 이를 악물며 공부에 전념했습니다.

하지만 제게 세 번째 기회는 오지 않았습니다. 그 무렵 지병으로 고생하시던 아버님이 암 선고를 받고 입원하셨기 때문입니다. 늦은 나이에 대학을 졸업했으면 당연히 취직을 해서 부모님 내의도 사드리고 용돈도 드리는 게 순리인데 시험에만 매달려 있는 것이 사치처럼 느껴졌습니다. 더구나 아버님은 몸이 불편하시기까지 하고, 정말이지 그때처럼 절박한 선택의 기로에 서본 적이 없을 정도로 어려운 시기였습니다.

초등학교 때부터 꿈꾸던 방송 일을 이젠 정말 포기해야 하나 싶고 아무 곳이나 취직을 해야 하는 건지 망설임을 거듭했습니다. 그 절박했던 시절에 우연히 머리 속에 떠오른 말이 있었습니다. 우습지만 '호랑이를 잡으려면 호랑이 굴에 들어가야 한다'는 속담이었습니다. 참으로 맞는 말이었습니다. 반드시 이루겠다는 마음만 있다면 못할 것도 없다는 생각이 든 거죠.

마침 대학 2학년 때 아르바이트로 방송국에서 잔심부름도 하고 방청객 동원도 했던 저는 그 길로 KBS를 찾아갔습니다. 그러고는 매일매일 만나는 PD들에게 무조건 인사를 하고 다녔습니다.

"이번에 중앙대학교 연극영화학과를 졸업한 박성주입니다. 아무 일이나 시켜만 주시면 열심히 하겠습니다."

얼마나 방송 일이 하고 싶었던지 전 부끄러움을 무릅쓰고 열심히 매달렸습니다. 하지만 PD들의 반응은 냉담함 그 자체였습니다. 아무도 저를 거들떠보지 않았고 별 희한한 학생 다 보겠다 하는 정도였죠.

저는 다시 수를 내야 했습니다. 그래서 이번에는 중앙대 출신 언론인 명부를 구해 당시 KBS에서 〈시민법정〉이라는 프로그램을 연출하던 학교 선배님을 찾아갔습니다. 출신 학과는 다르지만 그래도 같은 대학 선배인데 조그만 일자리라도 주겠지, 하는 심정으로 말입니다. 그러나 반응은 역시 마찬가지였습니다. "방송국에서 세차하는 일이라도 하겠다."는 제 말에 선배님은 몇 마디 물어보시더니 "돌아가."라는 한마디만을 하셨습니다. 참으로 맥이 빠지고 참담한 심정이 들었습니다. 그때였습니다. 힘없이 돌아서는데 누군가가 저를 불러 세웠습니다.

"너 그렇게 방송 일을 하고 싶냐?"

지금은 방송국 마스터 디렉터(MD)로 활동하고 계시는 모 PD였습니다. 저는 자신 있게 "네. 그렇습니다."라고 대답했죠. 그분은 내일부터 방송국으로 나오라고 말하더군요. 저는 순간 귀를 의심할 정도였습니다.

당시 그분은 〈알뜰 살림〉이라는 여성 정보 프로그램을 연출하시던 분인데, 나중에 안 일이지만 본인 혼자 그렇게 결정하고 후에 데스크와 상의한 것이었습니다. 저의 방송 입문은 그분의 결단력으로 그렇게 시작되었습니다.

어쨌든 전 우여곡절 끝에 KBS 제작 보조원으로 들어가게 되었습니다. 요즘 말로 하면 현장 FD 정도라고 할 수 있을까요. 요즘은 방송국에 FD가 있지만 당시로서는 제작 보조라는 일이 거의 없었습니다. 정식 직원은 아니었지만 저는 방송국에서 일하게 되었고, 그때 제가 처음 한 일은 KBS 별관에서 KBS 본관으로 녹화 테이프를 옮기는 일이었습니다. KBS에서 사용하는 방송용 테이프는 1인치 테이프라 상당히 무거운 편이었습니다. 그런 테이프를 한 번에 서너 개씩 양손에 나눠 들고 거리가 제법 떨어진 두 건물 사이를 바쁘게 오갔습니다.

그러던 어느 날 처음으로 방송 제작에 관련된 일이 생겼습니다. 〈알뜰 살림〉이라는 프로그램의 구성을 돕는 일을 맡게 된 것이죠. 저는 열심히 아이디어를 냈고 심부름을 도맡아 했습니다. 하지만 힘든 건 일이 아니었습니다. 당시 저는 원고료 형식으로 보수를 받았는데, 월급 형태가 아니라 녹화된 프로그램이 방송되어야만 지급되었습니다.

그래서 늘 특집 방송이나 스포츠 중계라도 있어서 방송이 취소되는 건 아닌지를 걱정해야만 했습니다. 사실 그 돈은 교통비로 쓰기도 빠듯했어요. 그때는 돈이 없어 가끔 밥도 굶었습니다.

그래도 제가 방송 일을 포기하지 않았던 건 미래에 대한 가능성 때문이었습니다.

이처럼 현실적 고통과 장밋빛 꿈 사이를 수없이 오가며 갈등하던 어느 날이었습니다. 프로그램 개편으로 〈알뜰 살림〉이 폐지된다는 사실을 알게 되었습니다. 어쩌면 한 순간에 일자리를 잃게 될지도 모른다고 생각했지만, 저는 프로그램이 끝나는 날까지 최선을 다해 일했습니다. 그렇게 프로그램이 폐지되고 〈알뜰 살림〉 제작팀도 뿔뿔이 흩어졌습니다. 저를 데려가려는 제작팀은 어디에도 없었습니다.

"아, 이런 게 내 현실이구나."

저는 또 한 번 제 신분에 대해 고민하고 절망해야 했습니다. 그러나 〈알뜰 살림〉을 할 때 열심히 하던 제 모습을 기억한 다른 PD분께서 저를 불러주셨습니다. 제게도 행운이 찾아온 것입니다. 저는 당시 신완수 PD와 왕영은 씨가 진행하던 〈생방송 오늘〉이라는 프로그램 제작팀에 제작 보조원으로 합류하게 되었습니다.

FD 출신 PD

〈생방송 오늘〉은 우리 나라에서 최초로 PD가 MC를 맡아 진행한 프로그램이었는데, ENG(야외 촬영용) 카메라를 들고 사회 구석구석을 취재하는 내용을 생방송으로 내보내는 것이었습니다. 당시엔 큰 화제가 되었던, 뉴스보다 재미있는 새로운 형식의 정보 프로그램이었죠. 시청률이 40%가 넘을 정도로 인기도 대단했었는데, 그런 프로그램의 제작팀에 제가 들어가게 된 것이죠. 제가 〈생방송 오늘〉이라는 인기 프로그램 제작팀에 합류할 수 있었던 데는 사실 나름대로 사연이 있었습니다.

새벽같이 방송국에 나가서 책상도 정리하고 출근하는 직원들에게 먼저 인사를 드리면서 대부분의 PD들이 저를 알게 됐습니다. 알게 모르게 저를 눈여겨보신 것이죠. 그러다가 〈생방송 오늘〉제작팀에 사람이 모자라는 일이 발생하자 담당 차장님이 저를 불러주신 것입니다.

제가 〈생방송 오늘〉을 하면서 무엇보다 기뻤던 건 이 프로그램의 시청률이 높았기 때문에 '개편 때 폐지되면 어떻게 하나' 하는 걱정을 할 필요가 없었다는 점입니다.

저는 이 기회를 최대한 살리기로 결심을 했습니다. 여기서만큼은 제 실력을 발휘해야겠다는 생각에 프로그램 돌아가는 전반적인 상황에 대해서 알려고 노력했고 뭐든 다 하려고 들었습니다.

저에겐 PD가 되고 싶다는 꿈이 있었으니까요. 또 남은 시간엔 방송 일에 도움될 만한 것이라면 다 배우려 했습니다. 그렇게 준비하던 중 기다리던 기회가 찾아왔죠. 당시 〈생방송 오늘〉에서 개그맨 심형래가 진행하는 풍자 코미디 코너 '심형래의 돋보기 졸보기'를 만들었습니다. 이 코너는 PD가 직접 구성을 하고 드라마틱한 영상까지 만들어야 했는데, 이 코너의 전담 AD가 필요했던 것입니다. 그 당시 이 코너의 담당 PD는 이영돈 PD(현 KBS 뉴욕 특파원 프로듀서)였는데, 이분이 저와 함께 이 코너를 만들어보자고 했습니다. 기뻤습니다. 전 드디어 기회가 왔구나 했습니다. 대학 4년 동안 공부한 것이 시나리오 작업이었기 때문에 풍자 구성에는 자신 있었습니다. 저는 겁도 없이 "제가 하겠다."고 나섰습니다. 주위에서 모두들 "네가 할 수 있겠냐?"라며 못 미더워 하셨지만 저는 계속 잘할 수 있다고, 자신 있다고 말했습니다. 그렇게 해서 '심형래의 돋보기 졸보기'라는 코너의 구성과 AD 일을 함께 하게 되었습니다. 제 힘으로 얻어낸 기회였던 만큼 저는 최선을 다해 노력했고, 덕분에 이 코너의 인기도 올라갔으며, 저의 능력도 서서히 인정받기 시작했습니다.

 그렇게 7개월쯤 일을 하고 있는데, 어느 날 담당 부장님께서 저에게 이력서를 가져오라고 하였습니다. 저는 그 말이 떨어지기가 무섭게 품속에 항상 가지고 다니던 이력서를 내밀었습니다. 그때였습니다. 사무실에 있던 모든 사람들이 감탄하며 웃음을 터뜨렸습니다. 이력서를 달라시던 분도 어이없어하시며 "이력서를 항상 가지고 다니는 걸 보니 어지간히 PD가 되고 싶었나보다."라고 말씀하시더군요.

 그렇습니다. 전 누구보다도 방송국 PD가 되고 싶었고, 또 잘해낼 자신도 있었습니다. 하지만 방송국이 어떤 곳입니까. 입사 시험을 통한 공채가 아니면 정식 사원이 될 수 없는 곳입니다. 그래서 어느 정도 포기한 저에게 이력서를 가져오라는 말은 선뜻 이해가 되지 않았습니다. 저는 그 말을 '너를 정식 직원으로 채용할 수도 있다'는 뜻으로 해석하고 한껏 기대에 부풀었죠. 그렇게 즉석 이력서를 내고 다시 6개월이 흐르는 동안 전 아무런 연락도 받지 못했습니다. 무척 실망했지만 그래도 제겐 프로그램이 있었기 때문에 다시 일에만 전념했습니다. 그리고 다음해 2월경이었습니다. 두 번째로 이력서를 달라는 말을 들었고, 저는 또다시 품속에 늘 가지고 있던 이력서를 제출했죠. 첫 번째 일도 있고 해서 그다지 기대는 하지 않았습니다.

 그런데 일주일 후, 저는 KBS의 계약직 PD로 발령을 받게 되었습니다. 이례적인 일이었죠. 저는 FD 출신 PD가 되었는데, 발령받은 그 다음날 〈맛자랑 멋자랑〉을 제작하던 차장님이 저를 찾았습니다.

 "박성주란 녀석이 너냐? 내일부터 이리 와서 일해!"

 성실하다는 평만큼은 듣고 있던 터였기에 기회가 빨리 찾아온 것 같았습니다. 이렇게 해서 저는 〈맛자랑 멋자랑〉이라는 프로그램의 연출을 아무런 마음의 준비도 없이 급하게 맡게 되었습니다. 10분짜리 일일 프로그램 6회분을 2박 3일 동안 모두 찍어 와야 하는 상황에서 바로 출장 명령이 떨어진 것이죠. 그때의 당혹스러움이라니. 전 단독 프로그램을 맡고는 잠을 이룰 수 없었습니다. 1년 계약직 PD로서 프로그램이 잘못되면 바로 방송가를 떠나야 하는 냉정한 현실에서 첫 시험을 치르게 된 것입니다.

저는 프로그램에 대한 인식 부족과 부담감 때문에 일주일만 시간을 달라고 부탁드렸습니다. 하지만 차장님은 "넌 할 수 있어. 잘해봐." 하고는 대신 경력이 많은 베테랑 카메라 감독님을 붙여주었습니다. 지금은 고인이 되신 백순모 씨(《연예가 중계》 헬기 촬영 중 1993년 순직)가 바로 그분이셨는데, AD 시절부터 저를 눈여겨보셨던 분이라 물심양면으로 많은 도움을 주셨습니다.

〈맛자랑 멋자랑〉의 첫 촬영지는 경남 마산이었습니다. 지금도 기억에 생생한 1985년 3월 4일 첫 촬영 날. KBS 봉고차를 타고 마산으로 향하는 제 가슴은 무척이나 떨렸습니다. 기회가 왔다는 기쁨보다는 공채 출신 PD와 비교될 것이 두렵고, 그보다 더 잘해내야 한다는 압박감이 들었습니다. 얼마나 긴장을 했는지 촬영지인 마산으로 내려가는 내내 말 한마디 못한 채 입은 바싹 타고 휴게소마다 차를 세워 화장실을 다녀와야 했습니다.

그렇게 마산에 도착하니 오후 6시. 바로 촬영을 잡은 걸 얼마나 후회했던지요. 요리 프로그램이라 음식 준비를 먼저 끝내고 조명도 세팅되었습니다. 드디어 출연자까지 준비가 끝났는데, 문제는 저였습니다. 얼마나 긴장했던지 '큐' 소리가 나오질 않는 거였습니다.

한참을 그렇게 있는데 보다못한 카메라 감독이 "박PD, 내가 '큐' 할까? 이 프로그램 이렇게 이렇게 하면 돼."라고 하는 것이었습니다. 순간 저는 정신이 번쩍 들었습니다. 아차, 이게 아니다 싶었죠. 제겐 첫 프로그램인데다 앞으로 5회분을 더 찍어야 하는 상황에 이런 모습을 보여선 안 되는 거였습니다. 그때 저는 다시 '호랑이를 잡으려면 호랑이 굴에 들어가야 한다'는 옛말을 떠올렸고, 어떻게 이 자리까지 왔는지를 생각해냈습니다.

'그래, 나는 누구보다 열심히 했고 또 PD로서 연습도 충분히 했어. 정신만 바짝 차리면 돼'라고 스스로에게 되뇌었습니다. 그러자 어느 정도 자신감이 생겼고 비로소 '큐' 사인을 줄 수가 있었습니다. 우여곡절 끝에 촬영을 시작한 뒤 저도 점차 안정감을 찾았고, 세미 다큐 형식의, 조금은 색다른 〈맛자랑 멋자랑〉 6편을 촬영했습니다.

드디어 제가 연출한 프로그램이 처음 방영되는 날, 저는 방송 시간 10분 전인 아침 8시 50분부터 TV 앞에 앉아 있었습니다. 9시가 되자 〈맛자랑 멋자랑〉이 예정대로 방송되었고, 제 심장은 흥분과 설렘으로 금방이라도 멎어버릴 것 같았습니다. 방영된 내용이 너무 형편없는 것 같아 주눅들어 있는데, 방송이 끝나자마자 KBS 본관에서 '국장님이 찾는다'는 연락이 왔습니다. 저는 왠지 '죽었구나' 하는 생각이 들었고 몸은 사정없이 떨려왔습니다.

셔틀버스를 타고 별관에서 본관으로 향하는 동안 어찌나 도망치고 싶던지……. 결국 국장님이 계신 사무실에 들어섰죠. 아침 생방송을 끝낸 PD들이 사무실에 모여 있었습니다. 그런데 국장님의 말씀은 너무나 뜻밖이었습니다.

"너희들, 오늘 방송 봤니! 박성주 만든 걸 봐라. 오늘 입봉(첫 연출, 데뷔라는 뜻)했다. 박성주처럼 열심히 만들란 말이야!"

아침 생방송을 끝낸 PD들의 시선이 저에게로 향했고, 저는 몸둘 바를 몰랐습니다. 한없이 부끄러웠지만 아마도 국장님은 제 노력과 열정을 평가해주신 것 같았습니다. 하지만 달콤한 순간도 잠깐, 마음속에선 소용돌이가 일고 있었습니다. 힘들게 온 자리였고 앞으로 가야 할 길이 막막하기만 했습니다. 계약직 PD라는 사실도 방송 일을 하는 데 심적인 부담감으로 작용했습니다. 1년마다 갱신해야 하는 계약이며 정식 직원과의 차이점 등이 저를 괴롭혔습니다. 단적인 예로 급여를 들 수 있는데, 그 당시 계약직과 일반직의 급여 차이는 3배였습니다. 게다가 정식 직원들은 통장으로 급여가 입금되고 저는 급여 명세표도 없이 현금을 받았습니다. 이때부터 저는 정식 직원보다 더 잘해서 언젠가는 정식 직원이 되어야겠다는 희망을 품게 되었습니다. 그 첫 작업으로 어떻게든 저의 능력을 인정받기 위해 새로운 프로그램을 기획하기로 마음먹었습니다.

아이디어와 열정으로 먼저 승부한다

방송 일을 하는 데 가장 중요한 것은 무엇일까요?

저는 '새로운 아이디어와 열정으로 누가 먼저 행동하느냐'라고 생각합니다. 특별히 내 일이 아니어도 언제나 준비하는 자세로, 언제 어떤 일이 주어져도 해낼 수 있도록 자신을 갈고 닦아야 한다는 게 제 지론이었죠. 저는 새 프로그램으로 24시간 생방송 〈통일 열차표를 팝니다〉란 프로그램을 기획해냈습니다. 누가 시켜서 한 것이 아니라 제 능력을 시험하기 위한 작업이었습니다. 살아 생전에 고향에 못 가면 죽어서 관에 들어가서라도 고향에 가고 싶다는 어느 실향민의 말씀에 착안해서 기획서를 쓰고 제작 방향을 잡고 근거를 위해 여론 조사 결과도 첨부했습니다. 여기에 열차표까지 디자인해보고 철도청에서 얻은 자료를 가지고 서울에서 개성까지 몇 km, 신의주까지는 몇 km 등 계산을 한 촬영 큐시트에 열차 시간표까지, 되도록 세밀하고 자세하게 써서 7~8장 분량으로 묶은 기획서를 만들어 국장님께 올렸습니다. 이때 제 기획안을 정리하는 데 도움을 준 사람이 지금은 드라마 작가로 유명한 주찬옥 씨였습니다.

기획서를 올리고 저는 다시 〈맛자랑 멋자랑〉 촬영을 떠났습니다. 그리고 사흘 후 서울로 돌아온 저는 깜짝 놀라고 말았습니다. 제 기획서에 대한 KBS의 간부급들 반응이 대단했던 것입니다. 국장께서 저를 직접 불러 세부적인 준비는 어떻게 해야 하는지를 물었고, 제 기획안 〈통일 열차표를 팝니다〉는 KBS 사보에 올해 KBS가 제작할 10대 방송 중의 하나로 선정되었습니다.

하지만 방송이 되기에는 많은 난관이 있었습니다. 아직 남북의 화해 무드가 조성되지 않은 상태에서 프로그램화하기는 시기 상조였던 것입니다. 비록 방송은 되지 못했지만 어쨌든 저는 이 기획안 덕분에 국장님께 실력을 인정받는 계기가 됐습니다. 그렇게 다시 1년을 보내고 저는 〈생방송 오늘〉이란 프로그램으로 다시 돌아왔습니다. 제겐 친정 같은 곳에 당당히 연출자로 돌아온 것입니다. 어찌 감회가 새롭지 않았겠습니까?

저는 새로운 각오로 심형래 씨를 대신해서 당시 신인이었던 영화배우 박중훈을 캐스팅, '돋보기 졸보기' 코너에 출연시켰습니다. 반응이 좋았지만 영화 데뷔 문제로 고민하던 후배와는 아쉬운 이별을 해야 했죠.

그 후에 맡게 된 프로그램은 〈연예가 중계〉였습니다. 누가 찾아준 것이 아니라 제가 직접 찾아간 프로그램입니다. 평소 관심이 많던 저는 프로그램의 CP PD에게 "제가 해보고 싶습니다."라고 말씀을 드리고 제가 하면 더 잘할 수 있는 이유를 대며 설득한 끝에 연출을 맡게 된 것입니다.

여기에는 저의 개인적인 경험이 큰 도움이 되었습니다. 대학에서 영화를 전공했다는 점, 대학가요제에 나가기 위해서 곡을 받으러 다녔던 일, 가수가 되겠다고 통기타 클럽에 찾아갔다가 나이 많다고 떨어진 일 등 이런 모든 경험들이 결정적으로 작용했던 것입니다. 음악도 워낙 좋아했고 영화도 좋아하니까 잘해낼 자신이 있었습니다. 그리고 당시로서는 가장 하고 싶었던 프로그램이었으니까 더 열심히 할 거란 생각도 했던 것이죠. 이렇게 〈연예가 중계〉를 연출하던 저는 색다른 시도를 해보고 싶었습니다.

당시 가요 프로그램은 가수에 대한 자료가 거의 없는 상태여서 그림(화면)이 매우 단조로웠습니다. 그래서 생각해낸 것이 노래에 대한 이해를 돕기 위해 가사에 맞는 내용을 찍어서 밑그림으로 보여주는 것이었습니다. 이런 시도 때문에 가수들도 참 많은 노력을 해야 했죠. 김연숙의 〈그날〉, 고 유재하의 〈사랑하기 때문에〉, 변진섭의 〈홀로 된다는 것〉 등 발라드 가수와 만들었던, 조금은 어설펐던 뮤직 비디오가 지금도 추억으로 남아 있습니다.

그렇게 하고 싶던 프로그램을 했기 때문에 저는 힘든 줄도 몰랐습니다. 그러던 중 아침 생방송 〈전국을 달린다〉에서 중계차 현장 연결 방송을 지원하라는 명령에 하는 수 없이 〈연예가 중계〉와 〈전국을 달린다〉 중계 연출을 동시에 하게 되었습니다. 처음엔 아침 생방송이 주는 긴장감과 제가 직접 소속된 곳도 아니라는 서먹함 속에서 야속한 생각도 들었습니다. 그러나 지금 돌이켜보면 이 프로그램만큼 저의 방송 생활에 많은 도움과 배움을 주었던 것도 없다는 생각이 듭니다. 순발력과 현장 연출력, 언제 어디서든 터질 수 있는 생방송 사고시의 대처 능력과 중계차 카메라 연출 등 배운 게 많았습니다. 그때 깨달은 사실 하나, 꼭 내 일이 아니어도 열심히 하면 그때는 모르지만 결국 자신의 자산으로 남는다는 것을 알게 되었습니다.

그렇게 일주일에 이틀은 밤을 샐 정도로 바쁜 하루하루가 가고 있었습니다. 몸을 돌보지 않고 일을 하는 동안 피로가 쌓였는지 몸이 축 축 처지고 식은땀이 흘렀습니다. 그냥 저는 몸이 좀 약해졌나보다, 하고 대수롭지 않게 생각했는데, 다음해 정기 건강 검진을 받아본 결과 B형 간염이라는 진단이 나왔습니다. 저는 이미 한 아이의 아빠였고 가장이었기에 제 일만 고집할 수는 없는 일이었죠. 방송에 대한 열정

하나만으로 7년 동안 6번 계약을 갱신하며 PD로 일했던 저는 또다시 갈림길에 놓이게 됐습니다.

몸도 몸이었지만 아이까지 딸린 상태에서 계약직 사원의 봉급은 살아가기에 너무 빠듯했고, 유일한 희망이던 정식 사원의 꿈도 사라진 그때, 저는 미래에 대한 불안을 끊임없이 느껴야 했습니다. 결국 저는 많은 고민과 갈등 끝에 KBS를 떠나기로 마음먹었습니다. 하지만 막상 결정을 내리고 나니 두렵고 착잡했습니다. 제게 웃음과 눈물을 가르쳐준 곳이 바로 KBS였기 때문이죠.

두 번째 PD 인생

KBS를 그만둔 뒤 들어간 곳은 당시 모 재벌의 계열사 격인 방송 프로덕션 〈서울텔레콤〉이었습니다. 프로덕션으로 자리를 옮긴 저는 좀 더 자유로운 분위기에서 제 생각을 담은 프로그램을 만들고 싶었습니다. 그래서 새로운 프로그램 기획에 모든 역량을 쏟아부었습니다.

그렇게 첫달을 보내고 받은 봉급은 KBS에서 받았던 봉급의 4배 정도가 되었습니다. 당시 이 월급은 KBS의 정식 PD보다 조금 많은 수준의 급여였습니다. 월급 봉투를 받아든 아내는 눈물을 흘렸습니다. 아마도 남편이 이제야 제대로 대우를 받는다는 생각 때문이었던 것 같습니다. 저 역시 고생만 하는 아내에게 처음으로 가장 노릇을 했다는 기분이 들었습니다.

독립 프로덕션에서 연출한 첫 외주 작품은 KBS 〈안전운전 365일〉이었습니다. 그리고 차인태 아나운서가 진행하는 MBC 〈인생의 오솔길〉을 연출하면서 각계 원로들의 인생 철학을 듣는 귀한 시간도 가질 수 있었습니다. 그런데 프로덕션 PD에겐 또 나름대로 어려움이 있었습니다. 그것은 자신의 작품을 방송국에 납품하는 일이었습니다. 제 실력을 냉정히 평가받고 점수를 받는 일이었죠. 얼마 전까지 직원으로 다니던 방송국에 납품을 해야 하는 입장으로 바뀐 것이죠. 그때 심정은 둥지를 떠난 새가 느끼는 것과 다를 게 없었습니다. KBS란 보호막이 완전히 없어진 상태의 평가는 언제나 냉정하고 혹독했습니다. '갑'과 '을'의 관계에서는 당연한 일이었지만, 자존심이 무척이나 상했고, 그만큼 더 완벽한 작품을 만들기 위해 오기를 부렸던 기억이 생생합니다.

초창기 프로덕션 PD들은 자신이 하는 일에 대한 개념을 잡는 데도 어려움이 많았습니다. 선배가 없었기 때문이죠. 스스로 모든 방송의 제작 과정을 처리해야만 했고, 섭외 하나 하는 데도 큰 어려움이 뒤따랐습니다. 출연자나 시청자들에게 프로그램을 설명하기보다 먼저 방송 프로덕션의 개념부터 설명해야 했습니다. 공중파란 우산이 사라진 곳에서 진짜 야전 전투군처럼 일을 해야만 했습니다. 그만큼 프로덕션의 제작 PD들은 사막에 피는 선인장처럼, 맨 땅에서 자라나는 풀포기처럼 자생력을 가져야만 살아 남을 수 있었습니다.

그러나 좋은 점도 많았습니다. 그건 어쨌든 자신이 만든 프로그램으로 승부하기 때문에 공중파에선 느끼지 못했던 제작 스태프들 간의 끈끈한 믿음과 정이 생겨난다는 점입니다. 또 제도나 기구의 역할보다는 프로그램 위주로 모든 행정이 돌아간다는 점 등은 연출자로서 작품을 만드는 데 그만큼 권한이 많이 부여된다는 의미이기도 하구요. 상황이 이렇다보니 프로그램에 제 생각을 많이 반영할 수 있다는 것도 큰 장점 중 하나였습니다.

그렇게 프로덕션 생활에 익숙해질 즈음, 방송법이 바뀌면서 민영방송 SBS가 출범했습니다. 동시에 신생 방송 프로덕션들이 조금씩 생겨나기 시작했습니다. 이를 계기로 공중파 PD 출신 7명이 고여서 〈제3채널〉이라는 프로덕션을 만들었고 저도 거기에 참여했습니다. 또 다른 도전을 하고 싶었던 것이죠. 이곳에서 2년 정도 레이저 디스크(LD)

뮤직비디오 800여 곡을 연출했는데, 레이저디스크는 당시엔 새롭게 등장한 영상 매체였습니다. 기존 노래의 배경 정도로 풍경화처럼 만들던 제작 방식에서 탈피, 팝송과 가곡, 대중가요에 이르기까지 노래의 내용을 최대한 표현하기 위해 구성과 연출을 하며 다양한 장르의 실험을 해본 계기가 되었습니다. 이런 제작 과정을 통해 ENG 카메라(야외 촬영용)의 특성이나 조명, 방송 편집 기자재의 특성 등 새로운 영상을 연출하는 데 많은 노하우를 쌓게 되었습니다. 이때 함께 작업한 많은 동료와 후배들은 소프트웨어와 하드웨어를 동시에 섭렵할 수 있었고, 이것이 지금까지도 여러 방송 프로덕션에서 핵심 연출자로 활동할 수 있게 한 원동력이 되었다고 볼 수 있습니다. 지금도 모이면 그때 그 시절을 이야기하며 얼마나 많이 웃는지요. 여름 노래를 겨울에 찍었던 기억 하며, 반대로 겨울 노래를 여름에 찍는 요령 하며, 〈월남의 달밤〉이란 베트남 전쟁 노래를 한겨울 산에서 정글 세트를 만들어 찍었던 기억 하며……. 당시엔 불가능한 게 없을 정도로 해냈고, 납품 날짜를 지키기 위해 어떻게 해서든 만들어내던 상황이었기에 순발력과 적응력이 생겨났고, 그 나름대로 영상가요 연출자로서 장르를 개척했으니까요.

독립 프로덕션 〈파워비전〉

잠깐 휴식기를 보내면서 저는 제 이름으로 독립 프로덕션을 차리기로 마음먹었습니다. 다시 다른 프로덕션의 연출자로 가는 것보다는 새로운 각오로 좋은 프로그램을 만들어보겠다는 신념에 1997년 3월, 지금의 〈파워비전〉을 설립하게 되었습니다.

가진 돈 하나 없이 프로덕션을 만들기로 마음먹고 얼마나 막막했던지요. 다른 건 몰라도 방 하나는 얻어야 했기에, 저는 어디서 도움을 얻을까를 궁리 중이었습니다. 그때 해결책을 제시해준 것이 오래된 수첩이었습니다. 제가 수첩을 기록하는 방식은 좀 유별납니다. 맨 앞 장이 가족이고 다음 장엔 초등학교 동창, 그 다음 장엔 중학교 동창, 고등학교 동창, 대학교 동창, 사회에서 만난 사람들, 이런 순으로 연락처를 적어놓습니다. 저는 맨 뒷장부터 저와 가장 친하다고 생각하는 사람들을 찾기 시작했습니다. 사회 친구들란을 보니까 아는 사람은 많은데 마땅히 돈 이야기를 할 만한 사람은 없었죠. 자칫 말을 잘못 꺼냈다간 여태까지 쌓아온 신뢰나 이미지가 깨질까봐 더 두려웠습니다.

다시 앞장의 대학 친구들을 살펴봤습니다. 역시 마찬가지였습니다. 마찬가지로 고등학교, 중학교, 초등학교로 되짚어 내려왔는데 단 한 군데도 전화를 걸 만한 마땅한 자리가 없었습니다. 없었다기보다는 돈으로 인해 인간 관계에 금이 가는 것을 원치 않았습니다. 결국 마지막에 머무른 장이 바로 가족란이었습니다. 그곳에 빠진 이름 하나, 그건 어머니였습니다. 인생의 새로운 개척 지점에 선 저로서는 어머니의 빈칸이 왜 그리도 넓고 휑하니 느껴지던지요. 아마 어머님이 계셨다면 아무 걱정 말라며 빚을 얻어서라도 절 도와주셨을 겁니다.

그런 절망적인 순간에 저에게 손을 내밀어준 사람은 같은 직업에 종사하시던 큰형이었습니다. 자신의 퇴직금을 담보로 은행에 보증을 서주었습니다. 정말이지 가장 어려울 때 가족만큼 소중한 사람이 없다는 것을 절실히 깨닫게 된 순간이었습니다. 이렇게 저는 큰형의 도움으로 조그만 사무실을 얻고 〈파워비전〉이란, 종이로 쓴 간판을 걸었습니다. 사무실을 채울 최소한의 가구와 집기는 다른 형제들이 중고 가구 센터와 재활용 센터를 찾아다니며 사다준 것들이었습니다.

그렇게 헐값에 중고 전화기와 컴퓨터를 들여놓고 그럭저럭 사무실 모양새를 갖춘 후 개업식도 없이 시작한 첫 사업. 평소 저를 따르던 후배 PD 두 명이 합류해서 카메라나 장비 하나 없이 일을 시작했습니

다. 그때 맡은 첫 프로그램이 〈TV데이트〉(KBS)였습니다. 〈파워비전〉
이란 제작사명으로 나간 첫 방송. 비록 빌린 카메라 편집기, 그리고
조명을 가지고 만들었지만 말입니다. 우리 세 식구는 첫 방송을 보면
서, 그간의 힘들고 어려웠던 날들을 한 순간에 잊을 수 있었습니다.

　자본 없이 시작한 일이라 작업 과정은 무척 고달팠습니다. 그 중에
서도 방송의 기본 장비인 베타캄 비디오 편집기가 없어서 여기저기
찾아다녀야만 하는 일이 가장 힘들었습니다. 당시 시세로 약 3천8백
만 원이나 하는 고가의 기계였지만, 방송을 하면 할수록 반드시 필요
한 장비가 또한 그것이었습니다. 그래서 저는 명함을 들고 방송 장비
를 파는 곳을 무작정 찾아갔습니다. 그러고는 제 형편을 말했습니다.

　"저는 〈파워비전〉이라는 방송 프로덕션을 운영하는 박성주입니다.
외상으로 편집기를 샀으면 하는데요. 저에 대해선 방송 쪽에서 일하
시는 누구에게든 물어보시고 믿을 만하다 여기시면 외상을 주십시오.
제 신용을 믿고 할부로 달라는 것입니다."

　그러자 대부분의 사장님들이 저를 별 미친 놈 다 보겠다 하는 식으
로 바라보았습니다. 얼굴도 이름도 낯선 사람이 계약금 한푼 없이 고
가의 장비를 외상으로 달라고 하니 누군들 아니 그러겠습니까. 저는
그래도 명함을 정성껏 자리에 놓고 돌아왔습니다. 그러고는 까마득히
잊고 지냈는데, 보름 후 뜻밖의 전화 한 통이 걸려왔습니다.

　"여기 방송 장비 업체인데…… 오시오. 내 편집기 외상으로 드릴 테
니까."

　귀를 의심할 정도였습니다. 그렇게 한 걸음에 달려가서 편집기 한
세트를 보증금 없이 외상으로 들여왔습니다. 12개월 할부로 말입니
다. 2개월이 지난 후 저는 편집기 대금의 일부를 약속보다 먼저 갚았
습니다. 저의 그런 행동에 오히려 놀란 건 방송 장비 업체 사장님이었
습니다. 이런 행동이 더 큰 신용을 얻게 했고 전 더 열심히 벌어서 약

속 기한보다 빨리 할부금을 갚았습니다. 그 결과, 사장님이 오히려 그 비싼 편집기 한 세트를 외상으로 더 주었던 것입니다. 아직도 그때 들여온 편집기를 사용하고 있습니다.

그 당시에 제가 배운 것은 '돈 때문에 포기할 것은 없다'라는 사실이었습니다. 살아온 내용에 대한 자신감이 있고 신용만 지킬 수 있다면 길은 열린다는 것이죠. 확실히 저의 방송 생활을 도운 것은 돈이 아니라 신용이었습니다.

신용에 얽힌 일화는 많습니다. 그 중 한 가지를 더 소개하면, 〈파워비전〉을 차려놓고 비록 사원 두 명이었지만 월급을 주어야 하는 입장에서 하루하루가 힘들 때였습니다. 잠이 안 올 정도로 고민이 되던 그때 KBS 출신의 유명한 다큐멘터리 PD(현 프로덕션 대표)가 좋은 기획안이 있으니까 함께 해보자고 제안을 한 것입니다.

그 프로그램이 바로 MBC의 〈그때를 아십니까〉였습니다. 저는 그 프로그램을 16mm 필름 카메라를 가지고 직접 구성·연출·공동 제작까지 해서 나름대로 좋은 평가를 얻어냈습니다. 결국 이런 결과를 가져온 것은 제가 KBS 시절에 보였던 성실함과 그 결과 얻어진 신뢰 때문이었다고 생각합니다. 물론 저를 불러주신 선배님에 대한 고마움은 두고두고 잊지 못할 것입니다. 지금도 그때 들고 다녔던 16mm 필름 카메라를 책상 위에 두고, 볼 때마다 그 시절의 열정을 반추합니다.

프로덕션 PD 채용시, 나만의 원칙!

저 역시 사원을 뽑아야 할 일이 생겼습니다. 소수 정예로 움직이는 프로덕션의 경우, 좋은 직원을 만난다는 것은 매우 중요한 일이죠. 인재가 곧 재산이기 때문입니다. 그래서 저는 직원을 채용할 경우 몇 가지 원칙을 고수하고 있습니다.

첫째, 방송 경험이 없는 신입사원을 채용하는 걸 원칙으로 삼습니다.

방송국에 비해 여러 모로 형편이 열악한 프로덕션의 입장이고 보면 어느 정도 방송 경험이 있는 PD를 채용해서 바로 프로그램 제작에 투입하는 것이 이익 차원에서 가장 좋습니다. 하지만 제가 구태여 백지를 원했던 이유는 단 한 가지, 제 스타일로 후배들을 가르치고 싶었기 때문입니다. 소양과 마인드만 있다면 얼마든지 훌륭한 PD로 만들 수 있다는 생각에서, 저는 반드시 6개월의 인턴 기간을 두고 직원을 채용했습니다. 6개월 동안 제작 현장을 경험하게 하고, 자신의 적성이 과연 방송과 맞는지도 알아보고, 프로덕션 돌아가는 상황도 느끼게 해주는 것은, 회사로서는 많은 손해를 감수해야만 하는 일이었습니다. 하지만 저는 제가 조금 손해보고 힘들더라도 제대로 된 PD를 만들고 싶었습니다. 미래에 대한 투자, 인재에 대한 투자를 하고 싶었던 것이죠. 〈파워비전〉에서는 얼마 전 7개 대학에 인턴 채용 공고를 냈는데, 그 내용이 우연히 인터넷에 소개되면서 약 100명의 이력서가 이메일로 접수되었습니다. 저는 일일이 전화 면접과 직접 면접을 통해 방송 프로덕션을 있는 그대로 소개했습니다. 그리고 희망자의 의사를 충분히 수렴하여 가장 적합하다고 생각되는 3명(남자 2명, 여자 1명)을 AD 인턴사원으로 뽑아 함께 일하고 있습니다.

둘째, 의사 결정 과정을 인생의 선배들과 의논하라고 권합니다.

저는 이들을 면접하면서 반드시 부탁하는 것이 한 가지 있습니다. 그것은 방송 일을 하기 전에 인생의 선배들과 많은 애기를 나누어보라는 것입니다. 인생에서 첫 출발은 이론의 여지 없이 매우 중요합니다. 42.195km를 달리는 마라톤 같은 인생길에서 그 출발 지점은 당연히 중요할 수밖에 없죠. 당신은 과연 이럴 때 누구와 자신의 인생길을 의논하겠습니까. 바로 아버지, 어머니, 형제 그리고 선배들입니다. 가족은 당신을 가장 많이 염려해줄 것이고 또한 당신을 가장 잘 아는 사람들입니다. 그렇게 의논한 결과 절반 이상이 대기업이나 다른 회사로 간다고 연락을 해옵니다. 그래도 저는 고맙다고 말합니다. 물론 회사를 위해서는 우수한 인재가 필요하지만, 그보다는 젊은 청년의 인생이 더욱 소중하기 때문입니다. 이런 제 행동은 특별히 제가 잘난 사람이라서가 아니라, 조금쯤 더 앞서 산 인생의 선배로서 할 수 있는 작은 배려이자 세상을 사는 제 철학입니다.

셋째, 학교나 능력보다는 그 사람의 됨됨이를 먼저 살핍니다.

일천한 삶의 경험이지만 한 가지 깨달은 게 있습니다. 바로 사람의 인생은 알 수 없다는 것이죠. 강제규 감독이 영화 〈쉬리〉로 그토록 많은 사람들을 놀라게 할 줄은 아무도 몰랐습니다. 역으로 제 주변의 누구도 제2의 강제규가 될 수 있습니다. 그렇다면 인간 관계를 어떻게 해야 할까요. 누구든 저를 도울 수 있고 저도 누군가를 도울 수 있는 게 인생입니다. 그래서 저는 늘 상대방을 존중하고 가급적 진심을 다해 사귀려고 노력합니다. 그것이 안 되면 최소한 적을 만들어선 안 된다는 마음으로 인간 관계를 맺는 데 최선을 다하고자 노력합니다. 그래서인지 저는 현란한 말로 현혹하는 사람보다는 과묵하더라도 자신의 일을 열심히 수행하는 사람을 더 좋아합니다. 그리고 이런 사람들과 친하려고 노력합니다. 돈보다도 사람이 더 큰 재산이기 때문입니다.

방송국 PD와 프로덕션 PD

방송국에 취직하면 좋은 점이 두 가지 있습니다. 하나는 신분 보장이 된다는 것이고, 다른 하나는 생활이 안정된다는 점입니다. 그래서 많은 젊은이들이 방송사 입사 시험에 도전합니다. 그리고 여기서 잘 안 되면 차선책으로 케이블 TV나 프로덕션에 입사하는 것이 현재의 추세입니다.

그러나 만일 당신이 영상 분야에 관심이 있고, 또 이 분야에서 성공하고 싶다면 처음부터 프로덕션을 주목해야 합니다. 프로덕션은 자기가 만들어서 자기 이름으로 파는 곳입니다. 만일 창의적이고 도전적인 젊은이라면 힘겨운 언론고시로 시간을 낭비하기보다는 프로덕션에 숨어 있는 기회를 잡는 것도 한 방법이 될 수 있습니다. 물론 이제 겨우 8년 남짓한 프로덕션의 역사를 보면, 현재 140여 개 중에 자생력을 가진 프로덕션은 얼마 되지 않는 게 현실입니다. 이제 겨우 프로덕션 1세대들이 자리를 잡아가고 있는 실정이죠. 자본력의 부족도 큰 문제로 사전 제작을 해서 자체적으로 판매하기란 어려운 일입니다.

하지만 프로덕션의 미래는 밝은 편입니다. 점차 자생력을 갖추게 될 것이고 실제로도 그런 방향으로 나아가고 있습니다. 그것은 미래의 방송이 전문 채널 중심으로 변화할 것이라는 예언과도 맞아떨어집니다. 예를 들어 케이블 TV 중에 동아방송, 현대방송 등 공중파 방송을 흉내낸 종합 채널들은 거의 실패했습니다. 반면에 홈쇼핑이라든지, 영화 채널과 같은 전문 채널은 그 영역을 확실히 하고 있습니다. 앞으로 방송이 어떤 방향으로 갈 것이라고 확실히 단정할 수는 없지만 최소한 전문 채널 중심의 방송으로 변화할 것이란 예상은 할 수 있습니다. 따라서 프로덕션의 비중 또한 커지는 건 당연한 귀추죠. 전문 채널 방송에 가장 적합한 것은 규모가 큰 기존의 방송국이 아니라 한 발 앞선 아이디어와 감각을 장점으로 내세우는 프로덕션이기 때문입니다.

전세계 유아들의 인기를 한 몸에 받고 있는 〈텔레토비〉도 프로덕션에서 만든 명작품입니다. 좋은 아이디어와 열정만 있다면 방송국이든 프로덕션이든 얼마든지 성공할 수 있습니다.

방송인이 되기 위한 몇 가지 자질

신문방송학과 학생들 중 신문이 아닌 방송을 전공하는 이유는 '과연 내가 방송 일을 할 수 있는지 없는지'를 테스트하기 위해서라고 생각합니다. 이런 테스트 과정을 통해 과연 나의 꿈이 방송인지를 확인할 필요가 있습니다. 단지 대학에서 방송을 전공한다는 이유만으로 방송국 PD가 되려고 한다면, 설사 방송국 PD가 된다 하여도 삶의 의미를 찾을 수는 없습니다.

첫째로 방송이든 영화든 자신의 꿈이 어디에 있는지를 냉정히 생각해보아야 합니다. 전 영화를 전공했지만 방송을 했고, 제 후배인 강제규 감독은 영화에 매진했습니다. 그는 자신의 꿈을 이루기 위해 한 길로 꾸준히 달려간 결과, 한국 영화 최고 흥행 기록을 세운 〈쉬리〉를 만들 수 있었죠.

마찬가지로 전공이 조금 다르다고 해서 방송 일을 하지 못한다는 생각도 올바른 태도는 아닙니다. 방송계에 진출하려는 젊은이에게 가장 중요한 것은 전공이나 학문보다는 기획력과 독특한 감각, 그리고 열정이라고 할 수 있습니다.

둘째로 다양한 분야에 대한 관심이 필요합니다. 방송사 시험 과목을 열심히 공부해서 방송국 입사 시험에 합격해 프로그램을 맡았다고 합시다. 그런데 그 프로그램에 어울리는 팝송 하나도 제대로 선곡할 줄 모른다면 그 사람에게 방송은 고난으로 다가올 수밖에 없습니다. 방송계만큼 다양한 분야의 지식과 상식, 감각이 필요한 직업도 없을 것입니다. 그렇기 때문에 홍대 입구나 압구정동을 어슬렁거려보기도 해야 하고, 사진 전시회는 물론 음악과 문학·미술·건축·연극·영화 등의 모든 분야에 관심을 가져야 합니다.

셋째로 많은 경험을 통해 인생 공부를 해야 합니다. 몸소 경험하는 모든 것들은 훗날 프로그램을 만들 때 큰 도움이 되죠. 저는 어렸을 때 서울역 부근의 염천교에서 복숭아 장사도 했고, 신문 배달, 다방 DJ도 해봤습니다. 그런데 이런 경험들이 프로그램을 제작할 때 사실성을 불어넣어줍니다. 한마디로 제 감성의 밑천이 됩니다. 방송에서 중요시하는 감성이나 감각은 사실 별 게 아닙니다. 얼마나 많은 것을 경험하고, 생각하고, 보았는지가 바로 감성이 되고 감각이 됩니다.

넷째로 많은 사람을 사귈 줄 알아야 합니다. 어떤 사람이라도 존중하고 사랑해야 합니다. 나는 〈파워비전〉의 직원들에게 방송이 끝나면 출연자에게 감사의 편지를 쓰라고 교육하고 있습니다. 방송은 1회용이지만 사람과의 관계는 영원한 것입니다. 인간 관계에 실패한 사람은 일에서도 실패하게 마련입니다. 따라서 필요할 때만 친구를 찾는 태도는 버려야 합니다.

마지막으로 영어를 잘해야 합니다. 프로그램을 제작하다보면 해외에 나가는 경우가 참 많은데, 영어를 못한다면 섭외에서 인터뷰까지 엄청난 어려움을 겪게 됩니다. 게다가 그들의 문화를 이해할 수도 없기 때문에 좋은 프로그램이 나온다는 것은 불가능합니다. 요즘은 인터넷에서 정보를 많이 찾는데, 좋은 정보를 쉽고 빠르게 얻기 위해서도 영어는 필요합니다.

사실 위에 열거한 것말고도 중요한 게 많습니다. 건강한 체력도 중요하고, 섬세한 성격도 필요하고, 해외에 나가서 시야를 넓히는 것도 좋습니다. 우리 나라 젊은이들은 대학을 졸업하면 '빨리 취직해야지' 하는 생각만 하기 때문에, 대학 시절부터 취직 공부에만 매달리기 일쑤입니다. 이런 상황에서 큰 뜻을 품고 준비하는 기간을 갖는다는 게 참 어려운 일이죠. 하지만 자신이 정말 원하는 것이 있다면 그것과 관련해서 전반적인 분야를 배워야만 합니다.

저는 18년 동안 방송 프로그램을 만들어왔지만 아주 훌륭한 작품을 해보지는 못했습니다. 그러나 주어진 상황에서 최선을 다해 일을 해왔다는 사실만큼은 자신 있게 말할 수 있습니다. 이렇게 부족함이 많은 저에게 다른 PD와 다른 점이 무엇이냐고 물어오신다면 저는 감히 말하겠습니다. 현실에 안주하기보다는 모험과 개척 정신으로 도전하듯 살아왔다고요.

이제 방송국이라는 온실에서 자란 틀에 박힌 프로그램은 더 이상 생명력이 없습니다. 요즘 신지식인이 주목받듯이, 새로운 아이디어와 그것을 실현하는 열정이 있는 사람이 주목받는 시대가 올 것입니다.

방송 장비는 나날이 발전하고 훌륭한 장비들이 계속 개발되면서, 이젠 초등학생들도 얼마든지 영상물을 만들어낼 만큼 장비의 기술적 습득은 누구나 할 수 있게 되었습니다. 그러나 그 안에 담겨지는 소프트웨어는 개인에 따라 천차만별입니다. 영상물을 만드는 사람들 각자의 생각과 가치관, 야망 · 열정 · 도전 · 성실 · 희생 등에 따라 수많은 작품이 탄생되고 평가받을 것입니다.

저는 지금도 햄버거로 점심을 때우곤 합니다. 시간을 아끼기 위해 체득한 습관 중 하나죠. 촌각을 다투며 달려온 방송 생활. 비록 큰 성공은 하지 못했지만, 좋은 프로그램을 만들기 위해 노력해온 세월이 결코 후회스럽지는 않습니다.

만일, 여러분이 인생의 목표를 세웠다면 그곳을 향해 전력 투구하길 바랍니다. 그 목표가 방송이든, 영화든 아니면 대기업에 취직하는 것이든, 그 목표를 이루기 위해 스스로 어떤 노력을 하는가가 중요한 것입니다. 늘 새로운 아이디어를 생각해내고 그것을 열정을 다해 실천한다면, 성공의 문은 이미 당신 앞에 와 있습니다. 그리고 그 문을 열 성공의 열쇠는 바로 당신의 머리와 가슴 속에 있습니다.

인생의 밑거름, 실패

박흥준(CCI 대표)*

저는 CCI라는 회사에 근무하고 있는 박흥준입니다. CCI는 인터넷 방송을 중계하는 곳입니다.

저는 여러분도 잘 아시는 〈제일기획〉이라는 광고회사 출신입니다. 제 소개를 광고회사 시절 이야기로부터 풀어가려는 데는 두 가지 이유가 있습니다. 그 하나는 〈제일기획〉에서 실패한 경험이 지금 하고 있는 일에 많은 영향을 미쳤기 때문이고, 다른 하나는 여러분이 광고에 관심이 많으시리라 생각하기 때문입니다.

"앞날은 어두울 것이다."

저는 〈제일기획〉에서 마케팅을 담당했습니다. 광고회사의 마케팅이

---

* 중앙대학교 광고홍보학과 졸업. 1998년 동대학 언론대학원에서 PR광고 전공. 1980년부터 1984년까지 한국연합광고 근무(AE). 1984년부터 1997년까지 제일기획에서 14년 근무. 1998년 〈파워 커뮤니케이션즈〉 설립. 1998년 9월 〈사이버 커뮤니케이션즈〉 설립. 현재 〈사이버 커뮤니케이션즈(CCI : Cyber Communications Inc)〉 대표이사.

라는 것이 일반 제조업의 마케팅과는 많은 차이가 있습니다. 제조업이라든지 유통회사에서 생각하는 마케팅은 '판매를 잘하는 것'입니다. 다시 말해서 마케팅을 잘했다 못했다는 판단 기준은 '판매를 많이 했다거나 적게 했다'에 있습니다. 그러나 만질 수 없고 볼 수도 없는 것을 파는 광고회사의 마케팅 개념은 '유통이라든가 판촉 프로그램, 가격이나 제품의 프로모션 등을 어떻게 잘 결합하여(Marketing Mix) 매출이라는 성과를 올릴 것인가'의 문제입니다.

이런 개념은 제가 〈제일기획〉에 입사한 후 광고회사에 도입되었습니다. 입사 당시만 해도 〈제일기획〉뿐 아니라 모든 광고회사에는 마케팅 개념이 없었습니다. 마케팅 작업을 하는 팀은 〈제일기획〉에서 처음으로 만들어졌고, 그 후에 다른 광고회사에서도 마케팅팀을 만들기 시작했습니다.* 저는 10여 년 동안 마케팅과 관련된 일을 했습니다.

그 와중에 1994년부터 시작된 멀티미디어에 관심을 갖게 됐고, 5명의 동료들과 연구하면서 그에 관련된 준비를 많이 했습니다. 제 판단에 멀티미디어 사업은 21세기의 중요한 사업이 될 것이라 믿었기 때문입니다. 이런 이유로 회사를 설득해 멀티미디어팀(후에 디지털 사업팀으로 개칭)을 만들고, 아무도 생각하지 않았던 여러 가지 일들을 시도했었죠.

실제로 그때 생각했던 것들(인터넷 방송, 인터넷 홈쇼핑 등)이 요즈음에야 구현되기 시작하는 단계에 와 있죠. 당시 구상한 아이템 중에는 광고회사의 광고 아이디어 촉진을 위하여 영상 데이터베이스를 구축하는 것과 한국통신의 ADSL 사업에 참여하여 삼성물산, 삼성SDS와

---

* 〈제일기획〉은 경쟁력 강화의 일환으로, 그리고 광고회사의 기능과 역할의 확장을 위하여, 일본의 덴쓰(電通)나 하쿠호도(博報堂)와 같이 마케팅 지향의 광고회사를 만들기 위하여, 마케팅연구소를 설립하고 미국에서 활동 중인 C. W. Park을 고문교수로 초빙하였으며, 피츠버그 대학에 연수과정을 만드는 등 많은 노력을 하였다.

컨소시엄으로 홈쇼핑 사업에 참여하는 것 등이 있었습니다. 다음으로는 인터넷 홈페이지 구축이라는 분야가 나타나면서, 중앙일보와 삼성 그룹의 홈페이지를 맨 처음 구축하였습니다. 이것이 1995년에 있었던 일들입니다. 1996년 들어서는 인터넷을 이용한 정보 서비스 사업에 대한 검토를 집중적으로 시도하였는데, 그때에 검토된 분야는 PCN(Point Cast Network)이라고 알려진 정보 서비스 사업이었습니다. 이런 형식의 정보 서비스를 하면서 광고 사업을 할 수 있을 것이라고 판단했습니다.

1994년 당시는 멀티미디어라는 용어 자체가 막 나온 시기였습니다. 우리는 멀티미디어의 정의로부터 기술 발전과 연관된 분야, 사업성과 사회적 호응도, 그리고 향후 파급 효과를 검토하였습니다. 그런데 당시로서는 당장에 그것을 통해 뭔가를 한다는 것이 불가능했습니다. 1995년 무렵부터 인터넷을 통한 홈쇼핑이 등장하였으나, 그것을 통해 물건을 사는 고객은 거의 없었습니다. 왜냐하면 인터넷 홈쇼핑이 가격이 싸다는 것과 배달해준다는 것 외에는, 고객을 설득하고 통신 판매회사를 믿게 할 만한 기초가 없었기 때문입니다. 여러분도 아시겠지만 마케팅에서 가장 촌스러운 방법 중 하나가 가격을 가지고 구매를 창출하는 것입니다. 전형적인 예로 우리 나라 상품이 미국에서 '싼 제품, 만만한 제품'이라고 인식되는 것을 들 수 있습니다. 가격이 싸다는 것은 기업의 판매 마진을 낮추는 것이기 때문에 다시 투자될 여지를 줄입니다. 단지 값이 싸다는 것만으로 인터넷을 통해 마케팅한다는 것이 현재도 대단히 힘든데 그때는 오죽했겠습니까?

마케팅에서 가장 중요한 것은 올바른 가격을 받고 판매할 수 있도록 여러 방법을 활용하고 조합하는 것입니다. 따라서 마케팅 일을 계속해온 제가 관심을 가진 일은 인터넷을 통해 고객을 설득할 수 있는 방법을 찾아내고, 그 방법을 통해 제품을 제값 받고 판매할 수 있게 하는 것이었습니다. 그런데 그때는 그런 방법이 불가능했던 환경이었습니다. 앞서 얘기했듯이 인터넷을 통해 고객을 설득한다는 것이 쉽지 않은 작업이었죠. 그래서 남들보다는 먼저 시작했지만 결과적으로는 성과가 눈에 보이질 않았습니다. 당연히 회사로서는 상당히 부담스러워했죠.

광고회사였기 때문에 아이디어와 정보는 많은 반면 멀티미디어 자체를 정확히 이해하는 기술적 문제에서 어려움이 많았습니다. 어쩔 수 없이 외부의 도움을 받을 수밖에 없었고, 사업화를 위한 단계에서도 문제가 생기곤 했습니다. 그런 과정을 겪으면서도 계속 고민했던 것은 '멀티미디어 사회는 분명히 올 것인데 그에 맞춰서 광고회사는 어떤 변신을 해야 할 것인가'였습니다. 여러 방향이 거론되었습니다. 멀티미디어의 대중화를 앞두고, 광고 커뮤니케이션 영역을 개척한다는 것을 목표로, 인터넷을 이용한 마케팅 커뮤니케이션을 어떻게 할 것인가에 관해 연구하는 것도 중요한 방향의 하나였습니다.

당시 광고회사는 대단히 인기 있는 직종이었습니다. 광고회사들은 그 인기가 지속될 것이라고 생각하고 있었습니다. 그러나 우리 팀은 '4대 매체에 의존하는 현실에서 벗어나지 않으면 광고대행사의 앞날은 매우 어두울 것'이라고 판단했습니다. 왜냐하면 주 수입원이 4대 매체인데, 가까운 미래에는 4대 매체의 비중이 점점 줄어들고 그 자리에 멀티미디어가 들어설 것이라고 판단했기 때문입니다.

그런데 IMF가 터졌고, 까마귀 날자 배 떨어진다고, 제가 예측해서 그런 것은 아니지만, 이미 광고대행사의 매출은 20~30% 정도 급격히 줄기 시작했습니다. 광고대행사의 매출이 준다는 것은 광고주가 광고량을 감축시키고, 따라서 광고회사에 맡기는 일을 줄였다는 얘기입니다. 이렇게 광고가 감축되니 부족한 커뮤니케이션 양을 해결해야 하는 문제가 발생했습니다. 그때 문제 해결 방법으로 제시한 것이 인터넷과 PC통신을 이용한 광고였습니다. 그래서 결과적으로 우리 팀의 일거리가 많아지기 시작했습니다.

우리의 판단은 정확했고, 크게 성공했다

우리 팀에 광고 의뢰가 들어온 것은 PCS 016이었습니다.* 그때 우리 팀은 PC통신과 인터넷 광고를 새롭게 자리매김하자고 목표를 세웠습니다. 이에 맞춰서 이미 대중적 인기를 끌고 있던 유니텔 · 천리안 · 나우누리 · 하이텔의 첫 페이지에 016 광고를 했습니다. PC통신의 첫 페이지에 광고를 한다는 것은 물론 예산이 많이 들긴 했지만, 예산 문제를 떠나서 1996년 당시 광고계에서는 상당히 쇼킹한 작업이었습니다. 많은 인력이 동원되었고, 팀의 몇 사람은 전략을 세우고, 광고주를 설득하고, 제작물을 만들고, 캠페인을 진행하는 과정에서 참으로 많은 고생을 하였습니다. 그러나 우리의 판단은 정확했고, 크게 성공했습니다.

3년 전 당시 사람들은 011이나 017만을 핸드폰으로 인정했고, PCS가 무슨 말인지도 모르던 시기였습니다. 그런데 이 광고 이후 PCS에 대한 인식이 크게 변했습니다. 아마 여러분 중 상당수도 PCS를 사용하고 계실 것입니다. 언제부터 PCS 사용자가 늘었는지 곰곰이 생각해 보십시오. 아마도 그 무렵일 것입니다. 1996년 말에 016 PCS 가입자가 15만에서 20만을 돌파했습니다. 그때 광고 컨셉트는 'PCS가 핸드폰에 비해 음질이 좋다'는 점과 '통화료가 싸다'는 것이었습니다.

우리는 PC통신을 통해 대단히 많은 이벤트를 벌였습니다. 아마 여

---

* 016은 당시 아날로그와 디지털 논쟁에 빠져 있던 핸드폰이 아니고 정보통신용 단말기라는 점에서, PC통신과 인터넷 사용자가 미래의 유망 고객일 것이라는 〈제일기획〉의 주장을 광고주인 한국통신 프리텔 사업부가 수용한 것이었다.

러분 중에도 PC통신을 하시는 분들은 그때 이벤트들을 기억하실 것입니다. 지중해 크루즈와 발리섬 크루즈를 경품으로 걸어 016 PCS 가입자 중에서 추첨을 통해 여행을 시켜주는 등 이벤트를 매주 벌여나갔습니다.

이렇게 PC통신 이벤트를 통한 마케팅이 성공하자 PC통신이나 인터넷 광고를 할 때 '이벤트 없는 광고 효과 없다'라는 말이 일반화하기 시작했습니다. 그리고 지금은 '인터넷에서 이벤트 없는 광고를 못한다'고까지 생각하고 있습니다. 인터넷이나 PC통신에서 광고는 미디어 특성상 그것을 보는 독자에게 돌아오는 혜택을 전달하기 어렵습니다. 그러니 독자들은 굳이 그 광고를 주목할 필요가 없습니다. TV는 일단 켜놓으면 눈을 감거나 귀를 막지 않는 이상 보게 되는 것이기 때문에 어쩔 수 없지만, 신문이나 잡지는 눈길을 끌지 못하면 그 광고 효과를 기대할 수 없습니다. 인터넷 광고 역시 마찬가지입니다. 그러다 보니 광고 효과를 위해 이벤트라는 먹이를 주는 것입니다.

그러나 여기서 이벤트가 본질은 아닙니다. 고객이 이벤트 참여를 원하게 만들고 이벤트 참여를 위해 꼭 필요한 절차인 회원 가입을 하게 이끄는 것이 주목적입니다. 그 과정에서 얻어진 가입자 정보는 평생 고객으로 관리할 수 있는 힘이 되며, 그 고객들의 기호를 분석하면 다음 고객을 확보하기 위한 홍보와 이벤트가 수월해집니다.* 무엇보다 고객을 안다는 것은 쌍방향 커뮤니케이션이 가능하다는 것입니다. 이를 통해 상품에 대한 직접적인 커뮤니케이션을 할 수 있게 되고, 고객의 입맛에 맞춤으로써 확실한 우리 편을 확보한다는 효과가 있습니다.

---

* 인터넷과 PC통신 같은 네트워크의 매력은 매스 커뮤니케이션과 달리 메시지를 송신할 대상을 파악할 수 있다는 점이다. 회원으로 가입을 유도하는 경우에 이 회원들은 커뮤니케이션 타깃이 된다는 점에서 중요한 가치를 가진다.

그러나 우리가 인터넷과 PC통신을 통해 마케팅 커뮤니케이션 환경을 구축해보려고 노력했지만, 광고주들은 그 가치를 중요하게 생각하지 않아서 큰 효과가 없었습니다.* 그러함에도 불구하고 '멀티미디어와 인터넷을 통한 미래 개념의 마케팅 커뮤니케이션을 만들어보자'는 의지로 그 분야에 대해 꾸준한 노력을 기울이게 되었습니다. 그리고 그 결과는 데이터베이스 마케팅이라는 형태로 표면화되고 있습니다. 이렇게 노력을 하는 가장 핵심적인 목표는, 정보 시장에 정확하고 빠르게 접근함으로써 새로운 고객과 시장, 즉 사이버 스페이스의 정보 시장에서 우위를 확보하겠다는 것입니다(지금도 저와 함께 일하던 동료들은 이 일을 하고 있습니다).

다음에는 제가 광고회사 시절부터 얘기를 풀어가게 된 두 번째 이유에 관해 설명하겠습니다. 여기서는 광고라는 직업이 갖는 장점과 단점에 대해, 그리고 광고인이 갖고 있는 성격에 대해 간략히 설명하겠습니다.

화려하지만 힘든 광고쟁이 일

1980년부터 1994년까지 14년 동안 광고회사에 다닌 경험을 바탕으로 광고인이란 어떤 사람들이며, 어떤 성격을 갖는가에 대해 말씀드리겠습니다.

광고인의 장점은 첫 번째, 굉장히 화려한 생활을 한다는 것입니다. 적어도 우리가 TV를 통해 보는 것처럼 겉모습은 아주 화려합니다. 회사에서도 창조적인 일의 성격을 강조하기 때문에 통제를 거의 받지 않습니다. 규격화된 생활에서는 남들보다 참신한 아이디어가 나올 수

---

* 지금은 정보화 사회에 대한 기대나 PC통신에 의한 정보 체계의 가능성이 사회적 관심사가 되어 있고, 특히 전자 상거래에 대한 관심은 극도로 높아져 있다. 그러나 당시만 하여도 이를 광고 마케팅의 도구로 활용한다는 점을 제대로 이해하지 못했다.

없기 때문입니다. 자유롭게 살다보니 주변에서 "무슨 회사가 이 모양이냐. 도대체 넥타이도 매지 않고, 아무 데서나 담배 피우고, 아무 데나 주저앉느냐." 등등의 말을 많이 듣습니다. 광고 일을 하는 당사자도 3~4개월이 지나고 나면 '이게 아닌 것 같다'는 생각이 들기 시작합니다. 즉 창조하는 직업이라는 것이 자신의 육체와 삶을 자유롭게 풀어놓는다고 해서 더 효율적인 작업에 접근하는 것이 아니라는 반성이 생기는 거죠. 그러함에도 불구하고 자유로움은 분명한 장점입니다.

또 하나 장점은 상당히 광범위한 분야의 지식을 가지게 됩니다. 제품과 시장에 대해 많은 정보를 알게 되죠. 예를 들면 패밀리 레스토랑에 대한 광고를 하기 위해서는 그곳에 관하여 잘 알아야 합니다. 그러다보니 광고가 끝나고 나면 그것에 대해 아주 많은 것을 알게 됩니다. 마찬가지로 대한항공을 이용해보지 못하면 대한항공 광고를 할 수 없습니다. 코카콜라를 이런저런 상황에서 마셔보지 않은 사람은 코카콜라 광고를 잘할 수 없습니다. 하나의 제품만 광고하는 것이 아니다보니 자기가 관여하는 회사의 제품 모두에 대해 잘 알게 됩니다. 때로는 이것이 단점이 되기도 합니다. 제품에 대해 아는 것이 많다보니 광고하는 사람은 그 자신이 유명 브랜드 또는 개성이 강한 브랜드를 찾게 됩니다.

이런 장점이 있는 반면 단점도 많이 있습니다. 광고 작품을 하나 만들기 위해서는 정말 많은 고생이 필요합니다. 왜냐하면 남들이 생각하지 않는 아이디어를 내야 차별성이 생기는데, 그 아이디어를 얻는다는 것이 보통 어려운 일이 아니기 때문입니다. 제가 입사 초기 선배들에게 받은 교육을 예로 그 상황을 설명해보겠습니다.

제가 입사했던 때는 겨울이었습니다. 선배들은 점심을 먹고 나면 저를 명동으로 내쫓았습니다. 그 당시에는 압구정동이나 홍대 앞보다도 명동이 더 유명했죠. 서너 시간 동안 명동을 쏘다니게 하는 것입니다. 3년 뒤 일본 광고회사에서 근무한 적이 있는 선배와 일을 하게 됐는데, 이 양반은 이화여자대학교 앞을 좋아해서 거의 매일 이화여대 앞을 나가게 했습니다. 그곳에서 사람들 모습을 지켜보는 것이 일입니다. 그냥 멍청히 서서 보고 있으면 아무 생각도 나지 않기 때문에 사람들과 끊임없이 대화하고 메모하는 작업을 해야 했습니다. 그래야 여러 사람의 스타일을 파악할 수 있기 때문입니다. 그런데 이 작업이 보통 힘든 게 아닙니다. 놀기 위해서 가는 것은 좋지만 조사를 위해 간다는 것은 그렇게 끔찍할 수 없습니다.

비단 이런 일만 있는 것은 아닙니다. 고생고생해서 만들어놓은 광고 시안들이 광고주에게 퇴짜를 맞는 경우가 종종 있습니다. 광고주를 포함해서 모두에게 먹혀드는 아이디어가 있지만, 그런 아이디어를 뽑아내는 일은 보통 어려운 일이 아니죠. 고생은 많이 하지만, 그렇다고 해서 좋은 아이디어가 나오는 것도 아닙니다. 대단히 힘든 작업을 거쳤어도 대개는 성공하기 어렵습니다.

여러분, 지금 기억나는 광고가 몇 개나 있습니까? 아마 하나? 두세 개 정도? 그 이상으로 기억나는 광고는 없을 겁니다. 기억하지 못하는 광고는 광고 효과가 거의 없습니다. 오늘 아침에 신문을 보셨을 겁니다. 그 신문에서 기억나는 광고가 몇 개나 있습니까? 간밤에 본 TV 중에서 기억나는 광고는 무엇이 있습니까? 아마 거의 없을 겁니다. 광고의 홍수라고 표현할 정도로 우리는 많은 광고에 둘러싸여 있습니다. 이런 환경에서 살아남기 위해서는 광고를 보는 입장에서 광고를 만들어야 합니다. 수용자에게 그 광고를 기억나게 하고 광고하는 제품의 이미지를 계속 향상시키는 것이 광고 일의 목표이기 때문입니다.

광고쟁이들은 이런 목표를 가지고 아이디어를 만들어가지만 광고

주는 짧은 시간에 좋고 나쁨을 판단해버립니다. 그러고는 처음부터 다시 작업하게 만들기도 합니다. 광고 시안에서 마케팅 쪽으로 가면 문제는 더 복잡해집니다. 시장을 보는 시각이 다르기 때문입니다. 앞에서 설명했듯이, 광고주가 생각하는 마케팅(제조업이 생각하는 것)과 광고회사가 생각하는 마케팅의 개념 자체가 다르기 때문입니다. 상당수의 광고주가 생각하는 마케팅은 물건을 많이 팔면 그만입니다. 그러나 광고회사에서 생각하는 것은 그것이 아니죠. 실제 마케팅에서 가장 큰 영향을 미치는 것은 브랜드에 대한 이미지입니다. 그 브랜드의 이미지는 광고에 의해 결정되는 것이 아니라 제품을 사용하는 사람들에 의해 결정되는 것입니다.

과거에 신세졌던 사람이 나를 도울 기회

어떤 제품이 있다고 할 때 여러분이 그 제품을 사고 싶은 진정한 이유가 어디 있다고 생각합니까. 광고의 영향이라고 생각하십니까. 그렇지 않습니다. '그 제품을 사용해본 사람들이 좋다고 하니까' 또는 '매장에 나가보니까 상당히 멋있어 보여서' 등등의 다른 이유 때문입니다.

광고 전략을 짜기 위해 시장 조사를 한 후 광고주에게 가서 "브랜드 이미지를 높이기 위해 어떤 일들을 해놓았느냐?"고 물어보면 "모든 일을 다 했다."고 합니다. 그렇지만 실제로는 아닌 경우가 대부분입니다. 실제 고객은 제품에 대해 불만을 많이 가지고 있습니다. "매장도 잘 찾을 수 없고, 간판도 도무지 신통치가 않고, 판매 직원도 불친절하다."라는 등의 얘기를 합니다. 시장 조사 내용을 광고주에게 보고하면 광고주는 "그런 것이 이미 이루어져 있으면 많은 돈을 들여서 광고를 하는 목적이 없지 않느냐."고 반문합니다. 상표의 이미지가 좋지 않으면 아무리 광고를 해봐야 밑 빠진 독에 물 붓기임을 알고 있는 광고주마저도 광고를 서두릅니다. "나쁜 이미지를 주는 것들을 먼저 개선하라."고 요구하는 우리에게 광고주는 "시간과 돈이 많이 드니까 우선 광고를 해서 이미지를 높여달라."고 하는 경우가 보통입니다.

이런 식의 태도는 광고계에 있는 사람들에게 '마케팅력은 없으니까 있는 것만 갖고 잘해보자'라고 생각하게 만듭니다.

제품이 신통치 않고 마케팅이 좋지 않은 상황에서 어렵게 만든 광고 시안은 광고주에게 거부당하여 다시 해야 하는 경우가 많습니다. 이런 일이 자주 반복되기 때문에 힘이 빠집니다. 몇 날 며칠을 날밤을 세워서 만든 것이라도 많은 경우에 뚜렷한 이유 없이 "다시 해오라."고 하면 할 수 없이 해가야 하는 것이 제작자 입장입니다. 어디나 마찬가지로 광고주와 광고회사 사이에도 먹이 사슬 구조가 있기 때문입니다.

그런데 여러분, 광고를 유심히 살펴보십시오. 광고가 단지 광고 제작 회사에 의하여 만들어지는 것처럼 보입니까? 그렇지 않습니다. 한 편의 광고를 만들기 위해서 전략을 세우고, 광고를 기획하고, 독창적인 아이디어를 만들어내고, 다른 마케팅 프로그램을 잘 조합해서 광고가 만들어지는 것인데, 그러한 과정은 눈에 보이지 않습니다. 완성된 광고의 화려함으로 인해 광고쟁이들도 이면을 들여다보지 못하는 경우가 있습니다. 이런 착각이 큰 낭패를 불러오지요. 많은 경우 광고주는 현실보다 자신들만의 이상에 빠져 있습니다. 광고주들은 그 점을 간과한 채 '그만둬(cancel)'라는 무기를 너무 쉽게 사용합니다. 이런 점을 생각한다면 광고쟁이는 장점만을 가지고 화려하게 부각될 직업은 아닌 듯싶군요.

제가 고집스럽게 주장했던 것이 있습니다. 첫째는 데이터를 많이 확보하는 것이고, 둘째는 좋은 아이디어를 얻기 위해 끊임없이 노력하는 것입니다. 물론 이것은 내가 광고를 직접 만들지 않고 전략적인 부분만을 담당했기 때문에 가능했던 일인지 모르겠습니다. 좋은 전략가는 창조적인 발상을 가지고 있을 때 가능하다고 합니다. 다른 회사와 비슷한 광고를 하겠다는 것이 목표가 아니라면, 다른 광고회사의 광고를 확 뒤집고 수많은 광고에서 1등이 되기 위해서는, 혹은 그것까지는 아니더라도 독특한 포지션을 잡겠다고 하면, 시장 조사를 통해 고객에 대한 많은 데이터를 확보해야 합니다. 광고가 샤프하고 세련됐다고만 해서 성공하는 것은 아닙니다. 오히려 소비자들의 정서를 읽은 한 편의 투박한 광고가 진짜 호소력을 가질 수 있기 대문입니다.

지내놓고 보니 광고회사에서 근무했던 시간이 꽤 재미있었습니다. 지금도 어떤 이들을 만나면 저를 아직 광고쟁이 대하듯 하는 사람들도 있고, 아직도 "그때 광고를 잘해줘서 고맙다."고 인사하는 이들도 있습니다. 지금 하고 있는 인터넷 방송 역시 광고를 해야 먹고 살 수 있기 때문에, 과거 내게 신세졌던 사람들에게 이번엔 나를 도울 수 있는 기회를 주고 있습니다.

다음에 잘할 확률을 높이려는 실패 실험

현재 제가 고민하고 있는 주제는 '주위 환경과의 조화'입니다. 광고 대행사에 있을 때도 클라이언트들이나 조직 내부의 아주 이질적인 사람들, 즉 광고주를 관리하는 기획자(AE : Account Executive)들, 촬영하는 이들, 카피라이터들 등 각양각색의 사람들 모두와 협력 관계를 형성하는 것이 중요했습니다. 그 당시에도 '그들과 어떻게 조화를 이룰 것인가'에 관해 많이 고민했습니다. 인터넷 방송을 시작한 지금도 사원들끼리 서로 조화를 이루도록 어떻게 꾸려나갈 것인가가 아주 큰 고민입니다. 그렇다고 그들에게 끊임없이 끌려 다닐 수도 없는 일이기 때문입니다.

두 번째 화두는 '전문가'라는 것입니다. 저는 스스로 전문가이기 위해 노력을 많이 합니다. 물론 어느 업종이든지 시간이 지나다보면 잘 하게 되는 경향이 있지만, 내가 바라는 것은 특정 분야에 대해 아주 많이 앎으로써 누군가를 가르칠 수 있는 수준이 되는 것입니다. 어떤 분야에서 전문가가 되기 위해 꼭 노력해야 합니다.

현재 저는 인터넷 방송을 하지만 컴퓨터 프로그램에 관해서는 잘 모릅니다. 〈제일기획〉 멀티미디어팀에 있을 때도 제가 팀장이었기 때문에 컴퓨터를 직접 다룰 일이 별로 없었습니다. 단지 컴퓨터라는 것을 이용해서 어떻게 사업을 할 것이냐 하는 데만 관심을 두면 됐습니다. 그 결과 현재는 많은 어려움이 있습니다. 그래서 지금은 컴퓨터 프로그램 전문가는 아니지만, 그 방면에 상당히 아는 전문가가 되어야 한다고 생각합니다. 그래서 우리 회사의 프로그램 담당하는 사람들에게 이것저것 물어보는 등 많이 배우려고 노력합니다. 프로그램을 짜고 코딩하는 것은 잘 모르지만, 그 프로그램이 어떤 용도로 개발되고 어떤 용도로 사용되는지에 관해 알려고 하죠. 그들에게는 프로그램을 개발하는 능력을 지니고 있으라고 요구하고, 저는 그 프로그램을 어떻게 사용할 것인지에 관해 잘 알고 설명할 수 있어야 한다고 스스로에게 요구하고 있습니다.

인터넷 방송도 하나의 커뮤니케이션입니다. 기존 매체의 일방적 수용 형태에서보다 진보한 쌍방향 의사 전달이 사이버 공간을 통해 신속히 이루어질 수 있다는 매력 때문에, 새로운 커뮤니케이션 수단으로 각광받고 있지요. 하지만 아직까지는 효과적인 커뮤니케이션에 많은 어려움이 있는 게 사실입니다. 보안 문제 때문에 발생하는 불신과, 기술적으로는 동영상 처리 기술의 낙후를 들 수 있습니다. 그러나 무엇보다 큰 문제는 사용자(User)들의 인식 부족이며, 가장 먼저 해결해야 할 것도 현실을 바로 보고 인정하려는 사용자들의 사고 확장이라고 생각합니다. 인터넷 방송으로 효과적인 커뮤니케이션이 이루어지기 위해서는 사용자들이 편하게 이용할 수 있도록 하는 것이 중요합니다. 4년, 5년, 10년씩 소프트웨어 프로그래밍을 공부한 사람들이 만드는 프로그램들이 사용자들에게 얼마나 효과가 있느냐가 가장 중요한 숙제입니다.

저희들은 〈LIVE 24〉라는 인터넷 방송이 성공할 수 있도록 최선을 다하고 있습니다. 그러나 벤처기업의 성공 확률은 30% 이상을 넘지 못합니다. 기술적으로는 성공할 확률이 70~80%라고 보지만, 네트워크를 사용하고 있는 사람들 사이에서 〈LIVE 24〉가 알려져 시장에서 자리를 잡을 수 있는 확률은 그리 높아 보이지 않아요. 실패한다고 해도 〈LIVE 24〉라고 하는 이름은 남을 것입니다. 이름 남는 게 중요한 것이 아니라, 실패를 통해서 그 다음 일을 잘할 수 있는 확률이 높아진다는 사실이 중요합니다.

〈제일기획〉에서 5년 간 멀티미디어팀이 한 일은 성공하지 못했습니다. 시대를 너무 앞서갔기 때문입니다. 그러나 멀티미디어 팀장을 하면서 머리 속에 담아놓았던 컨셉트들은 잊혀지거나 실패한 것이 아닙니다. 인터넷 방송을 경영하고 있는 지금, 그때 고민하던 '영상 데이터베이스' 등의 개념들이 많은 도움을 주고 있습니다. 이것이 가능한 이유는 그 당시 내가 일을 고집스럽게 추구했기 때문입니다. 아마 '이건 내가 모르는 거야' 하고 회피했다면, 그 당시 일들이 지금 내게 별로 도움이 되지 않았을 것입니다.

인생에서 어떤 프레임을 갖고 있습니까

이 경험을 통해서 알 수 있듯이 어떤 일을 할 때 고집스러움은 꼭 필요합니다. 여기서 고집스러움이란 어떤 특정한 일에서 그것을 꿰뚫어볼 줄 아는 능력을 키우는 것을 말합니다. 예를 들어 법률 관계 일을 하는 사람들의 머리 속에는 어떤 상황이 위법이냐 아니냐 하는 것과, 예외 조항을 어떻게 적용할 수 있느냐 등등의 것들로 가득 차 있을 것입니다. 그들의 눈에는 모든 사람이 예비 범법자로만 보일 것입니다. 경영을 하는 사람의 머리에는 시장만이 있을 것입니다. 시장 경쟁에서 이기기 위해 차별성을 어떻게 가질 것이냐가 일상적 사고의 중심일 것입니다. 아웃포커스된 사진에서는 초점 이외의 것이 흐리게 보이는 법입니다. 그래서 초점 부위의 집중력은 더 커지는 셈이죠. 이러한 프레임의 포인트 설정은 집중력을 극대화합니다. 그들에게는 자신의 일에 관한 프레임워크가 있는 것입니다. 여러분은 여러분의 인생에서 어떤 프레임워크를 갖고 있습니까.

여러분이 사회에 나가면 상사는 어떤 생각을 하고, 동료 직원들은 어떤 생각을 갖고 있느냐가 중요한 관심사로 떠오를 것입니다. 상사가 갖고 있는 생각은 이런 것입니다. '최고 경영자는 어떤 목표를 가지고 있고, 연관된 부서는 어떤 일들을 하고 있으므로, 우리는 어떤 일들을 해야겠다.' 그러나 실무자는 '내가 판매하는 이 제품의 매출을 얼마만큼 올리기 위해 어떤 전략을 세워야 하며, 결과적으로 얼마만큼의 매출을 올리게 될 것인가' 하는 생각을 할 겁니다.

여기서 문제는 프레임워크를 가지고 일을 생각하는 사람과 그렇지 않고 단편적 사고를 하는 사람의 큰 차이입니다. 하나의 프레임워크를 가지고 있으면 삶의 질이 달라집니다. 물론 그것은 스스로 배우기도 하고 학교나 선배에게 배우기도 합니다. 또, 그 과정에서 전략적인 생각을 할 수 있는 힘을 키우게도 됩니다. 여러분은 졸업을 한 후 어떤 프레임워크를 가지고 살 것입니까?

불확실한 미래를 위해 무엇을 준비하고 있습니까

결론적으로 몇 가지를 정리하겠습니다. 인터넷 방송은 어떻게 보면 미래사회의 한 단면을 보여줍니다. 저는 미래사회를 '우리가 현재를 살고 있지만 우리 아이들이 좋아하는 것들로 바뀐 모습'이라고 생각합니다. 즉 미래사회는 현재 존재하지만, 미래의 시장에서 팔릴 수 있는 제품이 미래사회를 결정합니다. '멀티미디어 사회가 되고 정보화 사회가 되면서 미래사회는 이렇게 될 것이다'라고 볼 때, 그 과정은 농업사회 · 공업사회 · 산업사회 · 정보사회로 바뀌는 과정에서 생기는 것이지, 급작스럽게 닥치는 것은 아닙니다. 제가 생각하는 미래사회는 저보다 10살이나 15살 어린 사람들이 하고 있는 행의가 중심이 된 사회입니다.

예를 들어 컴퓨터 게임이나 컴퓨터 채팅을 하는 것이 미래사회에서 사업이 된다고 판단한 사람들에 의해 미래는 결정됩니다. 막걸리를 마시던 사람들이 소주를 마시고, 맥주를 마시고 양주를 마시고 와인을 마시게 된다는 것입니다. 맥주나 소주를 마시는 것이 굉장히 멋있어 보이던 시절에 양주를 마시는 모습은 상상하지도 못합니다. 하지만 그렇게 되고 있습니다.

그런데 여기서 핵심은 미래사회가 불확실하다는 점입니다. 불확실한 미래를 위해 여러분은 어떤 준비를 하고 있습니까.

불확실한 미래에서 분명한 것은 개인적인 사회가 된다는 것입니다. 요즘 '열린 교육'이란 말 많이 하죠. 21세기형 인간을 키우기 위한 대안처럼 말하는 경향이 있는데, 얼핏 들으면 좋은 의도 같지만 위험스런 점이 없지 않습니다. 새로운 방식을 도입할 준비는 전혀 갖추지 않고 제도부터 도입하려는 성급함이 교육 분야를 난장판으로 만들고 말았습니다. 배우려 하지 않는 학생, 덩달아 자포자기한 선생, 실종된 강의실, 놀이 공간이 된 학교 등이 오늘의 현실입니다. 열린 교육이라는 제도 속에서 벌어지는 수많은 책임 회피가 바로 그것이죠. 서로가 방관자가 되는 교육이 만들어낼 버릇없는 아이들에 대해 먼저 어떻게 교육할 것인가를 생각해야 합니다. 인간 교육이 선행되지 않은 상태에서 '괴물'들을 만들어서는 안 되기 때문입니다. 우리 아이들에게 자아에서 타아로 연관시키는 눈을 먼저 만들어준 후에 열린 교육을 말해야 한다고 생각합니다. 그것이 결여되면 철저한 개인주의와 이기주의로 변할 것입니다. 어쨌든 개인주의적인 사회가 될 텐데, 소망컨대 인간적 중심이 확립되고 자아가 타아로 연결되는 개인들이 성립하는 것이 바람직한 모습일 겁니다.

미래는 지식과 정보가 엄청난 힘을 발휘할 것입니다. 지금도 지식과 정보를 가지고 있는 사람들은 막강한 힘을 발휘합니다. 사회적 지위가 높아지면 대체로 정보의 중심에 가까이 가게 됩니다. 열심히 노력하고 출세해서 그곳에 이르려고 합니다.

그러나 미래사회에서는 오늘날처럼 정보가 특정한 몇몇 사람들에게 집중되지는 않을 것입니다. 《인터넷과 비즈니스》란 책을 보면 미래에는 메인 컴퓨터의 모든 정보를 사용하는 중앙집중식 방법이 완전히 변하여 네트워크화할 것이라고 합니다. 네트워크화한다는 것은 각계각층의 사람이 정보를 갖게 되고, 그 정보를 컴퓨터를 통해 그물형으로 연결시키는 것을 말합니다. 이런 정보 네트워크가 형성될 때 정보를 얼마나 많이 가지고 있느냐 하는 것은 더 이상 중요한 일이 아닙니다.

그러나 비즈니스를 하는 사람들에게는 개인이 가지고 있는 정보 네트워크가 강력하게 작용할 것입니다. PC통신을 많이 하는 사람이나, 인터넷 채팅을 많이 하는 사람, 인터넷을 많이 뒤지는 사람들은 필요한 정보가 어디에 있는지를 잘 알고 있습니다. 그래서 정보를 많이 보유하고 있는 사람이 미래를 장악한다는 것입니다. 물론 여기서 '보유하고 있다'는 의미는 '내가 가지고 있다'라는 것이 아니라 정보 네트워크를 얼마나 많이 확보하고, 그것을 얼마나 잘 사용할 수 있느냐 하는 것입니다. 사이버상에서 우리가 '보유하고 있다'고 말하는 것은 항시 없음과 있음의 경계선상에 있으며, 빠른 정보화 사회 속에선 흑백의 명암도 수시로 그 자리를 바꾸고 있습니다. 그래서 무슨 정보를 어떻게 수용할 것인지, 어떤 정보를 신뢰할 것인지를 판단할 수 있는 훈련이 필요합니다. 어쩌면 이것이 21세기 인재 교육이 아닌가 생각합니다.

미쳐야 나오는 것, 아이디어

나는 앞에서 특정 분야의 전문가가 되어야 한다는 얘기를 했습니다. 광고를 예로 들면, 광고를 잘 만들기 위해서는 아이디어가 좋아야 합니다. 그런 좋은 아이디어를 얻기 위해서는 평소에 극적이고 감동적인 장면을 남들보다 많이 경험하여야 합니다. 특정 제품 광고를 하기 위해 극적인 장면을 찾아다닌다면 이것은 틀렸습니다. 왜냐하면 극적인 장면이란 본래 '눈에 잘 안 들어오는 장면'이기 때문에 쉽게 발견되지 않습니다. 또, 극적인 장면이라고 찾은 것이 남들에게는 그렇지 않을 수도 있습니다. 콜라를 마실 때는 즐거워서 마실 수도 있고, 갈증이 나서 짜증을 내며 마실 수도 있습니다. 또 멀리 여행을 가서 뭔가를 기대하며 마실 수도 있고, 어떤 다른 음식과 함께 분위기를 느끼면서 마실 수도 있습니다.

아이디어를 내는 근원은 그것에 미쳐 있을 때만 찾을 수 있다고 생각합니다. 자동차를 예로 들어 생각해봅시다. 운전하는 옆자리에 아주 맘에 드는 여자 친구가 있고, 여자 친구 얼굴을 보는 것만으로 아주 즐겁다고 상상해보십시오. 그의 상상 속에서 자신의 차가 석양을 가르기도 하고 영화 속 미래 자동차가 되어 날기도 할 것입니다. 이렇듯 매일 타고 다니는 자동차를 통해서도 인간이 느낄 수 있는 모든 감정을 다 느낄 수 있습니다. 이런 상황이나 감정이 자동차 광고에만 이용되어야 합니까? 차를 운전하면서 느끼는 이런 감정을 이용해서 청바지 광고는 못하겠습니까? 음식 광고는 못하겠습니까?

콜라 광고를 만들기 위해서 자료 조사를 하라고 하면, 그때부터 음식점도 가봐야 하고, 여러 장소를 다 다닙니다. 그러다보니 삼류 광고를 만들게 되는 거예요. 내가 생각하는 전문가란 모든 부문에 대한 전문가가 아니라, 여러분이 가지고 있는 취미나 특기 등으로 행동 반경을 좁혀 특정 분야에 에너지가 집중된 사람을 말합니다. 연극을 좋아하는 사람이라면 연극배우 이름을 줄줄 외우고, 그 사람의 사생활을 다 외우고, 또 그 사람이 만나는 사람들에 대해 다 알고 있고, 연극을 통해 어떤 인간 관계를 맺고 있고, 극장의 위치도 알고 있고, 그곳에 가는 교통편을 잘 아는 그런 것입니다.

여러분은 취미 생활을 할 것입니다. 내가 오락실을 좋아한다면 오락실에서 게임을 잘할 것이 아니라, 오락실에 다니는 사람들을 알려고 노력하십시오. 나중에 정 할 일이 없으면 오락실을 하면 됩니다. 인간 관계를 잘 맺고 나서 광고쟁이가 되면, 그런 인간 관계의 경험들이 다 아이디어로 전환됩니다.

어떤 강좌의 수강생 중 한 명이 멀티미디어를 가지고 영어 학습용 콘텐츠를 만든다고 하길래 "영어를 얼마나 잘 하느냐?"고 물었습니다. 영어를 잘하기 위해서 얼마나 많은 것을 알아야 합니까? 우리는 중고등학교 시절을 거치면서 정통종합영어, 성문종합영어, 수없이 많은 영어 학원, 영어 문제집 등을 이용할 수 있었습니다. 영어 학습용 콘텐츠는 이런 것들과 경쟁 관계를 가지게 됩니다. 영어를 잘 못하는 사람이 영어 학습용 콘텐츠를 만들어봐야 얼마나 잘 만들겠습니까? 이런 말씀을 드리는 것은 지금 자신이 잘할 수 있는 일이 성공으로 연결될 가능성이 높다는 것입니다.

뭔가 한 가지를 잘 하고 있으면 다른 부분에서 굉장히 도움이 됩니다. 그런데 뭔가 한 가지를 잘하는 것이 없으면 표준적인 사람이고,

보통 누구나 다 하는 것 중 하나라도 잘 못하고 있으면 평균 이하의 사람이 됩니다. 어느 한 가지에 정통해야 합니다. 거기에 모든 것이 있습니다. 이것이 제가 말하는 전문가란 뜻입니다.

일은 성과 중심으로 하라

세 번째 중요한 것은 '성과 중심으로 일을 하라'는 것입니다. 단기 승부를 벌이라는 얘기입니다. 나쁜 의미로 듣지 말아주십시오. 여러분은 방학 두 달 동안 무엇을 할 것입니까. 눈에 보이는 것을 하십시오. 즉 성과 중심의 일을 하라는 것입니다. 이성 친구를 사귀어도 그렇고, 일을 해도 그렇고, 공부를 해도 그렇습니다. 어느 기간에 성과 중심의 일을 하면 머리 속에 남는 것이 있고, 일의 능률이 오르게 됩니다. '공부를 열심히 해라. 노는 것도 열심히 해라'라고 한다면 그런 충고는 목표를 잡을 수 없게 만듭니다. 중요한 것은 목표를 정하고 그것을 이루려고 노력하는 것입니다.

특정 목표를 가지고 어떤 성과를 이루기 위해 일을 하면 그 일을 이루기 위한 방법이 생깁니다. 즉, 자신을 컨트롤할 수 있는 힘이 생기게 됩니다. 자신을 통제하지 못하면 무슨 일을 할 수 있겠습니까. 이렇게 성과 중심으로 일을 하면 그 일에 대한 이해가 증폭되며 그 효과가 반복됩니다.

그러나 성과 중심으로 일을 한다고 해서 꼭 행복이 오는 것은 아닙니다. 행복이 성적순이 아니라는 말도 있고, 돈이 행복의 모든 것은 아니라는 말도 있습니다. 명예가 인생의 전부도 아닙니다. 그렇다면 행복은 어떤 때 생기는 것일까요.

행복해지고 싶습니까?

행복해지기 위해서는 다음 다섯 가지가 필요합니다.

첫째, 건강과 체력입니다. 여러분, 학교 다니면서 운동을 많이 하십시오. 농구도 좋고, 축구도 좋고, 테니스도 좋고, 그런 것이 안 된다면 등산이라도 하십시오. 일을 할 때 지치지 않을 정도의 체력을 기르십시오. 그것이 굉장히 큰 힘이 됩니다.

두 번째, 학문의 탑을 높이 쌓으시기 바랍니다. 끝없이 험난한 일을 할 때 그 성패는 정보에 달려 있습니다. 공부를 열심히 해놓으면 앞으로 필요한 수없이 많은 정보들을 얻을 수 있는 길들을 알게 됩니다. 주위에서 40, 50대 나이의 아주머니들이 수다를 떠는 것을 들어보십시오. 얘기의 주제도 없고 방향도 없고 그냥 떠드는 것입니다. 설마 여러분도 그렇게 시간을 보내고 있는 것은 아니겠지요.

세 번째는 '좋은 성품을 지니도록 노력하라'는 것입니다. 공자가 얘기했나요? '수신제가 치국평천하(修身齊家 治國平天下)'라고. 여러분 잘 생각해보십시오. 여러분 자신이 좋은 성품을 갖지 못하면 어느 누가 여러분의 곁에 있으려고 하겠습니까. 지금 좋은 성품을 갖고 있지 못하다면, 쉽게 얘기해서 여러분이 괴팍하고 깐깐하고 건달처럼 행동한다면, 그 주변엔 비슷한 성품을 지닌 사람만이 모입니다. 그러면 나중에 이 사람들을 어디다 써먹겠습니까. 고매한 성품을 가진 인격자가 되라는 것이 아닙니다. 남을 생각하고, 나쁜 일을 하지 않고, 자신을 지킬 줄 아는 사람이 남을 위해 좋은 일을 잘할 수 있고, 그런 사람이 조직을 위해 일을 잘할 수 있습니다. 좋은 성품을 갖고 깨끗한 생활을 해야 합니다. 깨끗한 생활이라는 것은, 지하철에서 떠들거나 보는 사람이 없다고 교통 법규를 위반하는 등의 일을 하지 않는 것을 말합니다.

네 번째로 '사랑과 열정을 가져야 한다'고 말하고 싶습니다. 사랑의 대상은 무엇이든 가능합니다. 이성에 대한 사랑만이 위대한 것은 아닙니다. 마땅히 여러분은 부모님을 사랑하고, 교수님을 사랑하고, 친구를 사랑하고, 여러분이 가지고 있는 물건을 사랑하고, 학교 비품을 사랑해서 어떤 대상도 대수롭지 않게 넘겨버리거나 소홀히 하지 않는 자질을 키우라는 것입니다. 사랑은 순종으로 이어집니다. 부모님께 순종하고, 교수님들의 지도에 순종하여야 합니다. 그분들은 누구보다 여러분을 사랑하기 때문입니다. 정열이라는 것은 타이밍이 중요합니다. 열심히 일을 해보지 않은 사람은 꼭 필요할 때 그 일을 수행할 수 있는 방법을 찾지 못합니다. 열정은 삶의 의미를 뜨겁게 달구고 사랑은 그에 대한 열매를 맺어줍니다.

기다림도 즐거움입니다. 기다린다는 것은 모든 것을 포용할 수 있게 합니다. 제 후배 한 명이 이런 말을 했습니다. "내가 할 일을 다 해놓고 기다리면, 그 결과가 어떤 것일지라도 끌어안을 용기가 생긴다."라구요. 핵심을 바라보려는 의지는 큰 시야를 갖게 합니다. 커진 시야로 넓게 볼 수 있을 때, 비로소 용기를 얻을 수 있는 여유로움이 생겨나지요. 그것을 발견하도록 노력하라고 당부하고 싶습니다.

여러분에게 마지막으로 하고 싶은 얘기는 '스스로 일을 하는 자세를 가지라'는 것입니다. 이 세상에는 하고 싶은 일보다는 하지 않으면 안 될 일들이 훨씬 더 많습니다. 그 일을 하십시오. 여러분에게는 하지 않으면 안 되는 일이 많이 있습니다. 공부, 운동, 친구를 사귀는 것 등등 모두 하지 않으면 안 되는 일이고, 이것만으로도 학창 시절은 굉장히 바쁠 것입니다. 그런데 사람들은 하지 않아도 되는 일들로 많은 시간을 보냅니다. 오락실에도 가야지, 미팅도 해야지, 친구와 포커도 쳐야지 등등 많습니다. 여러분, '하지 않으면 안 되는 일이라 싶은 것'이 있으면 지금 당장 시작하세요. 이 핑계 저 핑계 대며 미루지 말라는 얘기입니다. 여러분은 아직 학생입니다. 학교에서 연습을 해놓으면 사회에 나와서도 할 수 있습니다. 그러나 그때 해놓지 않으면 사회에 나와서도 할 수 없습니다.

세상은 여러분이 하기 싫은 일을 요구할지 모릅니다. "피할 수 없는 운명이라면 그것을 즐겨라."라는 말을 생각해봅시다. 객체에서 주체가 될 것이며 주체만이 볼 수 있는 아름다움을 발견하게 될 것입니다.

녹취/윤문 : 박경아 · 유혜정 · 윤상호

여성! 결혼은 선택! 일은 필수!

조안 리(〈스타 커뮤니케이션스〉 대표)[*]

여러분, 안녕하세요? 반갑습니다. 오늘 강의할 주제가 '일과 자질'이라는 것으로 알고 있습니다. 그런데 지난번에 오늘의 행사 준비 팀들이 와서 인터뷰를 하면서, 성공회대에는 여학생들이 많다는 얘기를 하길래, 제가 강조를 하느라고 "여학생들은 결혼을 할까, 일을 할까 하고 고민하는 사람들이 있다. 그런데 남학생들은 그런 고민하는 사람들이 있느냐? 남자에게는 일하는 게 당연하다. 마찬가지로 여학생들도 일은 필수고 결혼은 선택이다."라고 이야기했습니다. 그랬더니 그 말이 좋았던지, 오늘의 강연 제목을 그 말로 뽑았더군요. 아무튼 반갑습니다.

여기 여러 학생들이 아주 예쁘고 반짝반짝한 눈들을 가지고 저를

* 서강대학교 영어영문학과 졸업, 미국 일리노이공과대학 심리학 석사, 조선호텔 PR 매니저, 전문관리직 여성 클럽 ZONTA 아시아 지역 총재, 세계 최대의 PR 회사인 버슨마스텔러 한국지사 대표. 현재 〈스타 커뮤니케이션스〉 대표. 저서로는 《스물 셋의 사랑 마흔 아홉의 성공》《사랑과 성공은 기다리지 않는다》《내일은 오늘과 달라야 한다》.

바라보고 있는데, 사실 본인들은 잘 모르겠지만, 여러분은 우리의 앞날입니다. 우리의 미래입니다. 옛날에 교수님들이 우리한테 그런 이야기를 할 때면 저도 '그냥 하는 소리겠지'라고 지나쳤습니다. 그런데 지나고 보니, 여러분이 자신의 삶을 지금부터 어떻게 준비하느냐에 여러분의 장래와 우리 나라의 미래가 바로 연결되어 있습니다.

사각형의 수수께끼

사실 저는 기업이라든지 사회단체 같은 곳에서 강의를 요청해오면 돈을 굉장히 많이 받습니다. 그런데 대학생들한테 강의할 때는 '정말 내가 할 일 중의 하나다'라고 생각해요. 제가 보낸 시간이, 제가 경험한 것이 조금이라도 도움이 돼서 여러분이 앞으로 살아가면서 어려울 때 희망을 줄 수 있다면, 그것이 정말 보람이 아닌가 생각합니다.

이 강의의 배경을 보고, 처음에는 국제 홍보라든지 국제 컨설팅이라든지, 또 요즘 한창 뜬다고 하는 소위 헤드 헌팅(Head Hunting), 즉 인재 알선 등의 업무에 대한 이야기를 할까 했습니다. 그런데 그런 일과 관련된 사실적인 것들은 아마 여러분이 책에서 봐도 얼마든지 찾을 수 있고, 실무적인 건 사실 그렇게 중요한 게 아니라는 생각이 들었습니다. 그래서 오늘은 일을 할 때 어떠한 자질이 필요한지, 어떤 정신 상태를 갖추어야 하는지에 대해 이야기하겠습니다.

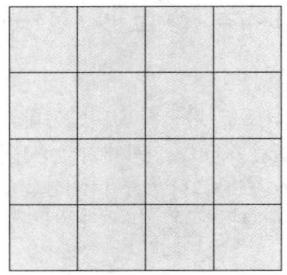

강의를 하기 전에, 제가 그린 이 그림에 사각형이 몇 개가 있는지 세어보세요. 나중에 강의 끝날 때쯤 정답을 물어보겠습니다.

여성의 시대?!

요즘 변화에 대해 많이들 이야기합니다. 21세기가 먼 훗날인 줄 알았는데, 바로 오늘 우리가 그런 시점에 와 있습니다. 새로운 천 년이 어떤 시대가 될 것인지 궁금한 사람들이 많을 것입니다. 거기에 대해 한 번 생각해보도록 하고……. 그렇지만 그보다 더 중요한 것은 그러한 미래 속에 내가 어떤 사람이 될 것인가 하는 질문입니다.

사람들은 대개 미래에 대해 질문할 때 '나는 어떻게 될 것인가?'라고 묻습니다. 저는 그런 질문을 '나는 어떤 사람이 되고 싶고, 어떤 일을 할 것인가?'로 좀 바꾸었으면 좋겠다고 생각합니다. 왜냐하면 미래라는 것은 내가 만들어가는 것이기 때문입니다. 남들이 어떻게 어떻게 하니까 나도 끌려가는, 그래서 그냥 어떻게 되는 것이 아니라 내가 만드는 것이 미래이기 때문입니다.

21세기를 흔히 뭐라고 합니까? 요새 정치인들 괜히 여성 단체에 와서 할 말 없으면 하는 이야기가 "21세기는 여성의 시대입니다."라는 겁니다. 21세기가 여성의 시대라면 여성이 주인이라는 이야기인데, 그게 실감이 나는 사람 한번 손들어보십시오. 그럼 여기 여성들이 많으니까 말을 바꾸어 '21세기는 나의 시대다, 우리의 시대다'라고 생각하시는 사람들 손들어보십시오.

그렇게 여성의 시대가 될 수도 있습니다. 그러나 보다 정확하게 말하면 여성, 남성을 떠나서 21세기는 여러분의 시대입니다. 여러분의 세상입니다. 21세기가 과연 어떻게 변할 것인가 하는 것은 그냥 어떤 상상에 맡겨질 일이거나 이름 모를 남들이 만들어가는 세상이 아니고, 여러분이 그것을 어떻게 꾸며가고 싶은가, 어떻게 만들어가는가의 문제입니다. 여러분의 마음이 미래입니다.

네 가지 C

21세기를 정의하는 데 3C라고 하는 게 있습니다.

첫째 클린(Clean)! 환경입니다. 또 무슨 C가 있을까요? 여러분이 지금 듣고 있는 과정인 커뮤니케이션(Communication)이 있습니다. 옛날처럼 일방적이고 권위주의적인 정보 정달은 안 된다는 이야기입니다. 커뮤니케이션! 쌍방 의사 교환이 있어야 합니다. 정보화 시대, 인터넷이라는 게 뭡니까? 쌍방향 커뮤니케이션(Two Way Communication)입니다. 그래서 두 번째 C는 커뮤니케이션입니다. 그 다음에 또 뭐가 있을까요? 창의력이 있어야 합니다. 21세기에는 창의력이 있어야 합니다. 그래서 세 번째 C인 크리에이티비티(Creativity)!

저는 여기에 하나 더 붙이고 싶은 게 있습니다. 21세기에 우리에게 꼭 필요한 항목에 컨티뉴잉 에듀케이션(Continuing Education : 평생 교육, 끊임없는 교육)을 넣고 싶습니다. 여러분 중에 공부가 싫은 사람들은 대학교 졸업하면 "야! 이제 지긋지긋한 공부는 끝났다! 학교는 이제 그만!" 이러는데, 미안한 이야기지만 앞으로는 그렇게 해서는 살아 남질 못합니다. 앞으로는 계속 교육을 받아야 합니다.

옛날에, 교수님들이나 나이 먹으신 분들이 박사 학위 하나 따면 일평생을 그거 가지고 울궈먹으면서 대접을 받았습니다. 의사 선생님들도 마찬가지고 변호사들도 마찬가지였습니다. 한번 학위든 뭐든 받으면 그거 가지고 정말 한 30년은 써먹었습니다. 그러나 앞으로는 그게 안 됩니다. 아마 5년 써먹으면 많이 써먹을 겁니다. 평생 끊임없이 공부하는 것, 그게 미래의 중요한 축 중의 하나라고 봅니다.

앞으로 뜰 직종, 네 가지 C

대학생들이 잘 물어보는 것 중 하나가 "유망 직종이 뭐냐?"는 것입니다. 무엇을 해야 직업을 잘 구할 수 있냐고. 유망 직종…… 그러니까 앞으로 뜰 직종은 무엇이냐고 물어보는 건데, 어느 정도 대세를 봐서 우리가 짐작할 수는 있습니다. 어떤 것이 뜨겠습니까? 헤드 파머요?(조안 리가 하는 일 중 하나를 Head Farmer라고 하는데, 인재를 양성해서 심는 일을 지칭한다. 이를 미리 안 학생 하나가 말한 것 : 윤문자 주) 게임이요? 애니메이션? 영상? 네, 좋습니다. 이게 다 무엇입니까? 커뮤니케이션을 주제로 한 직업들입니다. 정보화 사회의 핵심적인 직업들이죠.

의학이 발달해서 사람들이 오래 삽니다. 그럼 뭐가 발달해야 할까요? 건강에 관련된 직업입니다. 제약! 고령의 사람들이 필요로 하는 모든 산업! 건강이라든지, 레저, 여행……. 요즘 수입이 많아지니까 여행들 많이 합니다. 아무튼 노인네들을 위한 실버 산업 관련 직업은 앞으로도 뜰 겁니다.

또 뭐가 뜨겠습니까? 레저에 대한 욕구가 엄청나게 느는데, 그것은 시간이 자꾸 남아돌기 때문입니다. 옛날엔 밥 한 번 하려면 한두 시간 걸리던 것이 이제는 전기밥솥 한 번 눌러놓으면 됩니다. 미국에서는 잡화(grocery)를 인터넷으로 주문한다고 합니다. "몇 월 며칠에 갖다놔라." 하면 그 시간에 딱 도착하는 겁니다. 옛날에 여성들이 백화점에 가서 쇼핑 한 번 하려면 복잡하게 준비하고 가서 주차해야지, 돌아다니며 사야지, 또 들여다봐야지…… 두세 시간 걸렸습니다.

옛날에는 선진국에서 뭐가 유행한다고 하면 우리 나라에 오기까지 적어도 2~3년은 걸렸습니다. 남의 나라 일로 치다가 '아! 한국에도 언젠가 올 것이다'라고 생각했습니다. 그러나 요즘은 몇 개월 차이로 우리에게 다가옵니다. 사실은 그래서 여기서도 영상이니 게임이니 하는 것이 발달하는 동기가 되는 겁니다. 그만큼 한국의 여가 수준이 높아졌다는 뜻이기도 합니다. 옛날에 시간이 없었을 때는 언제 영화 보고, 언제 게임하고 할 새가 있었겠습니까.

그 다음에, IMF 막 끝나고 나서 세상을 움직이는 엄청난 힘으로 부상한 돈과 금융. 금융 서비스(financial services) 분야입니다! 엄청나게 새로운 금융 상품과 새로운 금융 서비스가 나올 것입니다. 그래서 이런 업종들이 유망한데…….

그런데 가만히 보십시오. 왜 21세기를 여성의 시대라고 하는지 이해가 가지 않습니까? 환경을 보호하는 것에 남자, 여자 구별이 있습니까? 다 할 수 있습니다. 오히려 여성들이 해야 할 몫이 클 수도 있습니다. 커뮤니케이션? 이건 힘이 필요한 게 아닙니다. 창조성! 여성들이 오히려 감수성이 많다고 하는데…… 여성, 남성 가릴 것이 아니라, 창조성은 근육의 힘으로 생기는 것이 아니고 머리를 쓰는 것이기 때문에 여성이 떨어지지 않습니다.

지속적인 교육! 이건 뭐 말할 것도 없습니다. 교육받는 것은 우리가 해야 할 일이고, 끊임없이 교육받음으로써 새로운 시대의 대열에 낄 수 있기 때문입니다. 이전의 산업시대에 트럭을 운전해야 하고, 기계를 돌려야 하는 육체적 힘이 필요했을 때, 여성은 힘이 모자랐기 때문에 핸디캡이 있었습니다. 그러나 요즘은 정보화 시대이기 때문에 거의 무엇이든 여성이 할 수 있습니다.

오늘(1999. 4. 7.) 아침에 신문을 보니까, 미국에서 인터넷 사용자가 1995년까지는 남성이 85%, 여성이 15%였습니다. 1998년 현재 어떻게 되었는지 아십니까? 50:50! 오히려 지난번에 〈뉴욕타임스〉를 보니까, 소위 마약 중독자들처럼, 인터넷을 안 하면 큰일나는 사람들—인터넷 중독자—은 여성이 더 많다고 합니다. 이렇게 변하고 있습니다.

준비된 여성!

얼마 전 제가 지방의 여성 최고경영자 과정 특강에서 "인터넷 하시는 분들 손 좀 들어보세요." 했더니, 50명 중에 한 명도 없었습니다. DJ가 밤낮 준비된 대통령이라고 큰소리를 하셨는데, 여성도 준비된 여성이 되어야 21세기의 주인이 될 수 있습니다. 그냥 되는 것이 아닙니다. 여성도 원하면 이룰 수 있는 여건은 이제 갖춰지고 있습니다. 그것을 어떻게 하느냐, 내가 어떻게 하느냐, 거기에 대해 어떤 준비를 하고 어떤 방향으로 나가느냐 하는 것은 여러분의 몫입니다. 그래서 저는 요즘 "준비된 여성이 되자!"라는 말을 합니다. 준비가 되어야 주인 몫을 할 수가 있습니다.

지금 한국의 현실은 어떻습니까? IMF 때 여성 실직이 엄청나게 늘어났다고 합니다. 기업 입장에서 볼 때는 일단 여성은 노조화되어 있지 않고, 둘째, 여성의 수입은 보조 수입으로 간주됩니다. '집안 식구들을 먹여 살리지 않아도 된다'는 편견이 있고, 많은 경우에 사실이 그렇습니다. 그래서 해고할 때 여성을 제일 먼저 내보냅니다.

여러분은 지금 직업 전선에 안 뛰어들어서 모르겠지만, 여대생들 취업이 엄청나게 힘듭니다. 현실은 밝은 것만은 아닙니다. 그러나 그것이 전부 사회 탓이냐 하면, 아닙니다. 여성 탓도 있습니다. 어떤 면에서 여성 탓이냐 하면, 지난 2월에 통과된 남녀고용평등법 개정안 내용들 아십니까? 앞으로는 채용을 할 때 여성, 남성을 차별하지 못합니다. 성이나 나이에 따라 차별하지 못한다고 되어 있습니다. 그것은 좋은 것입니다. 또 하나, 신문에서 크게 떠들었던 것이 있습니다. 성희롱 금지법입니다. 남자들에 대해서는 성희롱에 대한 교육을 시켜야 하고, 성희롱 금지가 직장에서 지켜지지 않으면 고용주가 얼마의 벌금을 물든지 징역을 가도록 되어 있습니다.

현재와 같은 한국의 사회적 여건에서 성희롱 금지법은 기업주들한테 여성을 채용하지 않는 이유를 하나 더 제공한 것입니다. 여러분이 고용주라고 한번 생각해보십시오. 어쩌다가 말 한마디 잘못했다가 감옥 갈지도 모르는데, 안 쓰지요. 우리로 봐서는 여성의 평등을 증진시킨다고 한 법이 현재 여성의 취업을 막고 있습니다. 긴 안목으로 봐서는 괜찮을지 모르겠으나 언제까지 갈지는 모르겠습니다.

작년에 100% 여성으로만 구성된 노조가 생겨서 그분들도 활동을 할 테지만, 모든 여성 운동은 힘을 합해야 합니다. 조직화가 되어야 합니다. 그 점이 여성들이 아주 약한 부분 중 하나인데, 단체간 결합과 조직 연대를 못하고, 서로 경쟁 상태에서 남을 제쳐야 자기네들이 올라가는 그런 것으로 알고 있는 경우가 많습니다. 앞으로 여성의 권익을 보호하려면, 전체가 조직화되어서 같이 움직여줘야 큰 힘을 발휘할 수 있습니다.

작년에 '여성경제인발전법'이라는 것을 입법 과정에서 통과시키려고 로비를 하러 많이 돌아다녔습니다. 여성과 관련해서는 처음으로 여성 기업인들이 돌아다녔는데, 저희가 느낀 건 뭐냐 하면, 정치권에서 여성을 보는 눈이라는 것은 정말 선거 때뿐이라는 것입니다. 여성 운동한다는 사람들에 대해서는 그저 직업이 그것인 줄로 생각합니다. 딴 게 할 것이 없으니까 그거나 하고 돌아다니다가 장관 자리나 하나 주면 끝나는 사람들 정도로밖에는 인식이 안 되어 있었습니다.

처음에는 정말 어이가 없었습니다. 여성 경제인? '여성'과 '경제'는 같이 가지 않는 상충된 언어로 알고 있는 겁니다. 그래서 우리가 가서 "당신네들, 총선 때 봅시다. 우리는 세금을 내고 사람을 채용하고 하는 여성 경제인입니다. IMF 시대라며 고용을 창출해야 한다고 아우성 치는데, 앞으로의 고용 창출은 이런 여성들이 하는 중소기업에서 나오지 대기업에서는 안 나옵니다." 라고 말했습니다. 그건 맞는 이야기예요. 대기업은 워낙 비대하기 때문에 거기서 새로운 고용을 창출한다는 것은 굉장히 힘듭니다. 구조 조정이라는 게 바로 그 이야기인데, "고용을 창출하려고 해도 여성 경제인들이 필요하고, 앞으로 총선 때도 여성 경제인들이 필요한 거요!" 하며 한참 목소리를 높이고 다녔습니다. 그러다보니까 여성 운동이라는 것이 제대로 힘을 발휘하려면 모여야 한다, 마음을 합쳐야 한다는 생각이 들었어요. 하지만 그것이 쉽지 않은 현실이 참 안타까웠습니다. 이렇게 여성은 힘이 부족하니까, 그러면 그냥 사회 탓만 할 것인가?

여자 출입 금지 공장

여러분은 행운아입니다. 제가 옛날에 학교 다닐 적에는 지금보다 훨씬 더 열악했습니다. 학교 다닐 때까지는 그렇다치고 제가 사업을 시작할 때, 1980년대 초에 사업을 시작했는데, 재미있는 일이 있었습니다. 보통 운전 기사가 남자분이잖아요? 그래서 남자 기사를 썼습니다. 그런데 우연히 발견한 건데, 자기가 여사장을 모시고 다닌다는 것이 창피해서 한 2년 동안 한 번도 자기 부인에게 이야기를 안 했답니다. 그냥 어느 회사 다닌다고만 했습니다. 그 회사 사장이 여사장이라는 것이 자존심에 굉장히 꺼렸던 겁니다. 어느 날 기사가 아팠는지 어쨌는지 아무튼 연결이 안 돼서 집으로 전화를 했습니다. 그런데 여자가 전화를 받더니—아마도 부인이었겠지요—누구냐고 물어서 '조안리'라고 했더니, 다시 누구냐고 묻더군요. 처음 들어본 이름이었던 거지요. 나중에 기사에게 "아니, 집에서 모르던데?" 그랬더니, 얼굴이 벌개 가지고, "창피해서 얘기를 안 했다."고 하더군요. 그것이 창피할 일인가요? 하긴, 그 당시 사회로 봐서는 이해할 수도 있는 일이었습니다.

그리고 재미있는 게 왜 회사에서 다른 회사로 전화를 걸면, 비서들끼리 먼저 이야기해서 "여기 누구 사장실인데 어느 사장 바꾸어주십시오." 해서, 사장이 나올 때 "우리 같이 바꿉시다." 하고 통화하잖아요? 제 비서가 넘겨주어서 전화를 바꾸면, 아직도 그쪽 비서가 잡고 있는 거예요. 그래서 처음엔 제가 이해를 못했습니다. 왜 그런가 했더니, 사장은 으레 남자니까 남자 목소리가 나와야 전화를 바꿔주는 건데, 여자 목소리가 나오니까 '또 비서가 나왔구나' 해서 전화를 안 바꾸어주었던 겁니다. 이런 일이 비일비재했어요.

요즘은 여사장이라고 하면 여사장인가보다 하지, 이상하게 쳐다보면서 '저 사람이 뭐 하는 사람이냐'고, 또 뭐 '집안이 어떻게 잘못된 거 아니냐'고, '이혼한 여자 아니냐'고 하는 사람은 없습니다. 훨씬 나은 시대가 된 겁니다.

더 재미있었던 일도 있습니다. 옛날에는 핸드백 같은 것이 우리 나라 수출품 중에서 잘 나갔습니다. 가죽 제품을 하는 고객 중에 바이어가 하나 있었습니다. 그래서 그 바이어를 모시고 대전피혁이라고, 옛날에는 아시아에서 제일 큰 피혁 공장이었는데, 거기를 갔습니다. 가니까 난리가 났습니다. 그래서 "왜 그러냐?"고 했더니 옛날부터 가죽 만들고, 소 죽이고 도살하는 그런 곳은 여자가 나타나면 재수가 없다나요. 그래서 그 공장이 생긴 역사상 한 번도 여자가 거기를 들어가 본 적이 없다는 겁니다. 그런데 어느 사장이 온다고 하니까 사장이 올 줄 알았지 여자가 올줄은 몰랐다가, 더군다나 바이어를 데리고 왔으니 안 들여보내면 난리가 나고, 들여보내면 자기네들 몇십 년 터부가 깨지는 거고…… 자기네들끼리 땀을 뻘뻘 흘리는 겁니다. 나는 "들어가도 좋고, 안 들어가도 좋고, 밖에 있을 테니까 당신네들 마음대로 처리하라."고 했습니다. 냄새가 지독하고 해서 저도 사실 들어가고 싶지 않았습니다. 그래서 알아서 하라고 그랬더니, 자기네들끼리 떠들다가, 역시 장사는 해야지 어떻게 해야겠어요? 그래서 할 수 없이 들어오시라고 해서, 참 반갑지 않게 들어간 적이 있어요. 그런 사회에서 우리가 살았습니다.

그런데 그런 것을 다 고깝게 생각하고, '우리 사회가 이러니까 우리는 못한다'고 주저앉으면 진짜로 그냥 주저앉는 겁니다. 이걸 뚫고 나가야 합니다. 우리 같은 사람이, 우리 이전 사람들이 그렇게 많이 뚫고 나갔기 때문에 여러분은 훨씬 더 편한 길을 갈 수 있습니다.

내가 여자라는 사실은 바꿀 수 없다

제가 책에 썼습니다만 맥도넬 더글러스(McDonnell Douglas)사의 차세대 전투기 사업 국내 홍보 일을 하게 되었을 때 이야기입니다. 한국의 PR 회사 세 군데에 '홍보 제안서를 내달라'고 그 회사에서 요청을 해왔습니다. 저희가 그 셋 중 하나였는데, 저희 회사가 낸 기획서가 제일 나왔답니다.

이론적으로 따져도 그렇고, 더구나 미국 회사니까 남녀 차별을 해서도 안 되고, 무조건 우리를 써야겠다고 생각했습니다. 그런데 사안이 사안인 만큼, 그 사람들에게 필요한 일이 한국 정부에 대한 치밀한 홍보이자 로비였기 때문에 미국에서 엄청나게 고민을 한 겁니다.

첫째로 한국 사회가 남존여비 사상이 짙다는 것은 우리보다 그 사람들이 더 잘 압니다. 둘째로 그 당시에 그 사람들이 팔려던 물건이 전투기였습니다. 전투기라는 것은 남성적이고—아무튼 무기니까—이것은 남자들의 세계인데, 그것을 여자 사장이 하는 회사에 맡긴다면 맥도넬 더글라스의 이미지가 어떻게 될 것인가? 또 여자 사장이 과연 그 일을 한국에서 할 수 있을 것인가? 그래 가지고 엄청나게 고민을 했습니다. 그때 제가 큰 것을 하나 배웠습니다.

전 처음에 그 이유를 몰랐습니다. 그 사람들이 왜 결정을 미루는지 모르다가, 제가 "솔직하게 이야기를 해라. 뭐가 문제여서 그렇게 미루고 있느냐?"고 물었습니다. 처음부터 "너희 기획안이 제일 좋다."는 소리를 몇 번씩이나 해놓고 결정을 내리지 않으니 궁금한 게 당연하지요. 그랬더니, 그 친구가 "네가 여자라는 것 때문에 높은 분들이 말이 많다."는 거예요.

여러분도 알아두셔야 할 점이에요. 제가 여자라는 사실은 바꿀 수가 없지요? 그때 제가 이런 이야기를 했어요.

"내가 여자라는 것은 바꿀 수 없기 때문에 그건 당신들의 문제이다 (It is up to you). 그것을 받아들일 수 있는 것도 당신들이고 안 받아들이는 것도 당신들이니, 결정을 해라! 대신 앞으로 내게 뭘 물어보고 전화하는 시간에 대해서는 돈을 청구할 테니까 알아서 해라!"

그리고 저는 일이 끝난 것으로 생각했습니다. 워낙 큰 건이었기 때문에 사실 아까웠지만, 제가 여자라는 것은 바꿀 수 있는 문제가 아니기 때문에 정말 단념했었습니다. 그랬는데 일주일 뒤 저희한테 일을 맡기기로 결정이 났습니다. 저도 신기했습니다.

할 수 없는 것은 빨리 잊어라

많은 사람들이 '내가 여자라서 이게 안 되고 저게 안 되고' 하는데, 그것은 현명하지 못합니다. 여러분이 할 수 있는 최선을 다해놓고 그것이 안 되면 끝나는 거지, 여자를 남자로 바꿀 수는 없는 건데, 그걸 가지고 한탄하기 시작하면 내가 고칠 수 있는 것도 못 고칩니다. 그때는 빨리 잊어버려야 합니다.

그래서 포기를 했는데 그 일이 왔길래 물어봤습니다. "안 된다고 하더니, 왜 결정이 바뀌었냐?" 그랬더니 그들 대답이 "PR 회사에 있어 자기네 일이 얼마나 큰 것인지 알기 때문에, 그런 큰 일을 그렇게 한마디로 버릴 수 있는 여자라면, 그런 배짱이 있다면 이 일을 할 수 있겠다고 생각했다. 그래서 당신에게 맡기기로 했다."라는 것이었어요. 그래서 6년이란 시간을 보내면서 저희가 그 일을 했습니다.

내가 할 수 없는 것은 빨리 잊어버려야 하고, 내가 할 수 있는 것은 정말 누가 뭐라고 해도 끝까지 붙어서 해보는 겁니다. 내가 컨트롤할 수 있는 것과 그렇지 않은 것이 무엇인지를 구분하는 게 굉장히 중요합니다.

많은 여대생들을 보면 '키가 조금만 더 컸으면 좋을 텐데' 하는데, 그거 어떻게 할 겁니까? 잊어버려야지! 그런데 내 몸무게? 그것은 내가 할 수 있는 거지요! '내 키가 얼마면 내 몸무게를 얼마만큼 유지해야지' 그런 것은 얼마든지 할 수 있는 겁니다. 거기에 대해서는 노력을 하시라 그 얘기입니다.

또 어떤 사람은 '좋은 학교를 안 나와서, 우리 집안이 연줄이 없어서' 하는데, 집안이 연줄이 없는 건 내 탓이 아닙니다. 그렇다고 여러분이 연줄을 만들 수도 없지요? 엄마, 아빠를 다시 탄생시킬 수 없으니까. 그럴 때는 내가 빽이 없다고 한탄하지 말고, 그건 잊어버리시라 이겁니다. 여러분의 영역이 아닙니다. 그 대신에 '내가 무엇을 공부하고, 어떤 사람을 죽어라고 만나서, 저 사람 얘기라도 들어보겠다. 저 사람을 만나서 단도직입적으로 뭘 요청을 해보겠다' 그것은 여러분이 할 수 있는 분야입니다. 그것은 해보시란 말입니다. 할 수 있는 것과 없는 것을 가려서 행동해야 합니다. 여러분들 영어 잘하시니까 제가 영어를 쓰겠습니다.

Why not?

조지 버나드 쇼(George Bernard Shaw) 아시지요? 그분이 한 이야기가 있는데, 저한테는 굉장히 큰 충격을 준 이야기였습니다.

어떤 사람들은 존재하고 있는 것을 보면서 '왜?'라고 묻지만(Some men see things as they are and ask why?)

나는 불가능을 꿈꾸면서 '안 될 건 뭔가?'를 생각한다(And I dream things that never were and say why not!).

어떤 사람들은 존재하고 있는 것을 보면서 '왜?'라고 묻지만—많은 사람들이 여기서 그치지요.—'현실이 이렇고 저렇고 왜 안 되느냐? 왜? 어쩌구저쩌구……' 하다가 끝납니다. 그런데, 한 걸음 더 나가서 미래를 꿈꾸면서, 불가능을 꿈꾸면서 'Why not?' 하고 말하십시오. 이 도전 정신이 없으면 아무것도 할 수 없습니다.

우리 사회는 복종을 요구하는 사회이기 때문에 'Why not?'이라고 말하면 참 버르장머리 없는 것으로 통하는데, 사실은 그 말 할 줄 알아야 합니다. 아무 때나 쓸데없이 막 하는 것이 아니고, 정말 자기한테 중요한 것이라고 생각했을 때, 남들이 "너는 공부를 못하는 실패자다. 너는 뭘 못한다. 안 된다."라고 했을 때, 자신에게 'Why not?'이라고 도전해보세요.

제가 자랄 때도 그랬습니다. '하라'는 소리보다는 '하지 말라'는 소리가 훨씬 많아요. 하지 않아야 할 일들도 많지요. 도둑질하지 마라. 거짓말하지 마라. 이런 거는 하지 말아야 합니다. 그런 게 아니고 학교 다닐 때 뭔가 좀 해보려고 하면, 예를 들어 수영 배운다고 하면 빠져 죽는다고 못하게 하고, 스키 타러 간다고 하면 다리 부러진다고 못하게 하고, 아무튼 못하는 게 참 많았습니다. 결혼하겠다고 하니까 또 못하게 하고.

그런 상황에서 정말 본인이 원하는 것이 뭔지를 알고 확신했을 때는 'Why not?'이라고 말하세요.

매번 부정적인 생각에 부딪치게 되면 스스로에게 왜 안 되는지 이유를 세 가지만 대보세요. 그 다음에 그 세 가지가 합당한 것인지 한 번 생각해보세요.

아까도 이야기를 했습니다만, 21세기는 여성의 시대라고 하는데 실감이 납니까? 아직은 실감이 안 날 것입니다. 준비가 안 되어 있기 때문이죠. 준비가 되면 'Why not?'이라고 말하세요.

그래서 사실 어떻게 보면 역사는 'Why not?'이라는 도전, 삶에 도전하는 사람들에 의해 창조된 겁니다. 그 사람들이 역사를 만들어가는 겁니다.

여러분들 싫어하시겠지만, 우리 나라 박정희 대통령의 머리 속에 있던 생각, '한국도 잘 살 수 있다!'는 지금 우리가 다 잘 살게 되었으니까 별 것 아닌 것 같지만, 그 당시에는 대단한 도전이었습니다. 그 당시 GNP가 80달러였습니다. 필리핀이 300달러 할 때입니다. 한국의 꿈은 필리핀처럼 되는 거였습니다. 지금 우리가 필리핀을 어떻게 봅니까?

우기십시오. 불가능은 없다고. 그래서 다른 사람이 '안 된다'고 할 때, 타인이 비웃을 때, 그때 자기 나름대로 믿음이 있어야 하고, 그것을 해나갈 수 있다는 자신이 있어야 합니다. 그것이 'Why not?'과 꿈의 관계입니다.

진짜 유망 직종은?

여러분은 어떤 직업이 유망한가를 찾기 전에, 내가 정말 원하는 게 뭔지, 내 장기가 뭔지, 그것을 찾아봐야 합니다. 그게 계산상으로도 맞는 것이, 요즘 직업들, 뭐 많지요, 여러 가지 직업들 중에 한 50%가 없어질 것이라고 합니다. 사회 구조가 바뀌기 때문이죠. 산업 구조가 바뀌기 때문이에요. 그런데 누가 유망 직종이라고 해서 하기 싫은 거 열심히 했는데 그게 없어지면 얼마나 억울합니까? 그것보다는 오히려 자기가 즐기는 거, '난 이걸 하면 즐겁다' 생각되는 걸 했다면, 그 직업이 없어져도 하는 '동안에 즐거웠으니까' 그것을 가지고 만족을 할 겁니다. 그래서 자기 자신을 아는 것이 중요합니다.

또 많은 사람들이 꿈을 못 키우다보니 꿈에 대해 자신에게조차 물어보지도 못합니다. 감히 내가 원하는 것을 할 수 있다고 생각하지 않기 때문에 물어보지도 않는 거지요. 자꾸 물어보십시오. 자신의 꿈은 무엇인지. 꿈을 키워야 합니다. 제가 이야기하는 꿈이라는 것은 밤중에 잘 꾸다가 아침에 일어나면 뭔지 잊어버리는 그런 꿈이 아닙니다. 밥 먹어도 생각나고 뭘 해도 하고 싶고, '난 이런 사람이 되고 싶다' 이런 것! 즐거운 것! 정말 미칠 수 있는 것! 그것을 본인이 발굴하고, 그것을 찾아내야 합니다! Find out! 그것이 여러분에게 유망 직종입니다. 사회가 이야기하는 유망 직종이 아닙니다.

그렇게 하다보면 뭐가 있습니까? 쓰러지죠? 어린 아이들 맨 처음에 걸음걸이할 때, 가다가 쓰러지고, 가다가 쓰러지고, 그래도 그네들 그냥 드러누워버리지 않지 않습니까? 또 일어나고 또 걸어갑니다. 우리 인생이 똑같아요. 여러분들 가다가 계속 쓰러질 겁니다. 그런데 중요한 것은 몇 번 쓰러졌느냐가 아니고, 몇 번 다시 일어났느냐 하는 것입니다.

우리가 잘 아는 토머스 에디슨, 전등 발명한 사람이 그 실험을 하면서 1만 4,000번째에 성공을 했다고 합니다. 마침내 그가 성공했을 때 어떤 사람이 "어떻게 그렇게 많은 실패를 뛰어넘었느냐?"고 물었습니다. 에디슨의 대답이 "나는 1만 3,999번의 안 되는 이유(How not to do it?)를 배운 것이지 실패한 것이 아니었다."고 했습니다. 굉장히 중요한 이야깁니다. 여러분들, 우리 사회가 실패를 싫어하고 자꾸 피합니다. 대학 시험 한 번만 떨어져도 그냥 낙오자로 취급하고, 시험 한 번 잘못 쳤다고 낙오자고……. 그게 아닙니다. 사회가 잘못 보더라도 그게 아니라고 본인이 우겨야 합니다. 그 사회를 따라가면 여러분도 같이 패배자가 되는 겁니다.

어디 가서 이런 이야기 하면 사람들이 웃는데, 친구들 사귀면서 내가 '뭘 한다'고 하면 '해보라'고 도와주는 친구가 있지요. 그 친구는 굉장히 좋은 친구입니다. 그런데 "야, 네까짓 게 뭘 한다구! 안 돼!" 하는 친구가 있습니다. 꼭 '안 된다'고만 하는 사람이 있어요. 그들은 여러분의 친구가 아닙니다. 가까이 하지 마세요! 부정적인 사고방식은 전염병하고 똑같습니다. 중요한 것은 그런 친구를 사귀지 않는 것은 물론이려니와 여러분 자신이 그런 친구가 아닌지 돌아볼 필요가 있다는 겁니다. '뭘 하겠다'고 하면 '해보라'고 하든지, 본인이 도와주는 게 아니라 "그거 안 돼!" 그리고 안 되고 나면 "거 봐, 내가 뭐라고 했어?" "내가 그랬었잖아(I told you so.)" 이런 태도는 아무 도움이 안 됩니다.

모든 것이 꿈으로 시작해서 꿈으로 끝나는 거거든요. 그 꿈을 실천할 수 있는 의지가 얼마만큼 있는가. 또 몇 번씩 넘어지면서도 버텨나가는 자기 나름대로의 인내심. 그것을 끌고 갈 수 있는, 수행할 수 있는 자기 나름대로의 에너지! 그것이 성공의 열쇠입니다.

《사랑과 성공은 기다리지 않는다》 그거 한번 읽어보세요! 책 선전이 아닙니다. 여러분이 직업을 구하려 하고 "유망 직종이 뭐냐?"고 묻는 이유가 다 뭐죠? 성공하기 위해서이지요? "성공, 필요 없다!" 하는 사람 있습니까? 전부 성공하기 위해서 그런 겁니다. 왜? 성공을 하면 우리는 행복하다고 생각하기 때문입니다. 행복의 조건이 무엇입니까? 사랑과 성공입니다. 그래서 제가 이야기하고자 하는 것은 '사랑과 성공은 기다리지 않는다'는 것입니다. 누가 가져다주는 게 아닙니다. 여러분이 하루 종일 평생을 서서 '나는 사랑과 성공을 기다린다'고 해봐야 가져다주는 사람이 없습니다. 여러분이 만들어가는 겁니다. 그래서 '나는 어떤 사람이 될까'를 '나는 나를 어떻게 만들 것인가'로 바꾸어 질문해야 합니다.

한국 사회에서는 노후(know-who), 누구를 아느냐가 어떤 방법을 아는 것(know-how)보다 훨씬 더 중요했습니다. 누구를 아느냐가 중요하다고 하는데, 그것이 현재까지는 통했습니다. 그런 사회에서 연줄이 없는 사람들이 '아! 난 저것 때문에 뭐가 안 된다'고 핑계를 대도, 그러니까 줄 없고 빽 없는 것을 한탄해도 어느 정도 인정은 됐습니다. 그러나 앞으로는 그게 통하지 않을 것입니다. 앞으로 사회는 노후의 중요성이 점점 없어질 것이기 때문입니다.

전통적인 사회에서는 노후(know-who)가 중요했고, 산업사회에서는 새로운 기술과 방법에 대한 지식, 그것을 노하우(know-how)라고 하면서 중시했지요. 그런데 요즘은 어떤 사회로 가요? 뭐가 필요하다고 하지요? 외워 쓰는 지식의 시대, 아는 척하는 시대는 지났습니다. 이제는 두들겨서 찾아야 합니다. 찾는 게 중요하기 때문에, 어디에 있는지를 아는 것(know-where), 그래서 그 정보를 어떻게 이용할 수 있는지를 아는 것이 중요하지, 정보 자체를 아느냐 모르느냐는 중요한 것이 아닙니다. 그래서 요즘은 노웨어(know-where) 시대가 되고 있습니다.

지식의 성격이 바뀌고 있으므로 이제는 연줄 없다는 핑계를 대도 더 이상 통하지 않습니다. 여러분이 사랑과 성공을 원한다면, 그것도 여러분이 만들어가는 것이지 누구로부터 주어지는 것이 아니라는 이야기입니다.

최고의 성공은 결혼이었다

성공 이외에 더 큰 인생 목표가 있지 않겠느냐구요? 네, 제가 말하는 성공이란 사회적으로 규정된 돈 벌고, 출세하는 것만이 아닙니다. 최고의 성공은 자신이 원하는 꿈, 그것을 달성하는 것입니다.

많은 사람들이 저더러 '성공했다'고 하는데, 아마도 사업에서나 제가 낸 책이나, 사회적 지명도 등을 놓고 얘기하는 것이라고 봅니다. 그러나 사실 제 인생에서 제일 큰 성공은 결혼을 한 겁니다. 그래서 아까 얘기할 때 '결혼은 선택'이라고 했는데, 그래요, 선택입니다. 그 당시에 우리는 결혼을 안 할 수도 있었습니다.

제 책을 읽으신 분들은 아시겠지만, 저도 맨 처음에 결혼을 한다고 했을 때, 처음에는 정말 불가능하다고 생각했습니다. 꿈도 못 꿨죠. 진짜 꿈이라도 꾸어봤으면……. 그때는 꿈도 못 꿨어요. 그런데 어느 날, '그렇다, 이것은 꼭 해야 하겠다!' 왜냐하면 내 온 존재가 그것을 원하기 때문에, 이것을 해야 한다는 어떤 당위성 같은 게 생겼습니다. 한번 해보자! 결정을 내렸을 때, 제게 다가온 것은 사람들이 통상 생각하는 그런 사랑의 감미로움이 아니었습니다.

많은 사람들이 사랑은 달콤하고 아름답고 낭만적이고 좋은 것이라고만 생각하는데 사실 그렇지가 않습니다. 물론 그런 면도 있지만 그 것보다는 엄청난 아픔과 희생이 따릅니다. 그래서 저도 당시에 '결혼을 한다'고 결정했을 때 교황청에서 허락이 나올지는 솔직히 기대를 안 했습니다. 또, 그분(길로연 신부)의 신앙심이나 성격으로 봐서 허락을 안 받고 그냥 결혼을 한다면 저의 결혼은 파멸입니다. 교회에 대한 그분의 신앙이 그렇게 깊었기 때문입니다. 그래서 교황청의 허락을 받아야만 했습니다.

그러나 교황청의 허락이 나올 수 있을까? 저는 불가능하다고 생각했습니다. 26년의 나이 차, 성직자와 학생이라는 신분 차이, 주위의 반대, 집에서 쫓겨날 것 등등……. 그런 것들은 별 문제가 아니었고, 단지 '이것이 과연 가능한가'가 문제였습니다. 다만 우리들이 믿고 있었던 것은 하나의 당위라고 할까요? 어떻게 생각하면 웃기는 당위성인데, 우리가 그렇게 원하기 때문에, 우리의 사랑이 그렇게 순수하기 때문에, 이것은 이루어져야 한다는 것이었습니다.

또, 기독교라는 게 뭡니까? 사랑이 기독교의 원천입니다. '기독교 자체가 사랑인데 왜 사랑을 막겠는가?' 하는, 어떻게 보면 어처구니없는 두 믿음을 가지고 끌고 나간 겁니다. 그래서 그 결혼에 대해 로마에서 허락이 나왔을 때, 그건 기적이었습니다. 그런데 어떻게 생각하면 기적이라는 것은, 그렇게 죽어라 믿고 도전을 했기 때문에 이루어졌던 겁니다. 그냥 가만히 기다려서 나오는 건 아니지요.

킬리만자로의 교훈

그런데 재미있는 것은, 그렇게 어렵고 불가능한 것처럼 보이던 일을 일단 성취하고 나니 그 다음에는 더 큰 용기가 생기더라는 것입니다. 여러분도 아마 일상 생활에서 그런 경험을 하셨을 거예요. 자기 자신에 대한 조그만 도전! 남은 몰라도 좋아요. 자기 혼자 아는 것을 했을 때 느끼는 성취감! 그 다음에는 조금 더 하고 싶고…….

저는 학교 다닐 때부터 폐활량이 다른 사람보다 적었습니다. 산에 올라간다든지, 어디 높은 데 올라가는 것이 보통 사람보다 두 배는 힘들었습니다. 잘 뛰지도 못했습니다. 제가 산행 이야기를 참 많이 하는데, 저는 등산을 하면서 많은 것을 배웠습니다.

맨 처음에 누굴 따라서 등산을 했는데, 한 시간을 올라가는 것이 그렇게 힘이 들 수가 없었어요. 남들은 그냥 덜렁덜렁 올라가는데 저는 그냥 막 가슴이 뽀개지는 것같이 아프고, 숨을 쉴 수가 없었습니다. 그렇게 한 시간쯤 자꾸 하다가, 그 다음에는 두 시간으로 늘렸습니다. 북한산은 두 시간이면 충분히 올라가거든요. 밤낮 저는 두 시간짜리 산행이 제 한계라고 생각했습니다.

그러다가 언젠가, '그래도 말이 등산인데 밤낮 두 시간 가지고 왔다 갔다하는 것은 자존심의 문제다'라고 생각해서 한번은 네 시간에 도전해봤습니다. 천천히 쉬면서 올라가니까 다른 사람 네 시간에 갈 거나는 한 여섯 시간 걸렸지만, 아무튼 네 시간짜리 산행을 끝냈습니다. 그래서 이제 '나는 네 시간이 한계다'라고 생각했는데, 미국에 있는 제 친구 조카 되는 사람이 "킬리만자로 등반에 같이 가지 않겠느냐?" 했습니다. 처음에는 '과연 할 수 있을까?' 걱정했지요. 그러다가 '한 번 가보자. 가다가 못 가면 내려오면 되니까'라고 생각을 바꾸었습니다.

킬리만자로 등반을 위해 저는 연습을 열심히 했습니다. 집에 운동 기계를 갖다 놓고 열심히 했지요. 킬리만자로가 4박 5일 코스입니다. 3일 올라가고 2일 내려오는 건데, 코스 자체로만 따지면 사실 우리 나라 설악산에 올라갔다 내려갔다 하는 게 더 힘듭니다. 거기는 고산 지대이기 때문에 산소가 부족하니까, 거기에 익숙해지기 우해 산을 빙빙 돌아서 올라가는 겁니다. 올라가는 것 자체는 힘이 안 드는데 산소가 부족하니까 저 같은 사람은 더 죽어나는 겁니다. 그게 하루에 여덟 시간입니다. 두 시간 걷고 15분 쉬고, 두 시간 걷고 한 시간 점심. 두 시간 걷고 15분 쉬고, 두 시간 걷고 저녁에 텐트 치고 저녁밥 먹는 건데, 총 여덟 시간입니다.

맨 처음에 시작할 때는 죽는 줄 알았습니다. 짐꾼인 포터들이 앞에서 짐을 지고 먼저 가는데, 저 끝으로 훌쩍 가버립니다. 그러면 그네들이 가는 데까지 우리가 가야 합니다. 그네들이 음식 짊어지고 가니까, 거기 가서야 쉬고 먹을 수가 있거든요. '저걸 어떻게 하나' 싶은데, 한 발 한 발 걸으면 거기까지 가긴 갑니다. 시작이 반이라고 하지요. 한꺼번에 가는 게 아니고 한 발 한 발! 날아가는 방법도 없고, 어떻게 차 타고 가는 방법도 없고. 한 발 한 발 걸어서……

그렇게 킬리만자로 갔다가 오니까 저는 여덟 시간 산행할 수 있는 자신감이 생긴 거예요. 대단한 거죠. 맨 처음에는 한 시간도 버티고 버텨서 헉헉댔는데.

이처럼 자기 자신의 능력에 대한 확신이 다른 분야에도 전부 영향을 끼칩니다. 킬리만자로에 다녀왔다고 하니까, 대단한 산행이나 한 걸로 알고 사람들 사이에서 '조안 리 산행 잘한다'고 소문이 났습니다. 그러던 차에 친구 한 분이 "설악산을 가는데 같이 가자." 해서 "내가 갈 수 있을까?" 그랬더니, "아! 조안 리 정도면 충분하니까 갑시다!" 그래서 또 따라 나섰습니다.

등산하시는 분들 계세요? 그게 산악회에서 가는 건데……. 저녁 10시 반인가 버스 정류장에서 만나 버스 타고 밤중에 덜렁덜렁 가보니 새벽 3시였습니다. 그때부터 걸어서 올라가는 거예요. 백담사에서 출발해서 30분을 쫓아가는데, 아, 도저히 못 가겠어요. 젊은 친구들 정말 뛰다시피 하는데, 나는 껌껌한 데서 헤드 렌턴인가 뭔가를 달고 해서 어찔어찔한 데다가 제대로 보이지도 않고……. 처음에는 포기할까 싶었습니다. 그러다가 자존심이 있지 거기까지 가서 포기할 수는 없다 싶어서 앞의 친구들한테 "이 속도는 내가 도저히 못 따라가니까 길 아는 친구 하나만 남겨놓고 당신네들 먼저 가라." 했습니다. 자존심이 좀 상했어요. 그러나 뭐 어떻게 해야지 다른 수가 있나요?

그러자 그 사람들이 저를 아래위로 훑어보면서 '웬 아줌마가 와 가지고 골치 아프게 구는 거야?' 하는 표정을 짓더니 한 친구에게 "너 가이드 하라."고 남겨놓고 자기네들끼리 먼저 갔습니다. 나중에 알고 보니까 그곳이 설악산에서 제일 험한 코스였습니다. 용아장성이라고. 설악산 산행하는 사람들은 용아장성 갔다왔다고 하면 우러러 봅니다. 그 코스를 제가 뭣 모르고 다녀왔는데, 끝도 없이 올라가면 또 내려가야 하고 내려가면 올라가야 했습니다. 용아라는 게 뭐예요? 용의 이빨처럼 생겼다는 거예요!

결론은 열네 시간을 걸었습니다. 그날 새벽 세 시에 올라가서 오후 다섯 시에 내려왔어요. 앞에서 막 뛰어가던 젊은 친구들이 나중에 다 끝나고 보니까, 우리보다 한 시간 앞서 왔습니다. 자기네들이 한 시간 기다렸으니까 화가 났지요. 그래도 박수 치는 사람도 있고, 휘파람 부는 사람도 있고……

어찌 됐든 '열네 시간을 했다'는 성취감, 이것이 다른 일과 삶에 끼치는 영향이 대단합니다. 산행을 잘해서 대단한 것이 아니고 자신의 한계에 도전했다는 사실이 다른 일에도 영향을 미친다는 겁니다. 여러분의 한계가 어떤 것인지는 모르지만 계속 도전해보셔야만 그 한계를 넘습니다. 계속 가다보면 정말 불가능하다고 생각했던 게, 어느 순간 그 선을 넘어서 있는 겁니다. 제가 그냥 교과서적으로 이야기하는 것이 아닙니다. 저는 살면서 그런 것을 너무 많이 경험했습니다. 여러분도 한번 해보셔야지 않습니다. 너무 안일하게 앉아서 '나는 여자니까 안 되고, 나는 용모가 안 되어서 안 돼, 영어를 못하니까 뭐가 안 되고……' 하는데, 안 되는 것만 따지지 말고 가능성이 요만큼이라도 비치면 해보셔야 합니다.

돌아가신 제 남편이 건강이 굉장히 안 좋고 많은 고생을 하셨는데, 어느 날 갑자기 항공 파일럿 면허를 따시겠다고 했어요. 그래서 내가 "아니 뭘 하신다고요?" 그랬더니, "걷기가 힘이 드니까 나는 것을 해보겠다."는 거예요. 그게 말이 된다고 생각했어요. Why not? 그래서 OK! 그분이 그때 66세였습니다. 항공사 면허를 따는 것은 쉽지 않습니다. 그런데 그렇게 열심히 배우시고 결국은 그 면허 따고 돌아가셨습니다. 그런 정신! 그런 투지가 필요한 겁니다.

소유 개념을 버리고 사용 개념을!

사회가 변하기 때문에 사고방식을 바꾸어야 합니다. 그렇죠? 우리 나이 때는 사고방식 바꾸기가 정말 힘듭니다. 여태까지 살아온 관성이 있기 때문입니다. 여러분은 조금 더 쉬울 겁니다. 그러나 여러분도

10년 더 지나면, 우리처럼 똑같은 구세대가 되어서 마찬가지로 힘들어집니다.

흔히들 이야기하는 패러다임 쉬프트(Paradigm Shift)! 아까도 계속 이야기했지만, 여성 교육은 어떻게 시키는 건가? 여성에게 유리한 직종은 무엇인가? 잊어버리세요! 앞으로는 여성, 남성이 없습니다. 성(Gender)에 대한 것들은 좀 잊어버리세요. 내가 여자라는 것을, 더군다나 그것을 하나의 핸디캡으로 치는, 그런 생각은 좀 없애버리세요. 요즘 젊은 엄마들이 아들을 원해서 태아 유산시키는 거, 이거는 정말 있을 수 없는, 여러분들 세대에서는 정말 나와서는 안 될 이야기입니다.

21세기에 닥치는 가치 변화가 여러 개 있는데, 그 중 몇 개만 들겠습니다. 요즘 부의 기준이 달라지죠? 여러분들 '부자' 그러면 어떤 사람을 떠올리세요? 부동산 많이 가진 사람, 보석이 많은 사람, 무엇인가 만지고 볼 수 있는 것이 많은 사람들이죠? 집이 크거나 큰 차를 가지고 있는 거 말입니다. 앞으로는 어떻습니까? 그것이 부자입니까?

요즘은 소위 이야기하는 디지털 재산(Digital Wealth)으로 갑니다. 안 보이는 것. 아까 금융 서비스가 유망할 것이라고 했는데, 그런 종류의 재테크! 창의력을 얼마나 가지고 있느냐가 부와 연결이 됩니다. 영화 한 편 가지고 떼돈을 버는 그러한 시대. 보이지 않는 정보와 지식이 재산이지, 땅 몇만 평 가지고 있는 것이 재산이 아닙니다. 그래서 여러분이 앞으로 부를 축적하려고 한다면, 부의 개념부터 바꾸셔야 합니다.

그리고 또 하나! 부(富)와 관계되는 중요한 개념 변화가 필요합니다. 우리는 항상 내가 뭔가를 가지고 있어야 한다고 생각합니다. 소유해야만 내 것이라고 생각하는데, 앞으로는 어떨까요? 사용만 하면 됩니다! 꼭 가지고 있고, 끌고 다닐 필요가 없습니다. 옛날에 이사 다닐 때는 어땠습니까? 우리 어머니들 세대에는 장롱, 그걸 끌고 다녔습니다. 요즘은 어때요? 아파트 캐비닛에 붙어 있습니다. 가서 쓸 수 있으면 되고 옷만 집어넣을 수 있으면 됐지 그 장을 왜 끌고 다닙니까?

소유의 개념이 아니고, 사용의 개념입니다. 자동차도 마찬가지, 컴퓨터도 마찬가지입니다. 요즘은 비싼 컴퓨터들 사서 2년이면 또 바꾸어야 하는데, 앞으로는 임대(lease)만 하면 됩니다. 주택도 임대해서 살기만 하면 되지 왜 그것을 꼭 가져야만 합니까?

별장을 갖는다고 요란들을 떠는데, 제가 한번 하와이에 조그마한 콘도를 가져봤습니다. 한국과 미국의 중간이니까 거기에다 콘도를 가지면 괜찮겠다 했는데, 미안한 이야기지만 5년 가지고 있는 동안 제가 딱 두 번 갔습니다. 가질 필요가 없는 겁니다. 그거 없었으면 그냥 호텔 값 내고 아무 데나 갈 수 있었는데, 그런 게 있으니까 꼭 거길 가야 하는 장애까지 생긴 겁니다! 여행이라는 게 여러 군데 돌아다니는 게 좋지, 한 군데 자꾸 가면 싫증나잖아요. 하와이가 아무리 좋아도 하와이에만 가면 싫증나는 것이고, 게다가 하와이에 가도 꼭 그 섬에만 갈 필요가 없는데 말이죠. 가진 게 원수라는 겁니다.

소유의 개념을 버리고 사용의 개념으로 쓸 수 있고 즐길 수 있으면 되는 겁니다. 그래서 미국 사람들이 이런 얘기를 합니다. "요트를 가지고 있는 사람들은 가지고 있다는 자랑 빼놓고는 즐길 게 별로 없다." 그런 얘깁니다. 보통 일이 아닙니다. 손님들 치러야지, 나중에 다 청소해야지. "요트를 갖기보다는 오히려 요트를 가진 친구를 가지는 게 훨씬 더 좋다." 원할 때 살짝 가서 쓰면 되니까요.

상근직이냐? 프리랜서냐?

직장의 개념이 바뀌죠? 우리는 여태까지 대기업을 좋아했습니다. 그래야 튼튼한 기업이라고 생각했었습니다. 그런데 요즘 어떻습니까? 큰 기업? 별볼일 없지 않습니까? 그래서 대기업이든 소기업이든 상관없이 내가 어떤 일을 하는가가 중요해집니다.

또 하나 그것만큼 중요한 게, 우리는 항상 상근직(full time)을 원하죠? 어느 회사의 직원이라는 거. 앞으로 이것도 바뀔 겁니다. 프리랜서(freelancer)라고 부르죠? 자기 나름대로 전문 능력을 가지고, 어느 회사에 가서 일을 해도 상관이 없는 거예요. 훨씬 더 자유스럽습니다. 그래서 프리랜서! 내가 일을 원하지 않으면, 그 시간에 나오라고 할 때 안 나가면 됩니다.

또 하나, 요즘 벌써 우리 기업들에서 일어나고 있는데, 소위 아웃소싱(outsourcing)이라고 해서, 기업도 소유 개념에서 사용 개념으로 가는 겁니다. 우리 기업은 모든 것을 소유해야 한다고 생각해왔는데, 〈에코〉라는 인력 파견 회사에서 재미있는 이야기를 들었습니다. 〈에코〉는 〈아디아〉라는 회사하고 합병했는데 2위, 3위 회사가 합쳤으니 세계 제일의 회사가 되었습니다. 얼마 전에 그 회사 회장을 만났는데, 〈에어 프랑스〉 이야기를 하더군요. 프랑스의 국가 항공 회사, 〈에어 프랑스〉!

우리가 항공 회사 하면 뭐라고 생각합니까? 항공 회사의 자산이 뭐예요? 비행기죠? 비행기 있어야 하는 거고, 조종사 있어야 하는 거고……. 그런데 〈에어 프랑스〉는 비행기는 임차(리싱), 파일럿은 아웃소싱! "그럼 너희는 뭐 하는 회사냐?" 그랬더니 "〈에어 프랑스〉라는 브랜드를 마케팅하는 것이 우리 일이다." 그러더라는 거예요. 소유와 사용의 개념이 그렇게 달라지는 겁니다. 우리 기업들은, 대기업 하면 자기네 사옥 있어야 하고, 뭐 있어야 하고……. 이건 정말 농경시대 때 이야기입니다.

그 전에는 필요한 일이 있으면 그 기업이 직접 직원을 소유하여 일을 처리했었습니다. LG 하면, 몇만 명 우리 직원! 그걸 대단한 걸로 생각했는데, 이제는 그렇게 붙잡고 있는 것보다는 필요할 때만 쓰면됩니다. 경기가 좋을 때는 더 많이 쓰고, 필요가 없을 때는 다른 회사에서 쓸 수 있도록 내버려두는 것이 낫습니다. 이제는 고효율 개념으로 가야 됩니다.

오늘 저희 회사에도 한 건이 들어왔는데, "영업 부장급 열 명을 쓰는데 아웃소싱으로 쓰겠다." 자기들은 그 사람들에 대해 월급은 주지만, 퇴직금이나 보험은 못 주겠다. 또 경기가 나빠졌을 경우에 그 사람들 못 내보내서 고민하는 그런 부담은 안 갖겠다 이겁니다. "그런 문제는 당신네 회사에서 책임지고, 우리한테는 그런 사람 열 명만 보내주십시오. 우리 필요할 때만." 그래서 아웃소싱이 광범위하게 일어나고 있습니다. 소위 파트 타임(part time)이죠.

그런데 사실 이게 여성들한테 굉장히 유리합니다. 현재까지는 직장에서 여성을 기피하는 이유 중 하나가, 들어와서 2~3년 하다가 결혼한다고, 또 뭐 신혼여행 간다고, 임신했다고, 한두 달 빠집니다. 두 달만 빠지고 나오는 사람들은 괜찮은데, 또 애 낳는다고 집에 그만 주저앉는다고 하면, 기업으로 봐서는 굉장히 손해입니다. 투자를 얼마나 했는데. 그러니까 여자를 자꾸 피하는 수밖에 도리가 없습니다. 안 쓰려고 하죠. 기업이라는 것은 이윤을 추구하는 곳이고, 얼마만큼 투자를 했으면 거기에 대한 회수(return)가 있어야 하는 건데, 투자에 대한 회수가 말이 아닌 겁니다.

프리랜서인 경우에는, 임신한 동안에는 안 쓰면 되는 거죠. "애를 가지고 있으니 상근직은 나도 싫다! 나도 일주일에 세 번만 나갔으면 좋겠다." 아니면 "오후에는 집안 일이 있으니까 아침 몇 시간만 하겠다." 파트 타임 프리랜서가 여성들한테 굉장히 유리한 겁니다. 요새 우리 노조들이 그걸 모르고 계속 싸우는데, 미래 지향적이지 않습니다. 이러한 여건에서 여성이 아이들 교육 때문에, 임신 때문에 직장을 못 가진다는 이야기는 이제 할 수 없습니다.

　IMF의 몸살을 한번 겪고 난 다음에 기업들이 사람을 쓸 때는 두 번 생각하고 세 번 생각하고 쓰지, 옛날처럼 막 쓰지 않아요. 새로 쓴다고 하더라도 파트 타임, 프리랜서, 아웃소싱 같은 것들을 많이 이용할 겁니다.

　서구 선진국에서 경제가 나빴을 때, 제일 급성장한 산업이 인력 파견업입니다. 그 사람들의 경쟁력을 높여줄 수 있었던 중요한 원인 중 하나가 바로 이거였습니다. 인건비를 줄이면서 고효율로 인력 자원을 쓸 수 있었기 때문입니다.

　직업과 관련해서 한 가지만 더 말씀드리죠. 우리는 영업직을 좀 가볍게 생각했었죠? 뭐 팔러 다닌다고 하면, "에이~, 관리직을 해야 앉아서 거드름을 피우지." 하면서. 그런데 팔 수 없으면 비즈니스가 안 됩니다. 비즈니스에서 가장 중요한 게 영업직입니다. 여러분들 평소 세상을 살면서 '나는 나'라고 생각하지만, 알게 모르게 나 자신을 팔고 있는 겁니다. 대인 관계에서, 세일즈라는 게 굉장히 중요한 겁니다. 어찌 보면 기본입니다. 살아나가는 데 필요한 하나의 기술입니다. 영업직 무시하지 마세요.

　회사에 영업이 부족하면, 관리직은 소용없습니다. 관리가 왜 필요해요? 영업하는 사람이 필요하지. 관리직에서 영업직으로 왔다갔다 할 수 있는 유연성이 있어야 여러분들이 직장에서 버텨나갈 수가 있습니다.

삶의 주인은 우리들

　세상은 이렇게 엄청나게 변하는데 여러분들은 어떻게 해야 하느냐? 변하지 않는 것이 있지요. 바로 '여러분 삶의 주인은 바로 여러분'이라는 사실입니다. 그건 아무리 21세기가 아니라 25세기가 와도 안 변합니다. 바로 당신의 인생입니다(It's Your life!).

우리가 이 세상에 태어나서 몇 번 살아요? 한 번밖에 못 삽니다. 얼마나 중요한 시간입니까? 그것을 어떻게 보낼까 하는 것은 여러분의 선택입니다.

《성공하는 사람들의 7가지 습관》 읽어보신 분? 전 그 책은, 우리가 성공하느냐 마느냐 하는 문제를 빼놓고라도, 일상적으로 살아가는 데 좋은 지침이라고 생각합니다.

첫 번째 습관이 뭐죠? 어떻게 보면 제가 지금까지 이야기한 내용을 표현한 건데, 주도적으로 행동하라(Be proactive!). 인생에서 능동적으로, 주인 노릇해라 이겁니다. 신입사원으로 들어가는 사람들에게 무슨 조언을 주겠습니까? 어떻게 하면 일을 잘할 수 있겠습니까? 하면 저는 "사장이 되었다는 기분으로 일을 하라."고 그럽니다. 그 기분으로 일을 하면 그분은 언젠가는 사장이 됩니다. "내 일은 이거!" 해가지고 남의 일 상관도 안 하고 내 것만 하는 사람들은 생전 그 일에서 못 벗어납니다. 늘 주도적으로 행동하십시오!

내 인생에서는 내가 주인이고, 사업에서는 내가 사장이려면 뭐가 필요하죠? 자기 나름대로 비전이 있어야 합니다. 꿈이. 내가 원하는 청사진이 없으면 능동적으로 뛰어봐야 방향을 모르고 뛰게 되는 겁니다. 그것들이 같이 가야 합니다. 주도적(proactive)이면서, 꿈과 비전을 가지고 있는 것. 그래서 두 번째 습관이 목표를 정해라(Begin with the end in mind!).

셋째, 가끔 바쁘게 돌아다니다가 보면 잊어버리기 쉬운 게 있습니다. 중요한 것부터 먼저(Put first things first!). 한마디 더해서 우리한테 소중한 것부터 먼저! 아까도 이야기했지만 하루 24시간밖에 없는데 이것저것 다 할 수가 없지요? 항상 아침에 시작하면서 우리가 해야 할 일을 적잖아요? 저녁에 체크해보면 반도 못하고 끝나는 경우가 굉장히 많습니다. 그럴 때 필요한 것은 오늘 했던 일들이 정말 나한테 중요한 일이었는지, 아니면 쓸데없는 남의 전화나 받아주고, 여기 오라면 가고, 결혼식이나 쫓아다니다 끝나진 않았는지를 체크하는 겁니다. 중요한 일을 먼저! 소중한 일을 먼저! 이건 전부 우리가 할 수 있는 일이죠?

그 다음에 네 번째 습관. 우리 사회에서 정말 부족한 것. 윈윈 전략이라고 하죠(Think Win/Win!). '어떻게 하면 저 친구를 죽이고 내가 설까?' 이게 아니고 '어떻게 하면 저 친구하고 같이 이길까?' 이겁니다. 우리 한국 기업이 세계에 나가서 환영을 못 받는 큰 이유 중 하나가 이거예요. 우리는 뭔가 협상에서 이겼다고 하면, 상대방을 완전히 패배시키는 것으로 생각합니다. 그런데 그렇지가 않습니다. 그런 불균형한 관계는 오래갈 수가 없습니다. 그쪽도 얻는 게 있고 이쪽도 얻는 게 있어야 건강한 겁니다. 인간 관계도 그렇고 사업 관계도 그렇고 정치도 그렇고 다 마찬가지입니다. 지금 여야 싸우는 것도, 서로 좀 살려주면서 해야 하는데, 너무 상대를 죽여놓으니까 안 돌아가지 않습니까? 그래서 Win/Win!

여러분들, 직장을 구해도 내가 월급만 최고로 받으면 된다고 생각하면, 그건 Win/Win이 아닙니다. 기업도 이득을 봐야 여러분이 직장을 오래 가질 수 있습니다. 대인 관계라든지 모든 면에서 Win/Win!

다섯째도 역시 대인 관계 이야기인데, 상대방을 먼저 이해한 뒤 상대방을 이해시켜라(Seek first to understand, then to be understood!). 우리 항상 "왜 내 말을 이해하지 못하느냐."고 하죠? 내 말 이해해달라고 하기 전에 그 사람이 무슨 이야기를 하려고 하는지 좀 듣고, 이해를 하고, 그 다음에 내 자신을 알리는 것이 필요하다 이 얘깁니다. 우리 정치가 어떻습니까? 계속 자기 이야기만 하죠? 부부 관계도 자기 이야기만 하는 경우가 굉장히 많습니다. 얼마나 상대방의 이야기를 듣고 상대방의 입장에서 이해하려고 하는지……

그 다음 여섯 번째, 일곱 번째 습관이 있습니다만, 핵심은 개인적인 주체 의식을 가지고, 목적을 설정해서, 목적을 달성하기 위해서 무엇이 중요한지를 알고 난 뒤 밀고 나가면 얼마든지 할 수 있다는 이야기입니다. 직장 문제뿐만 아니고 여러분들 살아가는 모든 인생에서도 마찬가지입니다.

내 능력은 몇 개인가?

결론적으로 다시 한 번 이야기하면, 여러분 인생의 주인은 여러분입니다. 여러분 엄마도 아니고, 아빠도 아니고, 선생님도 아닙니다. 제 주위에서 보면 많은 사람들이 '내 선생이 좀더 잘 가르쳤으면……' 혹은 '우리 학교가 별볼일 없어 가지고, 선배들이 별볼일 없어서 내가 사회에 가서 활동하는 데 지장이 많다' 또 '우리 집에서 그래서 그렇다' 항상 남의 탓이에요. 우리가 남 손가락질하면서 저 사람 어쩌구저쩌구 할 때, 세 손가락은 나를 가리키고 있죠? 세 개는 내 탓입니다.

그럼 아까 처음에 숙제 내준 거. 사각형이 몇 개예요? 스물세 개? 백 개?

정답은 서른아홉입니다. 제가 왜 이 이야기를 하냐 하면 맨 처음 그냥 봤을 때 '열여섯 개'라고 하는 사람들이 많습니다. 제가 미리 질문을 던지니까, '아! 저기에 바로 보이는 것 이외에 뭐가 있을 거다' 해서 여러분이 머리를 쓰셨을 텐데……

우리의 능력도 그와 같다 이겁니다. '내 능력은 열여섯 개' 하지 마시고, 잠재되어 있는 서른아홉 개를 다 찾아내서 쓰셔야 합니다. 그래서 성공의 이야기는 능력의 이야기가 아닙니다. 얼마만큼 도전하고, 얼마만큼 자기 자신을 믿었느냐의 문제입니다. 여러분, 이 시간 끝나면 내 인생의 목표와 자산을 한번 정리해보십시오.

내 능력은 과연 몇 개인가?

녹취/윤문 : 정규환 · 채현주 · 김희준

개인이 매체가 되는 시대

김어준(〈딴지일보〉 총수)[*]

안녕하세요. 뒤편 벽에 저를 소개하는 포스터에 보니까 '딴지일보 대표'라고 소개되어 있는데, 사실 대표는 아니고 총수입니다. 총수.

여러분! 요즘 많이 궁하죠. 저도 그렇긴 합니다만. 사실 돈을 벌려고 인터넷을 시작하면 돈을 벌 수 없습니다. 웬만한 전자상거래가 다들 실패하는 원인 중 하나가 바로 실생활과는 틀린 인터넷의 문화나 특성을 이해 못하고 덤비는 데 있죠. 인터넷은 돈 문제를 떠나서 하나의 문화 사조요 권력 구조의 거대한 변화라고 보아야 합니다. 그리고 바로 이런 생각에 따른 실험적 도전이라고 할 수 있는 〈딴지일보〉를 축으로, 제 나름의 인터넷 마인드의 잣대, 즉 '개인이 매체가 된 사회'에 대한 이야기를 여러분과 같이 하고자 합니다

---

[*] 1995년 홍익대 전기전자과 졸업. 1995년 포항제철 해외 영업팀에서 근무. 9월에 퇴사하고 같은 해 11월에 플래닛이란 컴퓨터 관련업체를 창업. IMF로 인하여 1998년 6월에 회사가 폐쇄된 후 쉬면서 7월에 〈딴지일보〉를 발행. 현재 홍대 앞 사무실에서 〈딴지일보〉 제작.

독자를 무시하라. 독자 위에 군림하라. 무홍보가 최선의 홍보다

처음 〈딴지일보〉를 만들게 된 것은 제가 운영했던 컴퓨터 관련 회사가 IMF로 문을 닫은 후입니다. 집에서 노는 3개월 동안 '나 개인의 홈페이지'를 만들고 싶었습니다. 물론 처음엔 아무도 오지 않았습니다. 3일째 되는 날 너무 심심해서 '아무리 개인 홈페이지지만, 야후 같은 검색 엔진에다가 등록을 해야겠다'는 생각을 했어요. 그런데 여기서부터 〈딴지일보〉가 가지고 있는 철학이 나오기 시작합니다. 〈딴지일보〉 나름의 인터넷 마인드와 〈딴지일보〉 나름의 마케팅 전략과 〈딴지일보〉 나름의 콘텐츠 전략을 수립하게 된 것입니다.

우선 마케팅 전략을 이야기하자면 첫 번째는 '독자를 무시하라', 두 번째는 '독자 위에 군림하라', 세 번째는 '무홍보가 최선의 홍보다'입니다. 그리고 콘텐츠 전략으로는 '비주류를 지향하라', 그리고 '아쉬운 소리를 하지 말라.' 듣기에 따라서는 황당하겠지만 나름대로 그러한 규칙들을 세웠어요. 실험에는 규칙이 필요하잖아요.

그런 게 어떻게 드러났느냐 하면, 처음에 〈딴지일보〉를 야후라는 검색 사이트에 등록할 때였지요. 누구나 그렇듯이 그런 데다가 등록하잖아요. 그런데 아무리 등록해봤자 〈딴지일보〉라는 게 있는지 알아야지 〈딴지일보〉라는 검색어를 치고 찾아오죠. 〈딴지일보〉가 있는 줄 모르는데 등록을 해봐야 의미가 없잖아요. 그런데 야후 사이트에 가면 처음에 '쿨 사이트' 또는 '오늘의 추천 사이트'라는 게 있어요. 만약에 거기에 들어간다면 아무래도 사람들이 방문할 확률이 높겠죠. 그러나 쿨 사이트로 어떻게 올라가느냐 이 말이예요. 누구나 등록을 할 땐 거기에 올라가고 싶겠죠. 그러나, '우리 사이트를 쿨 사이트에 등록해주십시오, 제발' 이런 식의 메일을 보낼 수는 없었죠. 그런 아쉬운 소리는 할 수 없었습니다. 왜냐? '총수기 때문에' 4일째 되는 날 야후의 서핑팀장에게 메일을 보냈습니다.

"임명장! 귀하를 본지의 홍보 위원으로 임명함. 본지의 홍보를 위해서 최선을 다해주기 바라며…… 어쩌고저쩌고…… 도장 꽝."

도장도 그때 만들었지요. 딴지의 기본 태도는 애초부터 그런 식이었습니다. 그때부터 시작해서 하루에 2명, 우발적 사고로 방문했던 그 2명을 제외하고 아무도 오지 않던 사이트가, 여러 단계를 거쳐서 지금은 하루 4만 명 정도, 한 달이면 100만 명 이상이 오고, 조금 있으면 1천만 명을 돌파하는 대단한 사이트가 됐습니다. 민족 정론이죠.

그렇게 시작된 〈딴지일보〉가 어떻게 커왔는지, 그리고 〈딴지일보〉가 나름대로 뭘 주장하는지, 그리고 나름의 마케팅 전략은 무엇인지에 대해 체계화하지는 못했습니다. 그러나 지나왔던 과정들을 그냥 쭉 말씀드리면 아마도 새로운 사이버 공간에서 매체가 어떤 식으로 가능할지, 그리고 어떤 가능성이 있을지, 뭐가 문제가 될지, 뭐가 한계가 될지에 대해 힌트를 얻으실 수 있을 것 겁니다.

인터넷 공간을 아크로폴리스라고 생각해봅시다

제가 가장 많이 받는 질문 중 하나가 "〈딴지일보〉를 도대체 왜 만들었느냐?" "너 이거 왜 했어?" 이런 질문입니다. 〈딴지일보〉를 왜 만들었냐에 대한 설명을 좀 거창하게 말씀드리자면……. 제가 〈딴지일보〉에 대한 아이디어를 처음 가진 건 1994년 인터넷 붐이 시작될 때였습니다. 그렇지만 인터넷 때문에 〈딴지일보〉에 대한 생각을 한 건 아니었어요. 그 해 제가 그리스의 아테네로 배낭 여행을 갔었어요. 그곳에 가서 무슨 생각을 했냐 하면…….

왜, 과거 도덕 시간에 직접 민주주의에 대해 배우지 않았습니까? 아카이아인들이 어떤 결정을 내리기 위해서도 그렇고, 또 자기들끼리 즐겁게 축제를 벌이기 위해서도 한 곳에 다 모였다고 하더라구요. 그 자리에 앉아서 '여기서 약 2,500년 전엔 인간들이 우글우글 다 모여서 뭐 얘기도 하고 결정도 내렸겠구나' 하고 생각했죠. 사람들이 다 모여 있는데 어떤 사람이 일어나서 '이렇게 이렇게 합시다'라고 의견을 말하면 거기 모여 있는 전국민에게 다 전달이 됐겠죠. 그런 의미에서 보자면 한 사람이지만 이 한 사람이 서서 발언하는 것은 지금으로 따지자면 방송국에서 뉴스를 내보내는 거나, 혹은 신문에서 전국민들을 대상으로 메시지를 전달하는 거와 똑같다 이거죠. 적어도 그 도시국가 안에 있는 사람들한테는. 개인이 발언을 했지만 이 사람은 매체였다 이거죠. 멋진 생각 아닙니까?

그런 생각을 하게 됐어요. 아, 개인이 매체인 시대였구나. 그 얘기를 듣고 있던 다른 사람이 "그게 아니야."라고 얘기를 했다면 이 사람도 매체가 되는 거예요. 그러니까 사람들은 누구나 자기 자신이 어느 순간에 매체가 될 수 있었던 겁니다. 그 시대에는요. 저는 그렇게 생각을 했어요. 그러고 나서 이 생각을 발전시켰냐? 아닙니다. 까먹었습니다.

까먹고 있다가 인터넷 사이트에 개인 홈페이지를 만들어야 하겠는데 어떤 홈페이지를 만들까 고민을 했어요. 우리가 흔히 보는 개인 홈페이지는, 조금 전에 말씀드렸듯이, "방명록에 이름을 남겨주십시오. 내 취미는 뭡니다. 저는 누구누구입니다." 이런 정보들뿐이죠. 안 궁금하잖아요, 우리는 전혀! 전혀 궁금하지 않은데 그런 정보들이 가득 차 있어요. 기업이라고 해서 다릅니까? 아닙니다. 기업도 똑같습니다. 우리는 그 회사의 회장이 말하는 21세기의 비전, 전혀 궁금하지 않습니다. 그 회사에서 만드는 자동차의 규격이라든지, 전혀 궁금하지 않은데 이런 정보들로 채워진 홈페이지들이 대부분이에요.

'이것은 찌라시다. 이런 광고 전단을 마구 뿌리면 누가 본단 말인가?'라고 생각을 했고, '그럼 찌라시를 만들지 말자. 찌라시를 만들지 않음 뭘 만들까.' 그렇게 생각을 발전시키다보니까 그 여행 갔던 기억이 떠올랐어요. 그러니까 이 인터넷이란 공간을 흔히 말하는 아크로폴리스라고 생각합시다. 그러면 공간에 모여 있는 사람들한테는 마치 아테네 시대에 누구나 벌떡 일어나서 발언을 하면 듣고자 하는 사람에게는 메시지가 다 전달됐다 이거예요. 이 인터넷 공간도 마찬가지라는 겁니다. 자기가 일어나서 홈페이지를 만들어 발언을 하면 인터넷을 쓰는 사람에겐 메시지를 다 전달할 수 있어요. 그 사람이 그 사이트를 찾아오기만 한다면. 그런 의미에서 저는 아테네 시대 이후에 사라졌던, 그러니까…… 아테네 시대 이후를 생각해봅시다. 그 이후에는 도시가 커져서 아테네 같은 시대가 사라져버렸잖아요. 개인이 매체가 될 수 있었던 시대는.

제가 전문가가 아니라 잘 모르지만 신문이란 게 중세에 이르러서야 등장했다고 하더라구요. 교황의 권위에 도전하는 어떤 소식지 같은 게 탄생했고, 그걸 사람들이 좋아해서 자꾸 보게 되고. 이게 신문의 원형이라고 들었는데, 그 이전까지는 소위 말해서 미디어의 역할을 권력이 가지고 있었다고 생각해요. 임금이 방을 붙였다든지 포고령을 내린다든지…… 모든 사람에게 메시지를 쫙 뿌리는 힘을 권력이 다 가지고 있었는데…… 교황도 권력이었죠. 그런데 여기서 교황의 권위에 도전하는 사람이 생겨 직접 무언가를 만들게 되고…… 이런 지점에서부터 권력과 언론이 분리되기 시작했겠죠. 그래서 신문도 나오고 라디오도 나오고 텔레비전도 나오고. 한꺼번에 뿌릴 수는 있게 됐죠. 그런데 기존의 모든 매체는 흔히 말하는 단방형인데 인터넷이 등장하게 되면서는 텔레비전을 넘어 또다시 아크로폴리스가 가능하게 된 거예요.

그래서 〈딴지일보〉 첫 번째 사설에 보게 되면 "이제 시대는 디지털 아테네다. 개인이 매체를 다시 발행할 수 있는 시대가 왔다. 〈딴지일보〉는 그걸 한번 시도해보겠다. 안 되면 할 수 없고……" '안 되면 할 수 없고'가 중요합니다. "안 되면 할 수 없고……" 그래서 목적은 그렇게 정했어요. 개인이 미디어를 발행할 수 있는 시대가 다시 왔고 그게 가능하게 됐는데, 그런 말만 있어 봤자 소용이 없으니까 그걸 한번 실험으로 보여주자. 안 되면 말지. 그게 발행의 동기입니다.

서비스 과잉 시대, 독자를 무시하라!

이제 내용을 채워야 하는데, 콘텐츠 전략을 세웠습니다.

첫째는 '독자를 무시하라' 〈딴지일보〉에서는 '죄송합니다' 이런 태도 없습니다, 전혀. 어쩌겠습니까, 니가 참아야지. '이게 마음에 안 들면 너도 이런 거 하나 만들면 되잖아' 이런 태도! 이런 태도로 일관해요. '보지 마. 누가 보라고 했어?' 그런 태도……. 〈딴지일보〉를 처음부터 끝까지 보셔도 서비스 마인드라는 건 찾아볼 수가 없습니다, 도저히. 그건 독자를 굉장히 무시하는 건데, 이유가 몇 가지 있었어요.

첫 번째는 뭐냐 하면, 저는 개인적으로는 지금 현재 우리가 서비스 과잉 시대에 살고 있다고 생각했습니다. 백화점에 들어갔을 때 인사를 받을 때 항상 느끼죠. 포장된 과잉 서비스. 그게 필요하고 통할 때도 있지만 적어도 인터넷상에서는 서비스 과잉은 전혀 의미가 없습니다. 인터넷에선 사람들은 다른 누구를 의식할 필요가 없습니다. 오직 앞에 보이는 매체와 자기밖에 없거든요. 이 속에서 포장은 의미가 없죠. 모든 면에서 본질만 중요한 거죠. 무얼 말하고자 하든지…….

그게 어떤 효과를 불러일으키냐 하면…… 몇 가지가 있는데요. 예를 들어서 신문을 보면 일반적으로 '독자'가 딱 되어버립니다. 텔레비전을 보게 되면 일반적인 사람은 당연히 '시청자'가 됩니다. 라디오를 들으면 '청취자'가 되고요. 어떤 매체를 접하면 사람들은 저쪽은 매체로 정보를 주는 쪽이고 나는 수용하는 쪽이고 하며 수동적인 자세를 취한다 이겁니다. 자동적으로 그럴 수밖에 없는 게 아무나 신문을 만들 수 없잖습니까. 돈이 아무리 많다고 해도 갑자기 신문을 만들 수 없어요. 법률상 여러 가지 제약이 있지요. 그러니까 텔레비전을 보고 '얘는 텔레비전', '나는 텔레비전 아니고 시청자' 그런 구분이 생기는 건 당연한 겁니다.

헌데 〈딴지일보〉는 '아무나 매체가 될 수 있는 시대가 다시 열리고 있다'는 것을 주장하려고 만든 것이거든요. 그러니까 〈딴지일보〉를 딱 보는 순간 기존 신문을 보듯이 '너는 신문이네. 난 독자에 불과해' 이런 생각을 하게 된다면 〈딴지일보〉는 실패예요. 〈딴지일보〉를 보는 순간 "얘네는 나랑 비슷한 걸, 거의. 사고방식이나 말투가 내가 술 먹을 때 그냥 내뱉는 거랑 비슷한 걸. 엽기적인 놈들이네. 나하고 동지인 걸." 이런 기분이 들지 않으면 사실 〈딴지일보〉는 실팹니다. 그래서 사실은 독자를 무시하기 시작했어요. 역설적인데, 독자를 무시하는 전제는 뭐냐 하면, 내가 이렇게 욕설을 쓰고 또는 패러디를 하고 비꼬고 야유하고 하지만 그 속에 담긴 진의를 상대방이 정확하게 읽어내고 이해할 것이란 독자에 대한 믿음입니다. 그런 믿음이 없다면 사실은 상대를 무시할 수 없습니다. 정말 싸움하는 게 아니라면 말이죠.

그래서 사실은 제도권 언론보다 오히려 독자를 훨씬 존중하는 마인드로 〈딴지일보〉를 만들었다고 생각해요. '독자를 무시하라'는 전제는 상대방을 믿는 것이며, 무시하는 커다란 이유 중의 하나는 매체와 독자의 벽을 허문다는 거죠.

나를 〈딴지일보〉 기자로 임명하라

이게 두 번째 철칙으로 연결돼요. '독자 위에 군림하라'는 건데……. 〈딴지일보〉 기자들에 대해 다시 이야기하죠. 두 번째와 관련해서. 앞서 얘기했듯이 독자를 무시하고 났더니 사람들이 〈딴지일보〉에 굉장히 많이 참여하고 싶어해요. '우리 편이다. 이거 〈딴지일보〉 우리 편이다'라고 생각하고 나서, 시키지도 않았는데 기자가 되기 위해서 막 메일을 보냅니다.

"나를 제발 기자로 뽑아라." "〈딴지일보〉 기자 돈 줍니까?"

안 줍니다. 100퍼센트 맨발로 뜁니다. 그러면 기자들 운영은 어떻게 하느냐? 이건 비밀인데……. 사실은 임명장에 의해서 운영됩니다. 마음에 드는 사람이 나타나면, "귀하를 본 총수 직권에 의거해서 본지의 수습 기자로 임명함. 반항은 금물이며 임명과 동시에 귀하의 모든 권리는 본지가 접수한다. 오로지 충성할 의무만 남으며 임명 거부도 불가하다." 뭐 등등 해가지고 메일을 보냅니다. 제가 이때까지 한 150명 정도를 임명했습니다. 단 한 사람도 거부한 사람이 없었습니다. 거의 전부 "가문의 영광이다." "목숨 바쳐 충성하겠다." 그게 별것 아닌 것처럼 여기실지 모르겠지만 실제로 그 사람들의 열의는 대단해요. 제도권 언론의 기자들 이상 갑니다.

예를 들어볼게요. 코소보 사태가 났습니다. 코소보 사태처럼 외국에서 큰 사건이 나면 꼭 메일이 옵니다. 역시 루마니아에서 메일이 왔습니다. "나는 루마니아에 있는 대우자동차 직원이다. 나를 동구권 총대장으로 임명하라." 그래서 뭐 임명을 했습니다. 그런 사람들이 〈딴지일보〉를 만들어요.

기자들의 정체를 조금 더 말하면 기자단이 대부분 대학생일 거라고 생각하거나 젊은 사람들이라고 생각들 하시던데, 전혀 그렇지 않아요. 나이는 최소 30대 초반에서 30대 후반까지가 대부분입니다. 그리고 그 사람들이 백수냐? 아닙니다. 대부분 자기 전공 분야나 전문 직종의 직업을 가지고 있어요. 의사도 있고 변호사도 있고, 신분을 드러내지 않지만, 그리고 아, 교수도 있습니다. 교수님은 한 분이 계시는데 수습 기자입니다. 진급이 안 되고 있습니다. 오로지 실력으로 승진하는데 교수님 경우에는 워낙에 글이 재미없기 때문에 단 한 번도 글이 실린 적이 없습니다. 그래서 여전히 수습 기자로 남아 있습니다. 나이엔 상관없이 논설위원이 되기도 하고, 연구위원이 되기도 하고, 나름대로 자기 파트를 가지고……. 예컨대 '엽기 파트'라든지 '엽기 국방부'라든지 파트는 자기들이 만듭니다. 자기들이 만들고 필명도 정하고 하지만 이 사람들이 사실 어린애들이 아니라는 거죠. '대부분 대학 초년생 또는 중고등학생이 만드는 것 아니냐'라고 생각하는 분들이 많은데, 그렇지 않아요.

다 자기 밥벌이 하고 있는 사람들이고 공무원도 있어요. 신분을 드러내지 않는 공무원이요. 그리고 물론 샐러리맨도 있고.

그런데 이것이 가능했던 이유는 첫 번째의 원칙과 두 번째의 원칙을 적용했기 때문이라고 저는 생각해요. 그러니까 독자 즉, 상대방을 믿고 무시했더니 상대방이 역으로 다가와주었고, 적극적으로 참여해주었고, 그런 딴지 기자들이 전세계적으로 25개국 정도에 퍼져 있습니다.

무홍보가 최선의 홍보다

그러면 마케팅 전략은 뭐였냐 하면, 말씀드렸듯이 '무홍보가 최선의 홍보'라는 건데…… 이건 어떤 의미냐 하면 이런 겁니다. 삼성이 돈이 많으니까 어떤 신제품을 냈다면 홍보 전략을 세우겠지요. 삼성이 그걸 알리고 싶다면 국민 한 사람 한 사람에게 다 알릴 수 있을 거예요. 실제 세계에서는 돈을 부으면 텔레비전에 매일 나오게 되고, 라디오에 나오게 되고, 또 신문에 나오게 되고, 길거리에 전단 뿌리고……. 그럼 다 알게 돼 있어요. 소위 말해서 자본이 지배하는 세상에서는—물론 똑같은 돈을 투입해서 얼마나 더 효율적으로 홍보를 하느냐는 다른 문제지만—돈이 많은 쪽이 일방적으로 유리하게 돼 있는 시스템이라 이거죠. 헌데 인터넷은 전혀 그렇지가 않아요.

리얼 스페이스에서는 내가 광고를 보고 싶지 않다고 해서 광고로부터 벗어날 수 있느냐? 그렇지 않아요. 그렇죠? 텔레비전 보면 당연히 광고를 보게 돼 있고, 신문을 봐도 당연히 광고를 보게 돼 있고, 길거리를 지나가도 다 보게 돼 있고…… 우연찮게라도 보게 되어 있습니다, 어디 골방에 들어가 있지 않는 한. 그런데 인터넷 세계에서는 전혀 그렇지가 않습니다. 텔레비전은 내 매체가 아니기 때문에 텔레비전에서 광고를 틀어주면 할 수 없이 봐야 하지만, 인터넷이라는 거대한 매체는 내 거예요. 내가 선택하지 않는 한 광고는 존재하지 않습니다. 배너라는 조그마한 것이 깜박거리기는 하죠. 그런데 그것도 클릭을 해야 내용을 알 수 있죠. 그러니까 사람들이 '이게 광고야' 하면 그 광고를 안 본다 이거죠. 인터넷상에서는 자기가 선택하니까! 광고를 볼 것인가 말 것인가 하는 선택권은 개인에게 넘어갔어요. 그래서 만약 삼성과 〈딴지일보〉가 어떤 제품 하나를 두고 인터넷상에서 "홍보, 요이 땅!" 한다면, 적어도 인터넷으로만 하는 것이라면 〈딴지일보〉 자신 있습니다. 돈은 삼성보다 없지만. 굉장히 평등한 곳이죠.

그럼 인터넷상에서는 어떻게 홍보를 해야 하느냐? 누가 세워놓은 규칙은 없지만 제가 보기에 '직접 홍보해선 안 된다'입니다. 내가 아니라 제3자의 입으로 홍보를 해야 한다. 〈딴지일보〉는 한 번도 홍보 게시물을 보낸 적이 없습니다. 다른 사이트에 가서 '〈딴지일보〉라는 게 떴어요' 또는 PC통신에 가서 '〈딴지일보〉라는 게 떴네요' 하는 등 다른 사이트에 가서 광고를 한 건 한 번도 없어요. 내가 직접 홍보하지 않고 남들이 홍보하게끔 만드는 게 〈딴지일보〉의 홍보 전략이었습니다. 스스로 〈딴지일보〉를 보러 오라'고 한 적은 한 번도 없었어요. 그래도 뭐 아무리 전략이 좋더라도 내용이 있어야 될 것 아닙니까?

마징가 제트와 태권 브이는 '그냥 만화'와 '겨우 만화'의 차이다

이제는 내용을 채워야 하는데, 내용을 채우는 전략은 '비주류를 지향하라'는 거였습니다. 이게 뭐 듣기는 좋고 멋으로 누구나 하는 얘긴데, 저한테는 어떤 의미였냐 하면 이런 거였어요.

혹시 〈마징가 제트〉하고 〈태권 브이〉를 기억하십니까? 전 태권 브이 세대입니다. 태권 브이를 초등학교 초부터 봤는데 볼 때마다 가슴이 벅찼고 "두 팔을 곧게 하늘을 향해 뻗으라."는 노래 가사를 들으면 전 정말 팔을 뻗었어요. 훌륭한 애니메이션이었죠. 둘 다. 음악? 마징가 제트 노래 훌륭하죠. 훌륭합니다. 정말 가슴이 벅찹니다. 이거 명곡이에요. 어떤 사람은 "태권 브이는 마징가 제트의 아류에 불과하다."라고 하는데 그렇지 않아요. 마징가 제트와 태권 브이의 공통점과 차이점을 보면 별거 아닌 것 같지만 중요한 차이점이 있습니다. 마징가 제트는 조종기가 머리에 꽂히잖습니까? 그리고 조종하는 아이가 꼭 엄마가 없고 14~15세 되는 남자아이입니다. 아빠는 자신에게 별 관심이 없고 터프한 아빠거나 또는 아빠도 없이 할아버지와 살거나…… 대부분 똑같아요. 마징가 제트? 그레이트 마징가? 그랜다이저? 다 똑같습니다. 그리고 머리에 꽂히기 전에 아주 긴 동굴을 통과합니다. 번쩍번쩍 하고 노래가 나오면서 막 통과해요. 바로 이런 부분들에서 오이디프스 콤플렉스와 롤리타 콤플렉스를 만화에 적용한 거래요. 예를 들면 머리에 꽂히는 건 삽입이래요. 섹스. 그리고 동굴을 통과하는 데서 동굴은 자궁이래요. 그런 의미가 있다고 합니다. 그런데 마징가 제트가 그랬다 치고, 그에 비해 태권 브이는 어떠냐?

태권 브이도 머리에 꽂히긴 꽂힙니다. 그러나 태권 브이는 거기서 부터 배로 내려와요. 조종사가 배로 내려온 다음에 도저히 알 수 없는 어떤 시스템에 의해서 그 로봇과 조종사가 일체가 됩니다.

그 다음, 마징가 제트는 멀리서 싸워요. 주먹을 발사한다거나 광선을 낸다든지 1대 1로 꼭 싸웁니다. 멀리서 멋지게……. 그런데 태권 브이는 달려가서 발로 찬다든지 헤딩을 한다든지 당수를 친다든지 합니다. 그리고 1대 1로 싸우는 게 아니라 1대 다로 싸웁니다. 한 번에 꼭 두세 개는 부숩니다.

그리고 차이점이 또 있어요. 마징가 제트는 적과 우리 편 구분이 확실합니다. 태권 브이는 이런 게 있어요. 훈이를 사랑한 안드로이드 소녀. 태권 브이의 설계도를 훔치기 위해서 왔다가 훈이를 사랑하게 되지요. 세련된 갈등 구조죠. 그 이전에 일본 만화엔 그런 것이 없었습니다. 항상 나쁜 놈하고 우리 편밖에 없었죠. 하여간, 제가 이런 말을 길게 드린 이유는 태권 브이와 마징가 제트 시대 당시만 해도 태권 브이와 마징가 제트의 차이는 별로 없었다는 거예요. 애니메이션 기술상으로나 만화를 만드는 기법상 별로 차이가 없었습니다. 일본 만화가들 중에는, 태권 브이 마니아가 아직도 있어요. 우리 나라는 태권 브이가 어떻게 됐나? 없어졌죠. 죽었습니다. 지누션이 살리려고 하는데 안 살아납니다. 그때까지 일본 만화하고 별로 차이가 없었는데 지금은 비교를 한다는 것 자체가 창피해요. 그렇게 커진 차이가 뭘까요? 재능이 없으니까? 우리 나라 사람, 만화 잘 그립니다. 우리 나라가 만화 하청국 중에 베스트 만화 하청국입니다. 남한만 그러냐? 아닙니다. 북한 만화를 보신 적이 있으신지 모르겠지만, 북한 만화가 남한 만화보다 더 잘 그려요. 애니메이션 기술이 더 뛰어나요. 북한은 제가 알기론 프랑스 쪽 하청도 하고 우리는 미국하고 일본 쪽 하청을 많이 하는 걸로 알고 있습니다. 그래서 남한과 북한을 합치면 천하무적 하청국이죠. 우리가 만화적 재능이 뛰어나다는 거죠.

20년 전까지만 해도 별로 뒤지지 않게 가고 있었는데 20여 년 사이에 무슨 일이 있었을까? 무슨 일이 있었냐 하면, 제가 개인적으로 판단하기엔, '겨우, 겨우'라는 일이 있었어요. 일본에서 만화는 만화였어요, 그냥. 시가 있고 소설, 연극이 있고 영화가 있듯이 만화가 있었단 말이에요. 그런데 우리한테는 '그냥 만화'가 아니라 '겨우 만화'가 있었단 거예요. "겨우 만화 보냐, 너!" 저는 아직도 만화방에 가서 만화를 보면 죄책감을 느낍니다. 내가 이거 시간 낭비하는 건 아닐까? 지하철에서 만화책 못 봐요, 창피해서. 이렇게 만화를 좋아하는데도. 왜냐하면 이게 '겨우 만화'거든. 일본이 만화에다가 떼돈을 부어넣고 국가적으로 육성을 하고 그랬나요? 결국 차이점은 하나밖에 없다니까요. '겨우'냐 아니냐.

일본은 만화를 좋아하면 만화를 좋아하는 걸 그대로 인정해주었어요. 사람들이 좋아하니까 자꾸 보고, 자꾸 보니까 시장이 커지고, 그래서 만화를 업으로 하는 사람이 더 많이 늘어나면서 자연스레 커졌어요. 우린 "만화나 보냐, 겨우?" 그랬죠. 전국민적으로 합쳐서 20여 년 이렇게 흘렀더니 결국에 그 격차가 지금의 일본 만화와 우리 만화의 격차를 만들어버렸다 이거죠.

비주류적인 황당한 목소리들을 인정하라

그러니까, 작은 목소리 또는 비주류 또는 아직 틀이 잡히지 않은 형태의 것들! 그게 문화든 경제든 사회든 오락이든 만화든 어떤 형태든지 간에 그런 것들을 우리는 인정할 줄 몰랐다 이거예요. '겨우'라는 토를 달거나 무시하거나 제대로 대응을 안 해주거나…… 최소한 키워주지는 않더라도 일본처럼 내버려두기라도 했어야 하는데…….

〈딴지일보〉에는 똥 얘기도 나오고, "만날 똥꼬털 가르마를 탄다."라

든지 "똥꼬털을 염색한다." "똥코털에 무스를 바른다." 뭐 이런 얘기
도 하고, "화장실을 막 개조해야 한다. 화장실은 왜 꼭 정지해 있어야
하느냐. 화장실을 움직이자." 뭐 그런……. 최근에 개발한 딴지 비데
크래프트에 의하면 화장실이 막 움직입니다. "이런 화장실을 만들자.
가까운 거리에 장보기도 가능합니다."라는 얘기도 하고……. 또 동성
연애자 얘기도 해요. 〈딴지일보〉 만드는 사람 중에 동성연애자가 있진
않지만 그런 주제도 다루죠. 동성애도 권리다 이거죠. 인권하고 맞닿
는 부분이다 이거죠. 욕도 많고 황당하게 들릴 다양한 얘기를 막 실어
내니까, "도대체 너희들 무슨 얘기를 하는 거야?" 하는 사람도 많습니
다만, 〈딴지일보〉가 말하는 바는, 각 분야의 비주류적인 목소리, 황당
한 목소리들을 좀 인정해달라는 거예요. 그걸 키워달라는 건 아니고.
"이런 목소리도 있다." 그게 〈딴지일보〉 콘텐츠 전략의 핵심입니다.
내용이 아주 질서 없는 것 같지만 핵심은 정치적으로든 사회적으로든
문화적으로든 각 부문의 비주류적인 목소리, 황당한 목소리, 또는 그
전에는 전혀 인정받지 못하던 목소리, 또는 다 알고 있지만 말하지 않
았던 목소리, 그런 목소리를 내뱉는 것을 〈딴지일보〉의 콘텐츠로 삼는
다는 거죠. 이게 〈딴지일보〉의 주요한 콘텐츠 전략 중 하나였어요.

왜 신방과 졸업해서 신문사에 취직합니까? 신문사 총수가 되지!

　사실 〈딴지일보〉가 대안 매체가 됐다고 생각하지는 않습니다. 그리
고 앞으로도 대안 매체가 될 수 있을지도 저는 잘 모르겠어요. 그렇지
만, '사회적 소수자인 개인이 매체를 만들어서 그게 사회적으로 영향
을 미치는 목소리로 전환시킬 수도 있다'는 실험은 성공했다고 생각
을 해요. 그런 점에서 제가 신문방송학과 여러분께 말하고 싶은 건,
'〈딴지일보〉는 아무나 만들 수 있다'는 겁니다. 인터넷 시대에는 개인
이 매체가 됨을 말씀드렸듯이, 인터넷은 리얼 스페이스에 비교하면

굉장히 평등합니다. 야후를 보십시오! 야후를 수천 명이 만듭니까? 아닙니다. 야후가 특별한 기술을 사용했나요? 인터넷을 '기술'이라고 생각을 많이 하는데 전혀 그렇지가 않아요. 야후가 생각했던 건 "이 인터넷상에서 지도가 있어야겠는데……." 이 생각을 했을 뿐이에요. 인터넷상에는 채워지지 않는 부분이 아직도 굉장히 많습니다. 여러분들 중 한 분이라도 좋습니다. 신문사에 취직하려 애쓰지 말고 아예 신문사 총수가 되는 건 어떨까요? 〈장-딴지일보〉를 만들든지, 〈허벅지일보〉를 만들든지……. 왜 신방과를 졸업하면 신문사에 취직을 해야 합니까? 신문사 총수가 되면 되지! 〈딴지일보〉도 조선일보도 창간한 거예요. 저절로 수천 년 전부터 있지 않았습니다.

배우는 게 아니라 스스로 개발하는 것!

그럴 자질이 없다구요? 자질에 관해서라면, 〈딴지일보〉가 나름대로 〈딴지일보〉만의 룰을 만들어나갔듯이, 자질도 자기 나름의 형태를 만들어가야 한다고 생각합니다. 기존의 자질, 즉 기존 교과서에서 배운 자질은 별 의미 없다는 겁니다.

인터넷 룰은 말씀드렸듯이 홍보 하나에서라도 전혀 다른 룰들이 지배하므로, 지금까지 배워왔던 데서 벗어나 발견되지 않은 룰들을 찾고 만들어야 합니다. 자질은, 흔히 하는 말로, 스스로 개발해야 하는 시대가 왔다 이거죠. 사실 〈딴지일보〉가 누가 이렇게 해라 그래서 만들어지는 것은 아니거든요. 다른 것도 마찬가지일 거라 생각합니다. 그렇게만 된다면 진정 세계적인 기업이 우리 나라에서도 나올 수 있습니다. 왜냐하면 인터넷에서는 한국의 인터넷 혹은 중국, 프랑스의 인터넷이라는 건 없기 때문입니다. 인터넷은 하나밖에 없어요. 그냥 인터넷! 그을 금이 없습니다. 리얼 스페이스보다 평등한 이 인터넷 공간에서 저는 여러분이 펼칠 가능성을 기대하겠습니다.

네 안의 가능성을 찾아라

첫판 1쇄 펴낸날 · 2000년 9월 20일

지은이 · 김용호
펴낸이 · 김혜경
편집주간 · 김학원
기획실 · 김수진 선완규 지평님
편집부 · 한예원 임미영 고연경
디자인 · 김진 이열매
영업부 · 이동흔 엄현진
제 작 · 김영희
관리부 · 권혁관 임옥희 윤혜원
인 쇄 · 백왕인쇄
제 본 · 정민제본

펴낸곳 · 도서출판 푸른숲
출판등록 · 1988년 9월 24일 제11-27호
주소 · 서울시 서대문구 충정로 3가 270번지
        푸른숲 빌딩 4층, 우편번호 120-013
전화 · (기획실) 362-4457~8 (편집부) 364-8666
        (영업부) 364-7871~3
팩시밀리 · 364-7874

ⓒ 푸른숲, 2000

ISBN 89-7184-291-1   03320